1947

台灣二二八革命

第三版

王秋森、陳婉真、李賢群、李堅　合著

作者介紹

王秋森

1937年，出生於台中，筆名王建生。

1947年，逢二二八革命，在腦海中留下深刻印象。

1956年，台中一中畢業，入台大化工系。

1960年，台大畢業，服兵役。

1962年，入美國堪薩斯州立大學，積極參與台灣獨立運動。

1963年，取得碩士學位，轉入加州理工學院。

1966年，獲博士學位，留校擔任博士後研究員。

1968年，應聘為紐約大學環境醫學助理教授。

1969年，擔任紐約州雪城大學化工系副教授，於1974年升任教授。

1982年，放棄教職，專心從事台灣獨立運動。

1983年，與陳婉真、陳進財及李賢群在洛杉磯創設「台灣文化事業公司」，出版有關台灣的書籍，並發行《台灣新社會》月刊。

1991年，回台灣大學任教，並先後擔任公共衛生學系系主任及公共衛生學院院長。

2003年，自台灣大學退休。繼續在《環保資訊》月刊撰寫短評與專題。

陳婉真

1950年，出生於彰化市。

1968年，入師大社會教育學系。

1972年，大學畢業；進入中國時報當記者至1978年，曾任市政小組召集人。

1979年，創辦台灣戒嚴令下第一份地下刊物《潮流》。同時擔任《美麗島》雜誌社社務委員。

1980年，出任在美發行之《美麗島周刊》總編輯。

1983年，洛杉磯「台灣文化事業公司」發起人之一。

1987年，當選洛杉磯台灣同鄉會會長。

1988年，闖關失敗，在桃園國際機場被國民黨強制驅逐出境。

1989年，5月19日出現在鄭南榕的出殯現場，為突破「黑名單」的第一人。

1991年，推動台獨結社權，成立台灣建國運動組織，公然以汽油彈和警方對峙。

1992年，年初以10大通緝要犯首惡被捕，年中因刑法一百條廢止無償釋放，年底當選立法委員。

1998年，擔任南投縣政府社會局局長2年，從事九二一大地震災區重建工作。

2006年，擔任彰化縣政府新聞局局長、彰化縣公益頻道基金會執行長2年，回饋故鄉。

2010年起，致力於被遺忘的臺灣史挖掘與重建的工作，著有《1940-1950消失的40年代1：造飛機的小孩們》、《1940-1950消失的40年代2：背後那支槍》；現任《民報》彰化特派員。

李賢群

1955年，出生於宜蘭市。

1982年，俄亥俄州大學取得土木工程碩士學位。

1983年，參加洛杉磯「台灣文化事業公司」，做整理及編輯《台灣新社會》月刊工作。

1984年，加入「台灣學生社」。

1999年，南加州南灣台灣同鄉會會長。

2011年，南加州南灣台灣同鄉會理事。

2015年，「台灣人公共事務委員會」（FAPA），洛杉磯分會理事。

2016年，全美台灣人權協會會長。

李堅

1950年代，出生於宜蘭鄉間。

1979年，至美留學。3個月後發生了美麗島事件，及兩年後發生的陳文成事件後，從此介入海外台灣人的政治社會運動。此間與友人在美南合辦《半屏山》雜誌。

1983年，美國南加州參與王秋森教授的《台灣新社會》月刊，負責編寫。

1988年，美國《台灣公論報》任總編輯。

2013年，由加州政府承辦的聯邦社會安全局退休後，在美國的《太平洋時報》寫「話仙」專欄並撰特稿。

| 推薦序1 |

前事莫忘，重掘歷史

　　1947年的二二八事件，是台灣史上的大傷痛，也是影響台灣近代史的歷史大事件。但是，事件發生後的四十年間，這個事件成為台灣社會最大的禁忌，甚至連「二二八」三個字都不能說出口。這個台灣近代史上的傷痛，就一直埋藏在台灣人心底的最深處，即使事件中犧牲親人的遺族們，也只能在社會的闇黑角落中獨自哭泣。

　　1987年二二八事件四十周年之際，鄭南榕、陳永興、李勝雄等民間人士發起「二二八公義和平運動」，因壓制而沉潛的社會記憶才逐漸浮出水面，台灣社會瘖啞的聲音才衝決了威權政體的桎梏。二二八事件終於可以一點一滴地被談論、被重建。但此後即使又過了三十年，二二八事件還是有不少空白，仍然未得全貌。

　　王秋森、陳婉真、李賢群、李堅四人合著的《1947台灣二二八革命》，出版於1984年，早在鄭南榕、陳永興、李勝雄等人的「二二八公義和平運動」，在那個時候出版這樣的一本書，作者四人可說是黎明前夕的鑿光人，光是這份努力就夠讓人讚賞了。

　　當時由於史料深禁、研究乏人，所以早期流通於海內外（島內的數量極微）的二二八相關書籍，若非相關人物的回憶錄，就是火藥味極濃的控訴書，《1947台灣二二八革命》意圖在史料闕如的荒煙蔓草堆中掃出一條可供後人行走的路徑。即

使已有不少史料出土、研究成果也有相當累積的今日觀之，這部具有先驅意義的《1947台灣二二八革命》整體架構也可以說大抵無誤，也就是先梳理事件的背景：政治歧視／殖民的延續、經濟統制／分贓的加深、社會文化差異的擴大，民怨不斷沸騰，終於到了引燃事件的緝菸事件，次日群眾遭到長官公署的機槍掃射，於是憤怒之火向台北市各處蔓延。

　　這把火也很快由北而南、自西徂東，於是各地的二二八事件處理委員會紛紛成立；隨著時程推進，各地處委會成員、學生、群眾的組合也有差異、矛盾，而官方始終玩弄兩面手法，一方面和對抗者虛與委蛇，另一方面亟盼南京中央政府迅速派兵來鎮壓。這顯示了台灣人的怒火雖全面，但對於時局的想像與研判終屬不足，到了3月8日二十一師自基隆登陸後，慘絕人寰的大屠殺就此展開，包括其後的清鄉，台灣社會再次遭到踐踏，台灣人遭到殺戮、禁閉。

　　《1947台灣二二八革命》的寫作，本身就是一種反抗的歷程。先是在海外透過有限的史料和外文文獻補破網，其後終於在1990年正式在台問世。次年，官方以學者的初步調查報告為基礎，開始展開事件的平反工作。所以，不僅二二八事件本身要見天光是掙來的，相關的敘述詮解也是如此。《1947台灣二二八革命》在初版33多年後再版，除了提醒台灣人前事莫忘，這條重掘歷史之路更是台灣人必然得持續下去的志業。

吳密察

國立臺灣歷史博物館館長

2016年11月15日

| 推薦序2 |
浴火重生，重讀二二八

　　婉真姐是當代女中豪傑，她文武雙全，曾任報社特派員，筆鋒甚健，尤其在戒嚴威權時代就敢挑戰獨裁的蔣家，仗義直言支持黨外民主運動，創辦地下刊物投入黨外雜誌陣容，最後甚至走上政治改革的選戰，成為國民黨政府打壓的對象。

　　但婉真不屈不撓，美麗島事件成為漏網之魚，遠走異鄉，在美國繼續投入革命陣營，批判國民黨不義政權火力十足。返台後更與從事台獨建國的朋友在街頭挑戰國民黨的容忍極限，與軍警對峙，準備從容就義，膽識勝過千軍萬馬，過去台灣從反對運動走到今天民進黨執政的三十年當中，她是極少數堅持理想不向現實妥協的奇女子。我常把她想像成台灣史上的謝雪紅，是極少數讓我從內心感佩的台灣革命鬥士。

　　二二八事件，是二次戰後台灣人民反抗外來政權國民黨，最為重大的一次衝突事件。事件當中台灣人民如何被鎮壓？被欺騙？被出賣？被屠殺？被逮捕？這些經過是最值得台灣人民深入了解、痛切反省，從血淚斑斑的歷史中學習慘痛的經驗和智慧，才是探討二二八歷史最大的意義。因此婉真姐會重印這本書，一定有她的用心良苦之處，也一定是她了解二二八是台灣人民的革命教材，也是台灣人民要獨立建國必須重新省思的課題，只有走出二二八的傷痕和陰影，才

能走向台灣人未來光明的前途。婉真和其他幾位同志前輩，共同整理二二八史料，重印這本有關二二八的重要史書，相信是抱著浴火重生的心情，準備迎接未來台灣獨立建國志業實現的決心，希望能引起讀者的共鳴，因此我受囑為本書寫序，同樣是我自1987年推動二二八公義和平運動迄今共同的心願啊！

陳永興

《民報》發行人

2016年10月20日

三版序

　　今年（2016）2月27日，美國南加州34個台灣人社團共同主辦2016年二二八國殤紀念會。陳婉真應全美台灣人權協會之邀，以「二二八與轉型正義」為題在紀念會上發表演講。會後我們相聚交談時，咸認為本書於1984年在美國洛杉磯發行初版迄今已32年，於1990年在台北發行第2版（台灣初版）亦已過了26年。有鑑於收入本書的歷史資料相當難得，因此決定略予修訂，並增加〈國際〉部分（由李堅撰寫），在台灣發行第3版。

　　不同於許多業已問世的二二八相關人物的個人傳記，本書的取材與撰寫著重於將二二八發生的背景及過程做一全貌的呈現。新增的〈國際〉部分使本書內容更為完整。第二次世界大戰結束後，台灣人的國籍如何被改為中華民國？奉盟軍統帥指令來台接受日軍投降的中國國民黨政府如何欺壓台灣人和掠奪台灣人的資產？全島各地的志士如何在飽受欺壓和掠奪後奮起抗暴？熱血奔騰的青年學生如何舉槍起義？暗中聽命於統治集團的「士紳」如何擾亂人民陣營？蔣介石如何派大軍來台屠殺數以萬計的抗暴志士、專業人才及一般民眾？美國政府當時採取了甚麼態度？本書從歷史資料找出這些問題的答案。

　　在用詞方面，本書於此次修訂時儘量將「本省人」、「外省人」及「中國大陸」修正為台灣人、中國人及中國。但為了引用完整的原始資料，當時的文件、海報、傳單及相

關人物的談話和廣播的用詞（譬如長官公署、中央政府、光復、本省、外省等）則不加修改。當年使用的縣市名稱可在附加於本書第一部分〈背景〉的1947年台灣行政區域圖找出其位置，出現於文中的舊町名則在其後註明現今街道名稱。

　　自第二次世界大戰結束以來，歷代中國政府的領導人對台灣人的談話同出一轍。蔣介石於1947年3月10日的一次講話中，要「台省同胞，……無負於全國同胞50年來為光復台灣而忍痛犧牲，艱苦奮鬥」。習近平在今年3月的一次講話中提出，「兩岸同胞是命運與共的骨肉兄弟，是血濃於水的一家人」。他們口口聲聲稱台灣人為同胞，其目的就是要消滅台灣民族意識。

　　二二八史實告訴我們：無國之民必會一再遭受強權的壓迫、掠奪及殺害；被併吞的人民不可能獲得平等待遇；不敢扭轉命運的民族必然會受命運擺佈。二二八是代代台灣人不可或忘的血淋淋教訓。研讀與討論二二八史實的目的並不是要記仇，而是要深化對此慘痛教訓的體認，加強獨立建國的決心。

王秋森

2016年8月15日

再版序

　　本書於1984年在美國出版後，因甚獲海外台灣人的歡迎，不到一年即全部售完。五年來雖然一再考慮在美國或台灣再版，但因同時也希望在再版時盡量予以增補與修正，以至於將再版的日期一延再延。今年5月，陳婉真以自力救濟的方式從美國回到台灣參加鄭南榕烈士的出殯以後，便開始著手再版的工作。婉真是一個說做就做到的實踐者，本書的再版終於在她的奔走之下付諸實現。

　　5年來雖然已有數本述及二二八的傳記或專書陸續問世，但類似本書的取材、編排與觀點則尚不多見，而且本書流入島內的本數可說寥寥無幾，因此本書在台灣再版應仍有其價值。本書再版時承自由時代出版社和前衛出版社的編者仔細予以修正，謹致謝忱。至於本書原有的錯誤則仍是作者的責任，希望讀者能予指正，以便於第3版再予修正。從本書初版至再版的5年間，台灣的反對運動陣營與國民黨政權兩方面都發生了相當程度的變化。在反對運動陣營方面，民進黨於1986年的創設，替政治、社會、文化運動開拓了更大的活動空間。然而在言論禁忌充分突破以及運動團體紛紛成立之後，反對運動陣營目前正面臨成長的瓶頸。在國民黨政權方面，蔣經國之死雖然結束了蔣家統治時代，但並未改變其外來政權的本質。3年來的所謂開放實際上只是包裝的變化，其中最明顯的例子便是以國安法代替戒嚴令。在這個拒絕認同台灣的外來政權的繼續統治之下，貧富差距逐日增

大，社會風氣加速惡化，環境污染有增無減，整個社會正朝
著衰敗的方向奔馳。

　　42年前的二二八前夕，台灣人面對的是一個既貪婪又殘
暴的外來統治者以及它所帶來的經濟恐慌。二二八發生42年
後的今日，台灣人面對的仍是同一個未改本質的外來政權以
及它所製造的不公、不義、混亂、污濁與罪惡。42年來，成
千上萬的烈士雖然已經為台灣人的建國運動向前推進了一段
路程，但距最後目標尚有很長的路途。今天在民進黨裡面竟
然還有不少人反對台灣獨立的主張，令人不得不承認國民黨
愚民教育的收效，也更令人感到了解台灣人歷史的重要與迫
切。

　　不了解本族歷史的民族必然會不斷受到外來統治者的
蹂躪，這已是不待驗證的定律。處於台灣人尚在追求建國目
標的今日，了解台灣人的歷史，尤其是二二八這一段歷史，
顯然是一項迫切的工作。在結束之前，讓我們重讀一次1947
年二二八前夕正在台灣旅行的中國記者唐賢龍寫下的一段遭
遇：

　　有一次，我曾笑問旅館中的一個台灣年輕的下女（女服
務生的日文名稱）：「你們為什麼老叫我們為『中國人』？
難道你們不是『中國人』嗎？」

　　「不是。」她很肯定地回答我，接著便又說：「我們是
台灣人。」

　　「台灣是中國的一省，你們既然是台灣人，自然也是中
國人。難道台灣不是屬於中國的嗎？」我接著又問了一句。

　　「不是。」她依然很肯定地回答我，並且說：「我們台灣不是屬於中國的！」

　　「為什麼？難道台灣屬於日本的嗎？」我感到她的回答很奇怪，便更加緊地追問了一句。

　　「我們台灣也不是屬於日本的。台灣是台灣人的台灣！」她說了這一句，便不願再跟我談話似地，掉轉頭，大踏著木屐走開了。

王建生

1989年9月27日

序

　　一面是青年學生、都市群眾，熱血奔騰，舉槍抗暴；一面是商家百姓踴躍捐輸，共衛鄉土。

　　一面是有心之士殫精竭慮，奔走呼號；

　　一面是投機政客掣肘出賣，喪失機先。

　　一面是統治者假意曲成，笑裡藏刀；一面是大軍壓境之後濫捕濫殺，血流成河……。

　　這是一個史無前例、激昂動盪的大時代；這是一個台灣人世世代代、永誌不忘的大事件——二二八大革命。

　　然而，37年來，在統治者惡意掩飾，台灣人驚懼過度的政治情況下，「二二八」成為島內高度敏感的政治禁忌，成為海外一部分人士的圖騰口號——僅此而已！這麼一件台灣史上空前的大事件，這麼一件數以萬計的台灣人壯烈犧牲，造成至少20年「精英斷層」的重大史事，在事隔37年後，遍翻史籍，竟然找不出一本記載完整的專書，更令人痛心的是，這些殘缺不全的舊籍，竟沒有一本是站在台灣人民的立場寫的，先烈志士被誣指為暴徒、流氓；起義抗暴被視為是作亂暴動。

　　檢視現有關於二二八革命的書籍，除了少數新聞記者留下比較客觀的報導之外，不是國民黨統治集團的掩飾歪曲之作，便是別有用心者故意誇大當時中國共產黨對「二二八」的「貢獻」，這種說法，正迎合統治者所謂「受奸黨暴徒利

用」的誣衊，兩者都是對台灣人民的惡意曲辱。

　　我們為史料不彰深感羞愧，為先烈的犧牲深感悲慟。因此，37年不嫌晚，我們決定竭力搜集資料，試著以台灣人民的立場，重新整理評估這件史實，讓我們更深入檢討當年失敗的教訓，作為來日成功的借鏡。

　　二二八起義事發倉促，不但統治者一時措手不及，人民領袖也在毫無心理準備的情況下匆匆「應戰」。因此，在台灣人的陣營裡顯得派別眾多，意見紛亂，力量分散，使這個全面性的革命運動，功敗垂成。

　　二二八失敗後，被瘋狂屠殺的先烈志士或被棄屍荒野、或被活活掩埋、或被拋入海中……，絕大多數受害者的家人無處認屍，甚至連家中神主牌上也不敢列入先烈名字。

　　反觀統治者方面，37年來，殘殺人民越狠的，官位升得越快，越背叛人民的「台灣人」，越獲得高官厚祿的賞賜，越被利用以粉飾，製造其「重用台灣人」的假象。統治者的真面目暴露無遺。

　　我們必須強調，《1947台灣二二八革命》的出版，並不是為少數個人寫傳記，而是為一代烈士立碑塔。但是，限於史料的不全，及長輩的顧慮，本書所記的史實經過，尚難概括全貌，多少地區性的戰役、多少感人的點滴已被淹沒；多少先烈的經歷事蹟，甚至連姓名、犧牲人數都無從詳細查考。這些，有待全體台灣人更急迫、更專注地補足。

　　為了對歷史負責，我們也不得不指出，在二二八革命中，不少「騎牆派」士紳，在台灣人占優勢時，一面急於出面領導，一面和敵人暗通款曲；當敵人援兵開到之時，立即

遠離人民陣營，甚至和敵人同聲一氣，呼籲台灣人趕快「各安其位」，出面「自清」。有多少善良的人民，就是聽了他們的呼籲，在「各安其位」的途中被射殺，在「自清」聲中坐牢受累。

每念及這些亡魂，不能不令人切齒痛恨，這一批無恥士紳的典型，踩著多少二二八先烈血跡，向劊子手搖尾乞憐，攀援附會，搜刮聚斂，不但他們本人「生榮死哀」，甚且庇蔭子孫。今日在國民黨政權中，少數擠身高位的「台籍」政客，即不乏此等人物，實「應請全省同胞共棄之」！

雖然這些人中，也有少數後來幡然悔悟，挺身向統治者作溫和的對抗如李萬居者，或至少能「有所不為」，如遠渡東瀛、客死他鄉的林獻堂，都能善保晚節。但騎牆士紳在二二八期間的行為，縱騙得過一時，終究歷史還是塗改不了的。

本書在撰稿過程當中，除了史料不全，難免有遺珠之憾外，在遣詞用字方面，為存真起見，儘量以當時的用語表達，例如「長官公署」、「中央政府」、「外省人」等。又如當時的廣播內容，除語意表達不清者，儘量不做修改。這種用詞，只在尊重史實，絕非對其認同。此外，台灣行政區域之劃分30多年來迭有更易，書中所用縣市街道名稱均為當年通用者。

這本書的完成，我們要感謝提供圖書資料的熱心同鄉；供給原始資料的長輩；以及許多在美工、校對、打字、圖片製作、編排……等各方面予我們大力協助的朋友們。我們更希望讀者能予我們指正，提供更多資料，作為日後修正版的

依據。

　　末了，且讓我們翻出當年志士在一份傳單上的呼籲作為結語，彼此互勉：

　　「全省」同胞們！我們要認清楚了！我們的先烈志士所流的血，不要使其白流了！我們要打開眼睛，不受欺騙；我們要繼續奮鬥，以組織的力量爭取自由與權利，確保真正的高度自治；我們要保護650萬同胞的生命，群起反抗，爭取最後的勝利！

　　工人組織工會，農民組織農會，學生組織學生會，青年組織青年同盟，區鎮鄉里村鄰組織自衛團，快快聯合起來，緊急動員起來，我們不得讓死去的同胞含冤地下。

陳婉真

1984年2月28日

目次

第一部分　背景

（星期五）　民國三十六年二月七日

黃金領導物價此風

【本報訊】據金銀業中稱：滬市自關金大票發行及外滙一度停付而調整，與央行停止黃金配銷之傳開，因之美鈔金突飛猛漲，日昨美鈔為九千五百元，但至中午又昇至四萬八千元。又黃金日昨漲至四十六萬元，但至中午又昇至四十七萬八千元。

【又訊】本市黃金因滬上市價之影響現在又再跳一步，昨日昨市價為二萬八千元，今日已昇至二萬九千元矣，惟聞者胃口仍相當渴云。

台南市場情形混亂

省垣米糧黑市價格繼續昂揚

物價扶搖直上市民如臨大禍

【本報訊】台南（十一日）滬上金潮如江水暴漲，稻穀銀錢流通，如黑市鹽價格驚綿昂揚，齊來市上昇十七元，漲潮之態。大有將生靈捲去滅殺，糧食管理處竟昂揚，如黑市鹽糧今天酒出金潮，五洙元矣，…

【本報訊】…

黃金狂漲急期奔馬

本省電價又再增加

公營價格與市價競爭賽跑

美鈔布疋五金均上漲無度

【本報訊】…電費，則照七計計算，均由公司當局與主管機關群細研討後所定之合理標準云。

宜蘭民苦叫物價連天漲續

【本報宜蘭訊】…源…本市近幾日物價飛漲跟隨上漲，以各種物價每斤八十元、現已達每斤百元四類、菜類，及一般食品、米價繼續上漲十分之三，查其原因，米價…

短評

餓死一骨

本報日昨報導高雄地方米價高昂、貧民叫苦連天、並多次發見路上倒斃餓死的、死去的是我們的手足、個報導起未可忽視的、是國家有力的兵員，我們不能視為同胞們餓死在路勞，是我們的弟兄，這是一大限時看符同胞們餓死在路買而餓死，貧民因米價飛漲然無錢購買而餓死，這是一苦多應當有諷刺性的問題呀！

日子愈終愈壞，兩日來米店老板不知打什麼算盤，將米粒收藏起來，不背出賣，萬難龍，陳算盤、將米粒牧藏起來，不背出賣，致誤傳搶米這兩日來米店老板不知打，山區民眾相湧至區公所要求解決，沒有錢的固無從購買，引起一場脫鬆，…

飢民慘不忍睹僵斃路上

【本訊】高雄地方米價，每斗仍在二百八十元左右徘徊，貧民叫苦連天，難得維生活困苦，挾袋的市面覓米之群，無米可…

歷史上的轉捩點

　　1945年8月15日，在台灣人的歷史上是一個非常重大的轉捩點。

　　這一天，在日本人眼中握有絕對權威的天皇，以無比沉重的語氣向他的臣民發表廣播，要求他們接受戰敗的命運。烽火連綿長達6年、吞噬人命多達4,500萬的第二次世界大戰，終於在日本昭和天皇的嗚咽聲中落幕。

　　大戰的結束，同時終止了日本帝國對台灣人民施行50年的殖民統治。

　　但是，台灣人這一次在命運上遭遇到巨變，並不是自己決定的。早於1943年11月下旬，英、美、中三國在開羅舉行了一次為期5天的高階層會議。11月26日，邱吉爾、羅斯福與蔣介石發表聯合公報。其中有關台灣的部分是：

　　三國共同作戰的目的，在剝奪日本自1914年第一次世界大戰開始以後，在太平洋所奪得或占領之一切島嶼；在使日本所竊取於中國之領土，例如滿州、台灣、澎湖群島等歸還中華民國。

　　就因為這一紙宣言，600萬的台灣人隨著他們生於斯、長於斯的台灣這塊土地，於大戰結束後落入中國國民黨政權手中。將人民與土地當作戰利品，從戰敗國手中送到戰勝國

手中的惡習，是人類最黑暗、最醜惡的一面。在不算太長的3個多世紀裡面，台灣人已數次成為這種惡習的犧牲品。當日本於1945年8月15日宣布無條件投降之際，絕大多數年紀大於50歲的台灣長輩，都還清晰記得1895年日清甲午戰爭結束後，他們被大清帝國依照馬關條約永遠割給日本的悲慘情況。

受了這個背景的影響，大多數台灣人在大戰結束時是把中國當作「祖國」看待的。在600萬的台灣人裡面，當時恐怕沒有幾個人能夠預測到，中國國民黨政權會帶來什麼。

背鍋子的勝利軍

1945年10月15日，台灣南北兩大港——基隆和高雄的碼頭擠滿了人群。他們帶著期待的心情，在那裡歡迎「擊敗」日本的「祖國」軍隊。

此時，距離日本天皇無條件投降的宣布已有兩個月。駐留於台灣島上的17萬日本軍人已經接受了戰敗的命運，靜靜的等待著遣送回國的日子。

在過去兩個月裡，每一個台灣人都感到非常的輕鬆。他們不必受美國軍機的轟炸，也不必受日本警察的騷擾。在半個世紀中台灣人第一次享受到這樣安靜的生活。

因此，當「祖國」軍隊即將到達基隆和高雄港口的消息傳出時，許多人便擠到碼頭上去歡迎。他們拿著各色各樣的小旗子站在岸邊，期望一睹「祖國」軍人的英姿。

　　等了大半天之後，他們終於看到一艘艘的兵船，魚貫地駛入港口。頓時鞭炮之聲大作。

　　兵船靠了岸後，卻遲遲未見「祖國」軍人下船。過了一會兒，從船上傳下來一陣陣爭議的聲音。站在碼頭上面的群眾開始在大腦裡打問號。

　　又過了許久，「祖國」軍人終於一個跟著一個走下來。個個面黃肌瘦，身上穿著破破爛爛的軍衣，雙腳拖著形形色色的草鞋。有的背著鍋子，有的帶著雨傘。有些帶槍的，竟把槍枝當作扁擔挑在肩上。被譽為「勝利軍」的「祖國」軍人，竟是這個模樣。在歡迎群眾中，許多人禁不住地驚問：

　　「祖國」軍隊的裝備為什麼這樣簡陋？
　　「祖國」軍人為什麼只穿草鞋，不穿皮鞋？
　　「祖國」軍人為什麼都面有菜色，營養不良？

　　台灣南北兩個大港，在同一天分別歡迎「祖國」軍隊的盛大場面，便在這些問話中結束了。在歸途中每一個人的臉色都呈現了失望的表情。他們懷疑，這個樣子的軍人會是「勝利軍」？

　　在一片失望聲中，有些人打聽到了一個更令人不敢相信的消息。今天在兵船靠岸之後，「祖國」軍人因畏懼留在島上的17萬日軍，遲遲不肯上岸，而護送他們來台的美軍又急著要他們下船，雙方因此發生了一場爭論。

　　這是總數超過12,000人的中國第六十二師和第七十師到達台灣的尷尬情景。當天碼頭上的一幕很快地傳遍全島。

台灣行政區域圖（1947）

8縣，9省轄市

基隆市

台北市

新竹市

台北縣

新竹縣

台中市

彰化市

花蓮縣

台中縣

嘉義市

台南縣

澎湖縣

台南市

台東縣

高雄縣

高雄市

屏東市

○　　　省轄市

－－－　縣　界

　　其實，10月15日到達基隆和高雄的中國部隊，並不是在第二次世界大戰結束後第一批來台的「解放者」。早於9月1日，已有一批聯軍人員乘著一艘驅潛艇到達基隆。在上岸的許多人裡面，有一個自稱「張上校」、一個自稱「廈門的黃市長」，還有4個美國人。

　　這第一批聯軍人員的任務是什麼？在台的日本官員急著要弄清楚。經過一番接觸後，日本官員獲悉他們並不是來台安排受降工作的，也沒有什麼「明確」的任務。不過，既然處於戰敗的地位，日本官員對這第一批聯軍人員採取的態度還是畢恭畢敬，有求必應。

　　聯軍人員要房子住，日本官員馬上把台灣最豪華的藝妓館「梅屋敷」讓給他們歇腳。聯軍人員要現款用，日本官員馬上帶他們到台灣銀行去提款。他們的胃口真不小，一要就是300萬圓（約值20萬當時的美金）。

　　拿到了錢之後，那4個美國人天天在台北街上大量掃購罐頭食品、衣服、火柴、菸酒等日常用品，並將這些東西逐送停在基隆港口的那艘驅潛艇。裝滿了貨，那艘驅潛艇便駛往中國沿海的城市。過了幾天又是空船回來裝貨。就這樣，那4個美國人做起了利潤奇高的獨占貿易生意。

　　經過大戰的浩劫，台灣的日常用品本來就不太充裕。再經過那4個美國人的掃購，這些貨品的價錢自然地逐日上昇了。擔任配給工作及穩定物價的日本官員，在戰敗後仍保存他們的良心和責任感，他們毅然向那些刺激物價上漲的美國人提出嚴重的抗議。然而，在這4個美國人眼中，日本官員只不過是戰敗的強盜，因此對他們的抗議僅一笑置之。絕大

多數的台灣人也沒有預料到，這次刺激物價的大量收購，僅是不久以後將遭逢的浩劫的一個序幕。

當那4個美國人忙著做買賣的時候，「張上校」和「黃市長」卻忙著到處打聽。

經過了一段時間，這第一批聯軍人員的任務才被弄清楚。原來張、黃兩人是為了搜取台灣領導階層以及地方富豪的名單而來的。這兩份名單是要供接收台灣後進行監視敲詐用的：

敢作敢言的領導人物是監視的對象；
有錢有地的財閥地主是敲詐的目標。

至於那4個美國人則是張、黃密切合作的美國情報人員。他們並未直接參與調查工作，他們的角色只在於掩護張、黃的活動。但是這類情報人員的腦筋異常靈活，就在他們以收購貨物當做掩護的煙幕之際，已經大大撈了一筆。

坐取戰利品的準備

第一批「解放者」的來台迅速展開政治情報的搜集工作，實際上只是中國國民黨政權接收台灣的各項準備工作裡面的一小部分。紙上作業是國民黨最擅長的演習。雖然明明知道沒有兵船運送接收人員來台，國民黨政權早於1944年4月17日，就在其「中央設計局」內設立一個「台灣調查委員會」，為將來接收台灣鋪路。

這個調查委員會的主任委員，就是曾任中國福建省主席，因殘暴貪婪而聞名的陳儀。副主任委員是周一鶚。其他委員包括：沈茲九、王芃生、錢宗起、夏濤聲、丘念台、謝南光等人。

「台灣調查委員會」的主要工作計有：

草擬接管計畫；
確立具體綱領；
翻譯台灣法令；
研究具體問題。

其他如各級接管人員的選定，行政、銀行、警察等幹部人員的訓練，也於1944年10月就開始舉辦。到1945年9月截止，養成的接收人員多達千餘名。

然而，這1,000多名接收人員的真正任務，卻要等到他們抵台以後才無遺地暴露出來。

翻版的總督

當張上校與黃市長忙著在台灣調查政治情報之際，國民黨政權於1945年9月20日公布了，由台灣調查委員會草擬的「台灣省行政長官公署組織條例」。

根據這個組織條例的規定，台灣省行政長官握有下列四大權力：

依據法令綜理台灣全省政務；

在職權範圍內得發布署令，並得制定單行規章；

受中央之委任，得辦理中央之行政；

對於在台灣省之中央各機關有指揮監督之權。

掌握這四大權力的行政長官，實際上與日治時代的台灣總督沒有什麼區別。在日治時代，總督府為台灣的最高行政機構，握有下列三大權力：

綜理台灣一切政務；

發布律令與法令，其律令與法律有同等效力；

維持安寧秩序，必要時，得向管轄區內陸海軍司令官請求使用兵力。

從最後一項可以推知，如果總督未兼台灣軍司令官，則沒有兵權。雖然國民黨政權公布的「台灣省行政長官公署組織條例」，並未規定由行政長官兼掌兵權，但在接收台灣之後，台灣省警備總司令一職即由行政長官兼任。由此可知，國民黨政權任命的行政長官權力之大，遠遠超過日治時代的總督。

而國民黨政權立下這種獨裁體制的理由是：「台灣省因受日本統治達50年之久，情形特殊，光復伊始，非統一專

權，不足以收因地制宜之效。」

除賦予行政長官四大權力外，「台灣省行政長官公署組織條例」也規定了一個龐大的組織：

在長官公署之下，設祕書長1人。祕書長之下設機要、人事2室；

在長官公署之下，設祕書、民政、教育、財政、農林、工礦、交通、警務、會計9處；

在長官公署之下，設專賣、貿易、糧食、氣象、衛生、地政、營建7局；

在長官公署之下，設法制、宣傳、設計考核、公營事業管理、石炭（煤炭的日文名稱）調整、日僑管理、日產處理7委員會；

在長官公署之下，設農業、林業、糖業、水產4試驗所；工業、天然瓦斯、海洋3研究所，及地質調查所；另設圖書、博物、編譯、保健4館；

在長官公署之下，設台灣銀行。

這樣龐大的行政長官公署，遠較中國國內各省政府為大。它像一隻多手怪物，緊緊抓住台灣人的每一根命脈。

在「台灣省行政長官公署組織條例」公布後的第15天，長官公署祕書長葛敬恩，帶了一批隨從和100名左右的美軍顧問團來到台北。

葛敬恩馬上以「台灣省行政長官公署前進指揮所」的名義，在台北發號施令。他首先指示日本人照常工作，並訂下

10月25日為日本正式投降日。在第一次公開演講中，他竟宣稱：

　　台灣是個「次等領土」，台灣人是「二等國民」。

　　這樣公然侮辱台灣人民的長官公署祕書長心裡很明白，國民黨政權缺乏船隻，不能把部隊及行政工作人員迅速運到台灣，而島上還有裝備精良的17萬日軍。為了迅速接收日軍的軍火器材、槍彈艦艇，以及其他重要物資，他不得不借重台灣人。於是他靈機一動，廣播呼籲：

　　望全台同胞協助政府辦理接收工作，並保護物資，以防走漏。在接收某單位時，任何台胞如能充分予以保護，使其房屋、傢俱、物資不遭毀損，則將來便正式任命他為該單位之負責人。

　　經過日本帝國50年高壓統治的台灣人，本來已經習於守法，聽到葛敬恩這個諾言，更不疑有他。於是有些人就出來響應，協助接收工作，並嚴密保護接收的物資。

　　尤有甚者，當國民黨政權的部隊及大批行政人員陸續抵台之後，全島各地更有些人民，引導他們找出日軍事先祕密埋藏於深山的軍火。這種掘發祕密軍火的工作，延續了一年有餘。

上海市公用局

車字　第 1421 號

具呈人　新興汽車公司蘇柴林

是一件　為新興汽車公司前因敵產嫌疑被封兹以台籍身份確定懇請准
予啓封發還

是悉：查台籍民營車行應否採取一律發還本局呈本
上海市黨政接收委員會指介紹圖：「查關聲台灣人民原在日本統治之下在吾國未有
明文承認其為中華民國國民以前自應暫以敵僑待遇其財產亦應視同敵產」等因該具呈人
既係台灣籍所請應毋庸議仰即知照！
此批。

中華民國三十四年十一月十一日

局長　趙曾廷

★註：陳儀聲明，台灣人民自民國卅四年十月二十五日起一律為中華民國之國民
上海市當局何以不承認陳長官聲明！

回歸後還是「二等國民」。

　　但是，葛敬恩的諾言還在台灣人耳中旋繞的某一天深夜，全島各地的軍警憲政人員突然全體出動，以迅雷不及掩耳的行動，將曾經幫助他們接收的台灣人一網打盡。這些台灣人的罪名是：勾結敵偽、盜賣公產、擅自接收、強行霸占等等。他們之中，有的被送到火燒島（後易名綠島）去做苦役，有的被悄悄拋入海中，有的被棄屍荒野。這一次突然「失蹤」的台灣人究竟有多少，沒有人能夠正確統計。但是，此後台灣人絕大多數噤若寒蟬，談葛色變。

　　據一些老者的口述，日軍在戰敗後曾徵召不少台灣人去挖掘山洞以供祕密埋藏軍火。但是在掩埋工作結束後，他們之中絕大多數被殺害滅口。誰知倖存的一些人，在引導「勝利軍」前往山洞掘出「寶藏」後，也同樣遇到滅口的命運。這是殖民地人民永遠被驅使、被侮辱、被魚肉的一個寫照。

「台灣獨立事件」

　　除被殺害滅口外，殖民地的人民在大戰結束後還有其他各種不同的命運。其中，「八一五台灣獨立事件」代表一些大地主、財閥和官僚的遭遇。

　　在聆聽日本天皇的投降廣播後，日本軍人的第一個反應是極端的痛苦與憤怒。第一波的衝擊一過，他們馬上面臨一個難題：對於投降文告應採取什麼態度？

　　為了這個問題，派駐台灣的日軍高級軍官和總督府的高級文官，花了整整24小時的時間，沉浸於痛苦、憤怒、恐怖、悲傷的激辯中。大體說起來，他們分成兩派：

一、主戰派。他們之中，有的不相信投降文告是真的，有的認為天皇是被迫而虛稱投降的，實際上天皇還希望日軍堅持下去。因為日本軍人都曾向天皇宣誓至死不降的。投降對他們來說，不但不能忍受，根本不能想像。何況台灣島上還有17萬裝備精良的日軍，他們在大戰期間並未受到損耗，只在台灣養精蓄銳，以待最後一戰。此刻叫他們不戰而降是不可能的，因此他們堅決主張為保衛台灣而戰，戰到最後一槍一彈。

二、主和派。這一派以當時的台灣總督兼在台日軍總司令安藤利吉為首。他們認為無論如何屈辱，也必須遵照天皇的命令，接受戰敗的命運。

在安藤做了這樣的決定後，許多主戰的軍官紛紛告辭離開會場，悲壯地遵循數百年來日本武士道的傳統，切腹而死。

但是有一部分主戰的軍官仍不死心。他們一面隱藏武器和物資，一面煽動台灣士紳進行獨立運動。因之動心而躍躍欲試的台灣大地主、財閥和官僚計有30多人。主要人物包括曾任日本貴族院議員的許丙、曾任台灣總督府評議員的辜振甫和林熊祥、曾任日本憲兵團特務的徐坤泉，以及簡朗山等人。

然而，這個「獨立運動」很快就煙消雲散了。它未能展開的一個原因是，安藤總督決心主和。他於獲悉日軍軍官中宮悟郎、牧澤義夫等人與台灣士紳密謀推動「獨立運動」的計劃後，即下令嚴禁該項活動。

參與其事的台灣士紳，則於國民黨政權在台設立警備總司令部後全遭逮捕。經過軍法處歷時年餘的審訊，於1947年

7月29日判決。辜振甫被判處有期徒刑2年又2個月，許丙與林熊祥各判1年又10個月，簡朗山與徐坤泉判無罪釋放。

這個事件證明了：沒有廣大群眾基礎的獨立運動是註定失敗的。

「新總督」二度臨台

在葛敬恩的「前進指揮所」完成了受降準備工作後，被任命為台灣省行政長官的陳儀，於1945年10月23日帶著他的日本情婦、保鏢、祕書、翻譯官和行政人員，從重慶飛到上海。

翌日，陳儀一行人從上海起飛，順利到達台北。

台北，對陳儀來說並不陌生。他曾於1935年代表中華民國到台北參加慶祝日本占領台灣40週年的紀念大會。他在那次大會的致辭中，還公然向台灣人祝賀，因為台灣人幸運地做了日皇的臣民。

當年陳儀做夢也不會夢到，10年後他會再到台北。而第二次到達這裡，與第一次的情況完全不同。前一次，他是一個弱國的使者。這一次，他是一個「戰勝國」派來的「新總督」。

10月24日，成千上萬的學童被停課一天。他們在通往松山機場的公路兩旁列隊歡迎這個「祖國」派來的行政長官。許多辦公人員和市民也擠到機場去。這是一個十月的艷陽天。當陳儀下了飛機，坐上車子進入台北時，那些夾道歡迎的群眾已經在炎日下站了好幾個鐘頭。

10月25日——陳儀抵台後的第二天，安藤總督受領陳儀發布的署部第一號命令，並在受領證上簽了字，台灣人及台灣這塊土地隨之落入中國國民黨政權手中。實際上蔣介石僅代表盟軍接受在台日軍的投降，卻肆無忌憚地將台灣併吞為中國的領土。

舊總督的下場

安藤利吉是日治時代的第十九任台灣總督，也是最後一任總督。他於1944年12月到任，8個月後即遭逢日本無條件投降的巨變。其後，他的命運是一日不如一日。

1945年10月5日，葛敬恩以「前進指揮所」的名義來到台灣後，安藤即與他接觸。為準備投降工作，安藤組織了「日本第十方面軍聯絡本部」，他自己擔任聯絡官。在正式投降之前安藤曾向葛敬恩提出呈文，其要點包括：

在台所有日人，除軍隊以外，准予繼續留台，不予遣送。

糖廠的技術人員及工人，全以日人充之。糖廠的農場全部由日人承耕。這個安排的目的有二：一方面可以讓日人在台維生，另一方面可讓日人與中國合作建設台灣。

以戰敗國的一個總督，敢於提出這樣大膽的建議，安藤腦子裡是打過算盤的。因為他的部下裡不乏「中國通」，他們深知國民黨官員之貪婪習性。提出呈文之後，安藤即偷偷

送了120公斤黃金及數億元台幣到葛敬恩手中。

接了禮物，葛敬恩不但同意不遣送日人，甚至於答應不在台灣檢舉日本戰犯。

但是，當安藤與葛敬恩祕密來往之際，後面卻有一個美國大兵張著一雙大眼睛。而在這個美國的大兵後面，還有600萬雙明亮的眼睛。

這個美國大兵名叫艾文思，他是與葛敬恩同時進駐台灣的美軍顧問團裡面的一個中校軍官。他與葛敬恩一樣有好財之疾。以他敏銳的眼光，很快就獲悉密藏於安藤最親信的部下原田大佐家裡的120公斤黃金及其用途。

不慣於行賄的安藤深怕機密外洩，趕緊找葛敬恩商量。此道老馬葛敬恩根本不把這件事放在心上，泰然對安藤說：

你放心好了，這件事一切包在本人身上。

事到這種地步，安藤也只得讓葛敬恩去上下其手，究竟葛敬恩將如何應付艾文思，也不便細問。

後來，根據目睹者的描述，艾文思的吉普車曾在黑夜進出葛公館兩三次。

從此一切顯得相當平靜。

但是到了1946年7月，盟軍總部及在南京的國民黨政權突然下令：

在台所有日人，除具有特殊技術的人員，均予遣送回日。

檢舉安藤及若干在台日本軍官為戰犯，即予拘捕。

　　至此，九個月來一直提心吊膽的日本高級軍官才恍然大悟，原來葛敬恩救不了他們。未被捕而熟悉安藤與葛敬恩之間的祕密交易的某一日人，在憤怒之餘，乃向駐台美軍顧問團控告陳儀與葛敬恩侵吞黃金。因為事關當時台灣的行政長官，在台的美軍顧問團無權處理，便將此案移送駐在南京的美軍代表。

　　1946年8月，葛敬恩突然被召回南京。到了那邊，他才知道「黃金案件」已由美軍方面轉達蔣介石。經過一番強辯，葛敬恩竟然沒事，隨即轉赴上海。

　　葛敬恩在上海逗留一段很長的時間。就在這段期間，被關於上海戰犯監獄的安藤利吉突然服毒自殺。

　　安藤死後，當時在台日人的最高負責人鹽見俊二曾悔恨地說：

　　安藤與我們這一班日本幹部，起初都僅為了在台日人的利益著想，而忽視了整個日本的國家利益。因此，在移交時一切都依接收大員之意去辦。製造清冊時，接收大員說記多少就記多少，說不記就不記。我們所以這樣做，完全是相信陳儀和葛敬恩會實現諾言。但是，結果並不是這樣。不但日本人一批一批被送回日本，日本高級軍官也一個一個被檢舉，被拘捕了。眼見這種情形，安藤才下令趕製一份不折不扣的清冊，以備將來之用。但是這本完整的清冊，以及它的抄本，隨著安藤及其他高級軍官之被捕而遭沒收了。我們的努力都成泡影。在這種情形下，只有安藤一人握有接收黑幕的全部證據。你說，他為什麼會自殺？總結一句話，貪污

手段之妙，滅口方法之毒，我們日本人不如國民黨的官僚遠甚！

　　陳儀本人是否也拿到黃金？因為未經審判，無法予以證實。但是這個來自中國的「新總督」的命運，並不比安藤好多少。10多個月之後，他就垮台了。他搬回上海的橫濱橋附近定居後，有一天他的一位摯友從他的私人祕書聽到下面這一段話：

　　都是葛敬恩惹的禍。陳先生險些就被那些黃金拖垮了。幸虧那30公斤黃金還沒運走。

　　至於那位美國大兵的下場？1948年9月12日，中央社台北分社發了下面的電訊：

　　台灣光復時，隨同國軍進駐台灣之美籍軍官艾文思中校侵吞台灣黃金巨案，雖經美國法院公審兩次，嗣由美國司令部撤回訴訟，現已成為中美兩國之懸案。

從失望到憤怒

　　初次目睹「祖國」軍人破破爛爛的外表，台灣人感到的
是驚奇、懷疑、失望。

　　其後見到「祖國」軍人落後無知的怪象，台灣人感到的
是可笑、反感、厭惡。

　　最後不堪「祖國」軍人橫行無忌的搶劫，台灣人終於爆
出了積憤。

　　這是台灣人對「祖國」軍人三種先後不同反應的轉變過
程。而這個180度的大轉變，僅需要短短幾個星期。

文化倒流的衝擊

　　看慣日軍的台灣人，初次見到面黃肌瘦的「祖國」軍
人，未免感到極端的驚訝和失望。但是初相逢的失望，尚不
能預告其後連續發生的種種事件。

　　因為缺乏營房，剛剛踏足於台灣的「祖國」軍隊暫時駐
在學校、廟宇和醫院。這些場所本來就不是為了軍人長期居
住而設計的，既沒有足夠的廚房餐廳，也沒有適當的盥洗設
備。「祖國」軍人一住進去，單單為了吃飯、盥洗和睡覺，
便把這些地方弄得面目全非。

　　沒有爐灶，他們就在水泥地上生火。缺少燃料，便把木
製的門扇、門框、欄杆拆下來。想吃香肉，便到街頭巷尾去
抓狗。這種形形色色的落後習慣，從被「祖國」軍人占據了

的台北孔子廟、馬偕醫院以及淡水河畔的痲瘋病院毫無保留地映入附近居民及過路行人的眼裡，再由目睹者的嘴傳到遠近的親戚、朋友。

暴露於臺灣人眼前的，不僅是落後的生活習慣，還有對現代化日常用具的陌生無知。來台之前，許多軍人從未見過電燈、自來水、昇降機（電梯的日文名稱）和腳踏車等簡單用具和設備。因此，抵台後數週他們便到處鬧笑話：

成群的軍人一天到晚擠在台北市內的一家百貨公司樓下，目瞪舌撟地圍觀上上下下的昇降機。這種情形竟連續了好幾個星期。

許多軍人偷了自行車卻不會騎，只好推著走。當人群追趕上來的時候，偷車的軍人匆匆忙忙跳上車子猛踏幾下，便連人帶車滾進路邊的陰溝裡面。看到帶著一身污泥臭水從陰溝裡爬出來的軍人，眾人覺得又可氣、又可笑。然而，偷車的軍人卻又阿Q式地邊罵邊逃。

與落後習慣一樣，「祖國」軍人不會使用現代化器具的笑話也很快地傳遍全島。於是，幾乎令人不敢相信的怪聞便盛傳於台灣人之間：許多軍人買了電燈泡回去裝在天花板，買了水龍頭回去插在壁上。在他們怎麼弄也弄不出燈光和自來水後，便氣沖沖地跑到店裡去大罵。

落後習俗和無知招來的僅是嘲笑和反感。惡劣的習慣和敗壞的軍紀則激起了台灣人的不滿和憤怒。

　　「祖國」軍人和警察帶來的惡習亂紀，當時幾乎天天見諸報端。下列是『民報』於1946年2月間所做的幾條報導：

　　左營海軍軍人曾槍殺當地民眾，一事未平，又以槍威脅郭區長。（2月2日）
　　高雄市碑子頭市場國軍白晝搶魚商卓乞食現款600元。（2月10日）
　　高雄國軍一群聚賭於倉庫，因被陳夫人勸止，竟毆打苓雅寮區長陳夫人。（2月10日）
　　為爭鹿港機場接收物品存單，彭上尉大鬧彰化市。（2月11日）
　　巡警以手槍威脅商人。（2月12日）

　　此外，軍人乘車不買票、買物不給錢或少給錢、以法幣與台幣等價付款（法幣是當時通行於中國之貨幣，35元法幣折合1元台幣）、看戲不買票反而鳴槍示威，這些亂紀行為引起了難以計次的糾紛，也激起了無法壓制的憤怒。

牆上加網

　　軍人穿著制服，到處打家劫舍，這是台灣人50年來聞所未聞的。但是「祖國」軍人抵台後不到兩個月，這種事已經不是新聞了。
　　起初，打劫的目標是當時還留在台灣、焦灼地等待遣送的30萬日本人。

　　在日本宣布無條件投降之後，旅居台灣的日本人便靜靜地等待遣送回國的日子。但是戰後的日本樣樣缺乏、景況淒涼，而散佈於東亞各國、等待遣送的日本人則高達數百萬之多。當時台灣的生活條件遠勝於日本，而且台灣的冬天也不像日本那樣酷寒。因此，留居台灣的日本人的遣送工作便被盟車延緩下來。

　　這些僥倖留在台灣過冬的日本人，絕對想不到他們會變成打劫的目標。而打劫的，竟是武裝的中國軍人。

　　聽到「祖國」軍人打劫日本人的消息，台灣人一方面感到驚奇，一方面感到日本人既然處於戰敗者的地位，難免要吃點虧。然而，台灣人不久就更加驚奇的發現軍人打劫的對象，逐漸地從日本人轉移到住在日式或半日式房子的台灣人。最後軍人已是有家便打、有舍便劫了。令人不敢置信的是，從事搶劫的軍人中間分了許多派系，往往有一戶人家先後被不同派系的軍人洗劫。有時候，不同派系的人馬恰巧同時到達同一個目標的門口，為了爭奪搶劫目標而互鬥起來。

　　武裝軍人下手的對象，當然不僅限於民眾。在他們眼中，路邊沒人保護的公共設備更容易攫取。於是剛剛修復的電話線、剛剛埋好的水道管（自來水管的日文名稱），以及消防栓、抽水設備等便紛紛不翼而飛了，甚至連鐵路的自動開關和信號也在被拆除變賣之列。這種視乘客生命如草芥的罪行，還是在連續發生了幾次嚴重車禍之後才被發現的。

　　在搶風盛行之下，台灣住屋的外觀迅速起了變化。原有的水泥牆或紅磚牆上，紛紛出現了玻璃碎片、鐵釘或帶刺的鐵絲網。而率先安裝這類保護網的竟是陳儀部下的官員。台

灣人從未曾感到需要這種防備，而中國官員本身就是這樣地不能信任他們自己的部隊。

軍人的打家劫舍，在陳儀部下的眼中已是司空見慣，但在台灣人的眼中是不能想像的。

與土匪兵仔共一色的官員

使台灣人受不了的，並不限於那些土匪兵仔，隨著陳儀來台的、數以千計的公教人員，大多數也是以勝利者的態度君臨台灣。

按一般道理，這些公教人員是受過教育的。他們的舉止應該不同於穿得破破爛爛的軍人。但是事實證明，公教人員與軍人原來是半斤八兩。

對於這些公教人員。台灣人首先碰到的是語言問題。第二次世界大戰剛剛結束時，會說北京話的台灣人真是屈指可數。但在「祖國」的公教人員陸續來台之後，台灣人很快就發現了，「外省人」所講的北京話腔調人人不同。與這個「外省人」學的北京話，另一個「外省人」卻聽不懂。更糟糕的是：「外省人」彼此對話時，說的多不是北京話。

台灣人感到困擾的第二個問題是生活習慣的迥異：

大多數「外省人」在公共場所交談時，總是縱聲談笑、毫無顧忌。

大多數「外省人」在搭車或看電影時，總是爭先恐後地擠到別人前面。

　　大多數「外省人」在買東西或住旅館的時候，總是喜歡挑五撿六。

　　大多數「外省人」辦起公事，推、拖、混，完全不負責任。

　　這種壞習慣給台灣人的印象已經夠壞了，但是還有更多更壞的習慣，弄得台灣人忍無可忍。例如：

　　台灣的自行車行，通常備有多輛腳踏車供顧客租用。出租時，既不需擔保品，又不須先付定金。台灣人總是在規定時間內將車子騎回來，繳清車租。但是有不少「外省人」將車子租去，便永遠不再回來了。

　　台灣的旅館大都備有幾件雨衣、雨傘，供顧客遇雨時借用。但是，許多「外省人」竟一借不還。

阿山一叫成「名」

　　更令台灣人不能忍受的是，大多數的「外省人」來到台灣，處處以「征服者」自居。他們的「邏輯」是，中國戰勝日本、收復台灣，而台灣人則是受了50年日本奴化教育的「二等國民」。他們因此瞧不起台灣人，於言行中，經常暴露出優越感。

　　對於這一批新的統治者，這一批落伍、貪婪、自大、不守衛生、不守秩序的外來者，台灣人心中漸漸積下反感、厭惡和憤懣。

　　在大戰剛結束的時候，大多數台灣人是把中國當做「祖國」看待的。因此，在國民黨的軍、公、教人員抵台之初，台灣人便以「外省人」、「唐山人」稱之。這兩個名詞，僅在於表示「非本地人」和「來自中國唐山的人」的涵意，並沒有歧視的成分。

　　但是僅僅幾個星期的接觸，已使台灣人看清楚這一批新統治者的落伍、貪婪和自大，已使台灣人吃夠了虧、受夠了騷擾。於是，一種反感與厭惡的情感很自然地發生了。大多數台灣人不再希望與「外省人」為伍。許多人覺得用「唐山人」去稱呼這批新的統治者是太禮貌了。

　　有一天，「阿山」這個新的稱呼很自然地脫口而出。它實在是太恰當了。它最能代表台灣人對「唐山人」的看法和感覺。它是幾個星期來與「唐山人」接觸經驗的一個總結。很自然地，「阿山」這個名稱，就這麼一叫而廣被採用了。

巨變中的不變

　　第二次世界大戰的結束，給世界各地帶來了空前的巨
變。台灣，當然也處於這個巨變的潮流中。

　　表面上，台灣人脫離了日本帝國的殖民統治，回到了
「祖國」的懷抱。按道理，台灣人應該能夠在「省政」上面
扮演重要的角色。但是事實證明，這個希望卻很快地成為泡
影。

「已比以前好得多了」

　　在日本帝國的殖民統治下，台灣人雖然在政治方面飽嘗
了歧視與壓迫，但在基本教育方面則獲得相當程度的機會。
1944年，台灣學齡兒童的就學率已達71.39%，而中等學校亦
有45所之多。與當時中國各省比較，台灣的學校設備、師資
程度以及一般人民的知識水準均遙遙領先。

　　以校舍和設備為例，一位1947年初來台旅行的中國記者
唐賢龍曾做了下面的描述：

　　無論台灣大中學校或國民小學校，其建築均遠比國內寬
大堂皇，設備亦充實齊全，使每一個前往台灣參觀的人，都
嘆為觀止。在南京像中央、金陵兩大學的校舍，已夠富麗巍
峨，但是在台灣，即使是一個鄉村國民小學校的房子，與之
相較，亦均無遜色。

　　但是，以台灣人這樣的教育水準，在日本統治之下固然未獲得參加台灣行政工作的機會，而在國民黨的統治之下也同樣沒有機會。台灣人在政治方面受到的歧視，是戰後發生的巨變中的一個不變。

　　這個不變，最好以數字來證明。

　　1945年9月，即日本已經投降而中國尚未占領台灣之前，台灣境內的公教人員總數為84,559人，其中台灣人有46,955人。表面上台灣人占了總數的55.53%，但實際上台灣人的職位非常低微：

　　敕任官（相當於中國之簡任官），僅有1人。而這個人的職位是大學教授，並不是行政人員。

　　奏任官（相當於中國之薦任官），只有27人。其中僅15人擔任行政工作，其餘12人則是教員或醫師。

　　判任官（相當於中國之委任官），有3,733人，僅占所有台灣人公教人員的7.95%。

　　這些不會說謊的數字，清清楚楚地證明了在日本殖民統治下政治歧視的嚴重情形。但是，在「祖國」的懷抱中又如何呢？根據台灣行政長官公署人事室的官方報告，在1945年10月台灣境內的公務人員共有44,451人，其中台灣人有38,234人。又根據陳儀於1946年除夕日向台灣人的廣播，當時台灣人公務人員的職位分布如下：

　　簡任官（在簡任級的待遇人員也計算在內），有27人。

薦任官，有817人。

委任官，有12,557人。

　　陳儀在廣播中說，這些數字顯示台灣人的從政人員已經4、5倍，6、7倍，乃至20、30倍於日治時代了。他的廣播詞處處充滿自滿的口氣，而字裡行間，更處處暗示「已比從前好得多了」的意味。

　　但是，在27名簡任和817名薦任的官員中，做縣市長、或省級主管、或事業機關的首腦者究有幾人呢？當時的紀錄如下：

　　在省級各處局首長中，僅教育處副處長宋斐如是「台灣人」。

　　在各縣市長中，僅台北市長游彌堅和高雄市長黃仲圖兩人是「台灣人」。

　　在各事業機關中，僅台灣省油脂公司總經理顏春安和台灣省玻璃公司總經理陳尚文是「台灣人」。

　　上列擠身首長的這些人，能不能算是台灣人，實際上是一個問題。因為他們於大戰結束之前都在中國做事，他們之中有許多人的籍貫尚在游移未定中。

點綴性的半山

　　任用幾個曾長期僑居於中國的所謂「台灣人」擔任市

長、總經理之類的職位，便誇言台灣人從政的機會已比日治時代好得多了。這種欺詐的手法絕對騙不了眼睛明亮的台灣人。

　　對於戰前長期旅居中國，戰後隨陳儀這一班人來台劫收的所謂「台灣人」，民眾已經替他們取了一個非常適合的名字——「半山」。這些在心態上一半屬於「阿山」的公務人員，並不能代表台灣人民，更不能取得台灣人民的信任。

　　最諷刺的是，這些「半山」為了掩蓋「二等國民」的身世，竟經常更改「籍貫」。這是造成他們的「籍貫」游移不定的原因。例如：

　　游彌堅在陳儀任中國福建省主席時，即追隨於其左右。他在福建當縣長期間，曾自稱是福建人。
　　黃仲圖在中國重慶軍委會國際問題研究所工作時，在履歷表上自填為浙江人。但與友人交往時，則時而自稱浙江人，時而自稱廣東人。
　　陳尚文在中國四川省建設廳工業試驗所擔任所長職位時，曾自稱是福建人。
　　顏春安在中國時，也自稱是福建人。

　　這些「半山」的籍貫究竟應屬何處，恐怕連他們自己也說不出來。
　　而這類「半山」在上述的844人簡任、薦任級台灣人當中竟占了70%強。
　　這裡應該交代的是，並不是所有於大戰結束後自中國回

台的台灣人都在「半山」之列。他們之中確有幾位不與國民黨同流合污的，宋斐如便是一個例子。但是這種出污泥而不染的人實在太少了。

同工而不同酬

在政治方面的種種歧視中，最令台灣人憎恨的是，「阿山」幾乎囊括大大小小的一切職位。

各機關中，不獨首長負責人等重要職位大多被「阿山」占據了，即連祕書、科長、股長，特別是經手金錢的財務、總務、事務、會計、出納等項的主任，「阿山」均占有90%以上。

尤有甚者，即使台灣人與「阿山」擔任同樣的工作，待遇卻有很大的差別。以台灣郵電管理局為例，「阿山」除本薪外每月尚有6,000元台幣的津貼，而做同一工作的台灣人只能領到本薪。當時的本薪是簡任級每月1萬多元台幣，薦任級7、8千元，委任級5、6千元。由此可知，當時絕大多數列於委任級的台灣人，每月收入尚不到同是委任級的阿山的一半。這種差別待遇普遍存在於台灣省行政長官公署屬下的其他各機關，一直延續到1946年5、6月才取消。

承襲殖民衣缽

陳儀一班人來台之後，一方面輸入一大批阿山、半山，另一方面承襲了日本帝國殖民統治的整套衣缽。

　　初抵台灣時，陳儀便以過渡時期為藉口，大行其「監理政治」。

　　所謂「監理政治」者，說穿了就是自己做老闆不做事，只監督日本官員替他做。具體地說，除各行政機關主管以「阿山」和幾個「半山」去接替外，其餘日官日警全部留用。在事業機關方面則只派監理官駐紮各銀行、公司、工廠、作業場、鐵路、電信和郵政局，而各機關原有日本人全班人馬則依然留用。

　　對於「監理政治」，陳儀作了這樣的詭辯：

　　日本統治時代，上自總督府下至州廳郡市街庄的行政工作人員，多數均為日人，本省人占極少數，且任中級以上者尤少，高級官吏則無一人。在接收工作進行中，對於這種情形，誠為一大困難。當局為保持行政不中斷之原則，未有相當數量及相當資歷之人員可以接替以前，對於原任多數日人，自難遽予全部辭退，故不得不暫時遷就事實。其主要原因：自內地來台的接收人員為數不敷分配，本省一般知識分子，多未參加行政工作，但中級以上的人員，又非具有相當熟練的行政經驗與技能者不可，因此一時均未便任用，在接收過程中，不得不留用日人。

　　陳儀又說，行政長官公署計劃舉辦訓練班，用以訓練缺乏行政經驗的台灣人，以便接替日本人。第一期訓練班於1945年12月10日開訓，為期90天，計有375名台灣人參加。課程以總理遺教、總統訓詞、中國史地等精神訓練為主，另外

加些政治、經濟、會計、氣象之類的東西。但是，結訓後並沒有幾個人被任用，因為在他們受訓期間，已有大量的阿山陸續來到台灣，並迅速接替了各機關裡面的日本人。

「監理政治」的一個結果是，台灣人根本沒有機會參與中、上級的行政工作，也因此無法獲知陳儀這一班人的「劫收」內幕了。

此外，透過「監理政治」的手段，陳儀這一班人很順利地繼承了日本的殖民衣缽。實際上，主要機關的組織與功能都未改變。唯一不同的是機關名稱：

總督改稱行政長官，仍舊總攬行政、立法、司法三權。
總督府的評議會改稱省參議會。二者均屬咨詢機關性質，不是議決機關。
州市協議會改稱縣市參議會。二者均屬咨詢機關性質。
保甲制度改稱里鄰制度。

「維持治安」的人

由陳儀承襲下來的統治體制中，最令人憎恨的是警察系統。

當日本投降的時候，台灣境內的警官、警員人數約有13,000。其中台灣人約有5,600人，均屬下級警員。在「監理政治」的公式下，原有的日本警官、警員全部留用到1945年12月10日。

但是日警離去後留下來約7,400個空缺，陳儀卻盡量以毫

無經驗的年輕「阿山」遞補。根據警務處於1946年底提出的報告，當時計有警官1,371人（內台灣人430人），警員7,105人（內台灣人6,546人）。這些數字清清楚楚地證明，殖民地的統治者是如何小心地安插自己的人於負責「維持治安」的單位裡面。

但是，這一批既沒有經驗、又不懂台語的「阿山」警官、警員，不但不能負起「維持治安」的責任，反而到處擾亂治安。下面是發生於1946年2月的一些例子：

幾個年輕「阿山」警員闖進一家戲院胡亂開槍，觀眾慌忙逃出戲院。事後，這些警察說，他們是來搜查嫌犯的，卻一無所獲。

1名「阿山」商人收買了4名「阿山」警察，從基隆驅車到桃園，威嚇一家商店以虧本的價錢出售商品給他。幸被一群鎮民發現，及時將這5名「阿山」趕走。

1名「阿山」警官特務長（福州人），穿著制服打劫民房，尤以日人住宅頻頻遭其光顧。

某天晚上，30多名台北市的「阿山」警察，驅車前往景美某大地主家裡「搜查」。幾個家人從後門逃出大喊「賊仔！」，鄰居及地方警察連合起來與之對抗，附近的國民黨部隊也聞訊趕到。三方面在黑夜中展開一場混戰，到黎明才發現大家都是穿制服的。

這些作威作福的「阿山」警察遍佈全島。據1946年底警務處提出的工作報告，當時台灣境內設有：（一）市警察局

9、縣警察局5、縣政府警務科3，（二）分局22、警察所53、縣轄市警察課2，（三）派出所1,329。

　　陳儀認為這樣密佈的警察機構還不夠，又在警務處成立1個警察大隊，下設3個中隊。到處尋釁、惡名昭彰的「巡邏隊」便隸屬於這個警察大隊。

　　在這種倒行逆施的警務統治下，監獄必然地爆滿了。例如，在1946年秋，只能容納100人的高雄監獄竟擠進700多人。許多受刑人因為缺乏醫護而死於獄中。

坐帆船而來的旅客

　　帆船，這台灣人已經很久沒見到的渡海工具，竟於大戰結束後不久重新出現於台灣的港口。這些船來自中國的沿海地區，船上的旅客一上岸，便鬼鬼祟祟地潛往各地。他們來台的目的何在？過了一段時間，台灣人才漸漸發現這些人的任務並不尋常。

　　原來，自廈門、福州、上海各地乘帆船而來的這些旅客，大多數是特務人員。他們的任務是，在柯遠芬來台之前預先布下特務的羅網，為日後的劫收及統治舖路。

　　特務組織是國民黨政權用以統治中國的主要工具之一。對於這個剛剛倖獲的殖民地，它更有計劃地派來了許多不同系統的特務組織。因此除了軍隊、憲兵、警察等正統的鎮壓工具外，它在警備總司令部另設了「特務營」、第二處、調查室等特務機關。此外，國民黨的省黨部以及三民主義青年團的主要幹部，當然也都負有「特殊任務」。

為了擴大其特務羅網，國民黨政權又收買了許多從前替日本擔任特務工作的台灣人以及流氓，進行威脅、抓人、暗殺等卑鄙工作。

因此，台灣各級行政機關、各級人民團體及各級學校，很快地都埋伏了特務分子。

國民黨政權也把它在中國特有的「集中營」輸入台灣。「集中營」的目的是要將敢於批評惡政、敢於攻擊貪官的人士集中起來。在台北設立的集中營叫「勞働訓導營」，在台東設立的則美名為「游民習藝所」。

為了加強殖民統治，國民黨政權也在台灣恢復了封建時代的「連坐制度」。

「臨時辦法」

軍警特務是國民黨用以控制人民的工具，而這些惡警惡吏所持以擾民的「法律依據」便是由陳儀發布的一連串惡法──「臨時辦法」、行政命令等多如牛毛的法令。

在日本統治下的20年代，台灣的群眾運動曾有一段令人鼓舞的歷史。但進入30年代以後，所有進步的群眾組織，便一一被總督府以逮捕、監禁等高壓手段扼殺了。因此，台灣的群眾運動，在二次大戰結束之前，沉寂了10多年。

戰後，對國民黨政權本質缺乏認識的台灣人，誤以為可以自由地推動政治運動了。於是，政治團體在各地紛紛成立。許多青年甚至誤認「三民主義青年團」為一真正為了推行三民主義而成立的青年團體，因此踴躍加入。

　　在這許多群眾組織中，較具有進步性的是下列2個團體：

　　台灣人民協會——1945年9月20日，「人民協會籌備會」於台中市第一女子中學成立。同月30日，由「籌備會」在台中戲院舉辦「民眾大會」，向與會民眾說明，「人民協會」的宗旨在於團結各階層人民，爭取民主政治之實現。10月5日，「人民協會」於台中大華酒家正式成立。「人民協會」總部成立之後，即發行「人民公報」，並在各地成立支部。同年11月17日，陳儀公布「人民團體組織臨時辦法」，命令所有人民團體自即日起停止活動。但「人民協會」決定對抗陳儀的命令，繼續活動。至翌年1月10日，才被強迫解散。

　　農民協會——1945年10月20日，「農民協會」總部成立於台中市。其後各地紛紛成立支部。在一個月間，會員就已超過1萬人。但不久以後，「農民協會」竟被國民黨的特務分子滲透、分化，最後也被強迫解散。

　　從這兩個人民團體被強迫解散的經過，可以看出殖民統治者對於群眾運動是如何畏懼、如何提防。即使尚在萌芽、茁長的人民團體，它就迫不及待地以一紙「臨時辦法」予以解散了。

空前的掠奪

　　戰爭，是人類數千年來一直無法逃避的劫數。而隨著科技的日新月異，人類用以自相殘殺的武器，也在一次次的戰爭中出現了駭人的「突破」。

　　空中轟炸，可以說是二次大戰中的一項「突破」。它的運用，使前方與後方的界線消失了。任何後方地區，如果不幸被圈選為轟炸目標的話，便會在一次大空襲中化為焦土。日本廣島便是一個最明顯的例子。

　　在大戰末期，台灣被美軍選為轟炸目標之一，在美機夜以繼日的猛烈轟炸下，遭遇了空前的浩劫。任何具有戰略價值的地方，如港口、橋樑、機場以及軍工廠都被炸得面目全非。甚至連商業區和住宅區，也幾乎變成廢墟。

　　而在大戰結束前兩年，日本的兵力及物資已漸趨枯竭。於是它開始徵調台灣青年，一批一批送往日本本土以及它的占領區充當軍伕。據統計，被送往新加坡、馬來亞、南洋群島、朝鮮、海南島、滿州（亦稱東北）及日本各地的台灣人，最少有3萬。台灣的勞動力因之大減。

　　同時，為了供應軍方的需用，台灣地區的糧食及各項物資亦被搜刮殆盡。在一次又一次的搜刮之下，人民若有番薯籤充饑就很幸運了。學生制服上原有的銅製鈕扣及住屋門窗上原有的銅製品，都一一用木製品取代下來，然後送到軍工廠去供製造軍火之用。當然，汽油是買不到了，民間的卡車都改用木炭行駛。

處在這種困境中，休戰是一個何等令人歡欣的訊息！人們又是何等急切地期待著重建家園的日子！

破壞後的破壞

以台灣人擁有的科技知識，將整個台灣復原應該不是一件很困難的工作。

但是，戰後從「祖國」派來的陳儀這一班人，卻使台灣人對復原的希望迅速變成絕望。

原來，陳儀的目的並不是復原，而是劫收。他帶給台灣的並不是重建，而是破壞。

陳儀這一班人的劫收是極有計劃的，是鉅細靡遺的，是刮而又刮的。

在劫收政策下，本來未被美機炸毀的工廠也遲遲未能開工。工廠受劫收之害的程度，最好以數字說明：

根據行政長官公署的調查，從日方接收過來的356個工廠中，僅有70個左右在美機轟炸下受了重創。但是到1947年初，卻還有190個工廠尚未開工。為什麼不能開工呢？因為陳儀這一班人的「復原」步驟是，先賣成品，次賣原料，接著賣機械，最後賣廠房。這種「復原」的結果是，工廠一個一個解體了。而這些被拆下來的機器、零件都一件件出現於上海的市面。

工廠的關閉，導致了民生用品的缺乏，更製造了嚴重的失業問題。

日產流失知多少？

大戰末期，雖然台灣民間的物資奇缺，官方及軍方卻仍囤積著相當充裕的糧食、日用品和原料。

根據一位曾經參與日產登記與移交的日本經濟學者的估計，陳儀這一班人接收的日本公私財產，包括軍火及40億美元（以戰後物價尚未膨脹前之市價計算）以上之物資、房產及土地。

在軍火方面，據台灣警備司令部的公報，它接收了：

65個機場。
900架軍機。
525艘大小艦艇。
2,000多輛戰車及卡車。
1,368門各類火炮。
133,423枝各種輕重槍枝。
6,852萬餘發彈藥。

軍火之外，日本陸、海軍囤積於台灣的軍糧、軍裝、醫藥及各項器材，亦都被接收。其中僅糧食一項，其儲存量即足供20萬軍人長達兩年之食用。軍裝則存有50～60萬件。

被接收的非軍事財產可分成四大類：

日本官方財產。包括「公有地」、公共建築物、港口設備、鐵路、電話電報系統、警察通訊系統、電台及各種國營

企業。

　　公共社會福利機構。包括學校、醫院、研究所、農場、實驗所、訓練所。

　　郵政儲金、保險公司的保險金，及許多投資與信用機構擁有的私人儲蓄。其中包括許多台灣人的儲金及投資，亦被接收。

　　日人私營企業。包括糖廠、鳳梨工廠、化工廠、礦區、林場、醫院、戲院、印刷廠等。

　　日本平民回日時，每人只能攜帶一件行李（只限隨身衣物、日常用品及食糧）和日圓1,000元，其餘的家產都必須變賣、送人或放棄。

　　總結起來，當時的日人公私產業占台灣產業的80%以上，日人的公有地和私有地，占台灣土地面積的70%以上，日人的房產占台灣所有房產的30%。這些日產，實際上都是日本據台50年間取自台灣的東西，按道理是應該歸還台灣人的。但是經過陳儀這班人的劫收，這一大筆財產便一變而成為國民黨政權的，而其中一大部分已成為中國四大家族及政學系的私產了。

公以濟私、黨即是國

　　中國的四大家族與政學系，就是利用國民黨政權的力量，壓榨人民長達20～30年的五個財團。他們的主腦人物是：

第一個集團——蔣介石的蔣家。

第二個集團——宋子文、宋子良、宋子安等的宋家。

第三個集團——孔祥熙的孔家。

第四個集團——陳果夫、陳立夫所領導的CC系。

第五個集團——政學系。

其中，殿後的政學系規模不如四大家族之龐大，又不以家族為中心，因此較不為一般人熟悉。但因劫收台灣的陳儀是此系要員之一，故值得比較詳細地說明一下。

政學系溯源於1910年代。當時中國被幾個大軍閥割據，而以袁世凱為首。與袁分庭抗禮的是岑春煊。在岑領導之下，有一班政客組織了政學會。會中著名人物有李根源、楊永泰、張群及吳鼎昌。其後政學系成為北洋政府中不可或缺之集團。蔣介石北伐時，張群首先代表北方軍閥與之勾結。南京國民黨政權成立後，楊永泰即出任蔣介石南昌行營祕書長，而張群、陳儀等政學系大將亦各據要津。1936年楊氏被刺殞命，張群繼之取得該系領導地位。進入40年代之後，政學系光芒四射，該系主要人物張群、吳鼎昌、翁文灝、陳儀等人均在國民黨政權內扮演重要角色。

1942年，陳儀出任國民黨政權行政院祕書長。開羅會議後，蔣介石即將劫收台灣之計劃交陳研究。陳儀之「出長台灣」，可以說在那個時候即已確定。

上述的五大集團，每一個都像一隻八爪魚一樣，在中國緊緊抓住人民不放。戰後，這五大集團的巨爪便延伸到台灣來。他們的榨取手段真是五花八門。對於公家財產，則「公私不分」、「假公濟私」、「化公為私」，樣樣都來。對於

民間的財產，則製造謠言、乘機操縱市場，然後大撈一把。甚至於利用政權的命令，大量徵收，然後化公為私。在這樣掠奪、榨取之下，國家就屬於這五大集團的了。

　　當然，對於榨取人民，這五大集團是一致的。但他們彼此之間，卻存著很大的矛盾。他們便在共同擁護蔣家為領袖，而彼此互相勾心鬥角的情況下大劫大撈。

陳儀的六大將

　　屬於政學系的陳儀是中國浙江人，日本士官學校畢業，曾先後任職於北京政府及軍閥孫傳芳幕下。國民黨政權興起之後，曾一度任軍政部次長。1934至1942年間，任福建省主席。因倒行逆施，遭人民竭力抨擊。在這段期間，他培養了一批親信，戰後便帶到台灣來。下列就是他的6名大將：

　　葛敬恩。原為一名軍閥。來台後任長官公署祕書長，獨攬人事大權，一心引薦親友。他的女婿李卓芝，便因他而出任台灣省印刷紙業公司總經理，後因貪污2000餘萬台幣，被調為台北市專賣分局長。他的胞弟葛敬應亦因他而出任台灣省茶葉公司總經理。

　　嚴家淦。曾任福建省財政廳長。隨陳儀來台後，初任交通處長，後調任財政處長兼日產處理委員會主任委員。台灣的幾家官商合辦的銀行，如台灣土地銀行、工商銀行、華南銀行，以及上海幾家私人銀行，都有他以化名投資的股金。

　　胡福相。曾任福建省保安處長。隨陳儀來台後，擔任警務處長。

周一鶚。福建省民政廳長。隨陳儀來台後，擔任民政處長。

包可永。隨陳儀來台後，擔任工鑛處長。

柯遠芬。隨陳儀來台後，擔任警備總司令部參謀長。陳儀雖然自兼警備總司令，但軍事大權實際上均操於柯某手中。言論的控制以及新聞記者的「失蹤」，便是他的「傑作」。

東亞　倉鬧米荒

台灣素以產米著稱。每年稻作2至3次，年產量曾高達980萬日石（1日石約合180公升），其中一半輸往日本。即使在大戰的最後一年，仍生產了490萬日石之米。因此，在日治時代從未發生米荒。

大戰末期，台灣民間雖然缺乏糧食，日軍軍方則仍囤積了充裕的軍糧。陳儀這一班人抵台後，迅速接收了日軍儲備的物資與糧食。這些物資轉眼即以「支援國軍反共保台」的冠冕理由，一船一船地運往中國。而實際上，這些東西於運到中國以後，大多囤積於私人倉庫待價而沽。

在台灣，陳儀則承襲日治時代的辦法，實施糧食配給。但因接收過來的米穀已被運往中國，長官公署乃於1945年11月27日派了20多隊「糧食勸徵隊」分赴台灣各地徵糧。收購的米價是1斤1元，還不到農民的最低成本。

至於配給方面，平均每人每日配米8兩，只夠做一頓飯。當時中國軍米的配給是每人每日25兩，產米之鄉的台灣

人民配米量竟不及中國軍人的三分之一！

　　尤有甚者，彰化自1945年12月中旬，台北市自同月20日起，就停止配給了。高雄則每月只配給4次，僅可供10天的食用。當時尚留在台灣的日軍也因缺米而提出抗議。

　　在陳儀製造的「米荒」之下，米價一漲再漲。1945年8月大戰結束時，食米每斤約0.3元。同年12月3日的市價是1斤1元。翌年元月每斤10元，2月中旬漲至17元。1947年2月上旬，則每斤高達40多元台幣，而且是有錢無市，拿了台幣到處跑也買不到米。米價漲到這種程度，勞苦大眾及失業者又回到以番薯、雜糧充飢的困境。因飢餓而自殺的消息常常見諸報端：

　　　台南飢饉，同胞不願行乞，或強劫或因缺食而自殺者時有所聞。（見官方報紙《新生報》，1946年1月2日）
　　　此間近聞萬華地區亦有因食糧問題服毒自殺者。（見《人民導報》，1946年1月5日）

　　長官公署公開承認台灣的米荒不是缺糧，而是人為的囤積居奇。

　　但是，究竟是誰囤積？是誰居奇？糧食局一口咬定是大戶。於是糧食局會同警備總司令部，公開聲稱要調查存糧、取締囤積、懲辦奸商、嚴防走私、限定米價、辦理平糶、計口授糧。

　　做了一大堆官樣文章，結果大戶一個也沒有抓到，米價仍頻頻上昇，人民仍在配銷處外面排隊買米。

五天五地

　　當飢餓的人民每天在配糧處門外排長龍陣的時候，高級
官員卻將一船船的白米，在武裝保護下走私到日本去。當時
日本亦處於缺米的境況，米價奇高而黃金價錢甚低。於是，
一船船的白米去，一箱箱的黃金歸。來回幾趟，這些高級官
員便什麼都入手了。當時流行「五子」的說法：就是條子、
房子、車子、金子、女子。來台不到幾個月，陳儀這一班人
便都「五子」登科了。當時，又有「五天五地」的流行語：

　　美機轟炸，驚天動地。
　　日本投降，歡天喜地。
　　貪官污吏，花天酒地。
　　警察蠻橫，黑天暗地。
　　物價飛漲，呼天喚地。

　　於是，在陳儀這一班人來台幾個月後，舊總督府（即今
總統府）大門出現了一幅大漫畫：一隻喪家之犬垂頭喪氣走
出去，一隻愚蠢之豬搖搖擺擺走進來。

吃紅土的白螞蟻

　　因劫收引起的糧荒，直接威脅到人民的生存，這是長官
公署無法掩蓋的罪行。其他不勝枚舉的大小劫案，雖未危及
人民的生存，但亦大大斲傷了台灣的經濟元氣。下面是幾個

當時轟動全島的案子。

第一件

貿易局長于百溪，於接收時將大批日方物資隱匿變賣，得款數千萬元台幣。旋即利用職權上的方便，將這筆巨款以「採購機器紗布公款」名義匯往中國上海購買物資，再運回台灣配售各機關大發其財。雖經台灣人一再向長官公署密告，卻如石沉大海。直到1946年9月間，由中國國民參政會所組織之全國接收清查團台灣區清查團團長劉文島赴台之際，台灣人向他密告，劉氏才要求陳儀將于某撤職，移解法院辦理。因于係嚴家淦、包可永的心腹，陳儀又拖了一段時日，在不得不辦的窘境下才予撤職。但在台北地方法院逮捕于某後，長官公署反而以移交手續尚未辦理的理由，將他保出。

第二件

專賣局長任維鈞，於接收時貪污牟利，被《民報》揭露。任某大怒，在台北各報遍登啟事，竭力為自己辯護，並限《民報》於3日內舉出證據，否則將依法向法院訴究云云。啟事一出，《民報》即在報上公開答覆，舉出貪污500萬元台幣的確證，並且註明其他若干貪污證據待搜齊後再予報導。最後《民報》堅決要求任某向法院起訴。任某見證據鑿鑿，遂不敢置答。陳儀於獲悉此事後，一面派人向《民報》警告，不得再揭發隱私，致干法紀，一面怒斥任某：

你既不敢與民報打官司，便不應該在各報登啟事，迫使人家檢出你的貪污證據來。你真糊塗，簡直丟盡了我們的臉！滾！你趕快回去自殺罷，你無臉再來見我。

因任某係陳儀的顧問沈盟訓的太太的人，被斥後只請了兩週假，便又好官我自為之了，直到接收清查團台灣區團長劉文島來台時，經人密告，劉氏才要求陳儀將任某撤職，移送法院審理。但與于百溪一樣，任某也在被移解法院後獲保釋。

于、任兩人被保出後，在移交時又大作手腳。他們一面燒毀日本人留下的原始清冊，虛稱已經遺失，一面以多報少。任某在移交清冊中，竟列有：

食鹽被人民搶去1萬擔。
紅土（即最好的鴉片煙）被白螞蟻吃掉了70多公斤。
糖損失數十萬斤。

於是輿論大譁。1萬擔之多的食鹽被搶，為何事先不報？為何報紙從未刊載？白螞蟻竟會吸食鴉片，真是千古奇聞！

第三件

台北縣長陸桂祥，串同縣內某區之裘區長，在接收時將大批物資隱匿變賣，達數億台幣之鉅。經縣參議會及縣民檢舉後，縣政府發生一場怪火，會計室內的日本人原始清冊以

及接收後所有的帳簿單據，燒得一乾二淨，連一點紙片都沒留下來。接著，台北縣稅捐徵收處內的稅捐收據也被燒得精光。陸某於怪火之後，一面向長官公署陳報，指稱怪火係奸黨莠民所放，縣政府損失慘重，亟待善後，一面招待記者，公開宣稱：

外面有人傳說我貪污，那完全是區長裘某的造謠。因他在區長任內，貪污公款60餘萬元台幣。後來被我查出，正擬予以拘捕時，他已捲款逃了。

這個記者招待會是於1946年10月間舉行的。其後便無下文，裘某既未抓到，陸某亦仍穩坐其縣長寶座。

第四件

台灣省印刷紙業公司總經理李卓芝，於接收該公司印刷製版用的幾部總值約1,200萬元台幣的大機器拆下來公開標售，然後暗中託人以40萬元的標價買下來。他這40萬元現款來歷已經不明，而其利用職權套購公家機器之罪行則更明顯。後李卓芝改調台北專賣分局局長，繼任印刷紙業公司的總經理發現其中毛病，遂向他追索。李某乃企圖以5萬元行賄。新任總經理寫一專呈，連同賄款陳送長官公署請示辦理。但是長官公署祕書長葛敬恩是李卓芝的岳父，葛敬恩截得該專呈後便批令將其賄款5萬元繳存台灣省合作金庫，而李案則按下不辦。李某依然穩坐台北專賣分局局長，直到他口袋裝滿以後才離開台灣。

　　上面舉出的例子，不過是幾千件貪污案中比較重大的4件而已。當時貪風之盛，可以從國民黨之黨報中華日報1947年2月18日的一篇報導窺豹一斑：

　　台省當局，為視察全省專賣局產銷情況，並且盤查各單位對於接收產物之虛實起見，特派會計處、財政處、設計考核委員會、日產處理委員會四機構，於去年10月間，會同派員出發各地清查，歷時3月始畢。清查結果，計發現專賣局總局、台南分局、台中分局、嘉義分局、新竹分局及嘉義分局所屬之嘉義酒工廠、屏東酒工廠等各單位，均曾在接收時、或業務上有營利舞弊等情事……

「攻擊貪污便是漢奸」

　　開口奴化，閉口奴化，卑躬屈膝，奴顏事仇，竟稱獨立自主。
　　伸手要金，縮手要銀，與民爭利，唯利是圖，也說為民服務。

　　戰後的第一個農曆新年，這樣一對春聯便出現於台灣鄉間。上聯諷刺的對象是長官公署的宣傳委員會。因為宣傳委員會的官員，開口閉口就罵台灣人受了日本的奴化教育，不配做中國國民，不配與「祖國」同時實施憲政，而這些官員看到日本人卻又卑躬屈膝，像父母一樣地事奉，令台灣人看起來極不順眼。下聯諷刺的對象便是貪官污吏。

　　日治時代，台灣人雖受了數不清的政治壓迫、經濟剝削與種族歧視，卻對日本官員的清廉留下良好的印象。戰後，由陳儀這一班人帶來在中國已是司空見慣的貪風，確實令台灣人大感震驚與憤懣。

　　於是，台灣人很自然地給這些貪官污吏改了許多綽號：

　　「中國官」。意指中國來的官員。字面雖尚不傷雅氣，意下卻有不齒的暗示。

　　「中山袋」。當時的中國官大都穿中山裝，口袋既大且深。意指可以裝入大量侵吞而來的鈔票。

　　「豬肝」。這裡的豬與出現於舊總督府大門前的漫畫中的豬，象徵同樣的東西。而台語的「肝」與「官」同音。

　　這些綽號，有些雖不甚雅，實際上還不能描述人民的憤怒於萬一。尤其當人民看清楚了「貪污三部曲」，更是怒不可遏。這個「貪污三部曲」是：「引薦親友」、「貪污舞弊」、「官官相護」。

　　第一部曲「引薦親友」的例子真是太多了。譬如長官公署祕書長葛敬恩1人，便有7個親戚在台灣各據要津。又如高雄市警察局長，便把40個親戚安插在局內領薪水。有一個部門的主管，甚至以「技術專家」的名義聘請了他的姘婦。

　　第二部「貪污舞弊」的例子已在前一節舉過。

　　第三部「官官相護」亦在前一節舉過例子。這裡應該特別指出的是，中國官在這一點的作法與日本人恰恰相反。日治時代，日本官吏如有貪污的情形，一經人民控告即予詳查嚴辦。陳儀來台之後，即使是報紙稍稍報導貪污的消息，官方便大放空氣：「凡是攻擊貪污的便是漢奸」。

統制、通吃

貪污舞弊是掠奪的一個方式，統制經濟是掠奪的另一方式。

陳儀在中國福建擔任省主席期間，就極熱衷於統制經濟。當時他主張一切都須加以統制，連糞便亦在統制之列。他的苛政終於遭到當地人民的極力抨擊。

來台以後，陳儀發現日本人的統制經濟政策成效「卓著」，因此把它全部承襲下來。

根據長官公署的報告，戰後從日本人接收過來的公私企業計有237家。這些企業，均依其性質分別由長官公署的農林處、工鑛處、衛生局、交通處、專賣局及糧食局經營。各處、局所屬的公營事業如下：

一、農林處：

　　台灣省農產公司

　　台灣省水產公司

　　台灣省畜產公司

　　台灣省鳳梨公司

　　台灣省茶葉公司

　　林產管理委員會，下設林業公司

　　林務局

二、工鑛處：

　　台灣省工鑛器材公司

　　台灣省電工業公司

　　台灣省印刷紙業公司

台灣省化學製品業公司

台灣省橡膠公司

台灣省玻璃公司

台灣省油脂業公司

台灣省窯業公司

台灣省紡織業公司

台灣省鋼鐵公司

台灣省工程公司

台灣省煤礦公司

三、衛生局

台灣省醫療物品公司

四、交通處：

鐵道管理委員會

公路局

台灣省航業公司

台灣省通運公司

台灣省貨物搬運公司

五、專賣局

台灣酒業公司

台灣菸草公司

台灣樟腦公司

台灣火柴公司

台灣度量衡器製造公司

六、糧食局

設有16個徵收及徵購米糧機購。

　　此外，尚有由國民黨政權行政院所屬的「資源委員會」來台接收的，稱為「國營」；亦有由「資源委員會」與「台灣省行政長官公署」聯合接收的，稱為「國省合營」：

一、國營部分：

　　中國石油公司

　　鋁業公司

二、國省合營部分：

　　台灣糖業公司

　　台灣水泥公司

　　台灣肥料公司

　　台灣製鹹公司

　　台灣電力公司

　　台灣機械造船公司

　　台灣造紙公司

　　從上面列舉的國營、國省合營以及省營的各大公司，可以了解國民黨政權如何控制了整個台灣的經濟命脈。不但農、林、工、礦、漁、交通等大規模企業均由官方包辦，連中小型企業如造紙、印刷、紡織、磚瓦、油脂、鳳梨等，亦都在統制之列。

　　除了以公營事業控制重要生產工具外，陳儀這一班人還利用政權的力量扼殺台灣的民族資本。第二次世界大戰結束後，台灣的資本家陳炘等人組織「大公企業公司」，計劃以之發展各項企業。陳儀於獲悉這項計劃後即警告陳炘，說他違背三民主義，並百般加以阻擾。

對內專賣、對外獨營

在長官公署所屬各局中,搜刮人民膏脂最凶的應屬專賣和貿易兩局。

專賣局的任務是對島內某些特定物品產銷的統制,貿易局的任務則在於統制台灣與外界的交易。兩者互為表裡,形成行政長官公署統制經濟的兩個最重要部門。

專賣局本來是日本用以榨取台灣人民的主要機構之一。日治時代,台灣總督府有48%以上的收入,依靠專賣營利。陳儀抵台之後,便把這個機構承襲下來。

雖然專賣制度曾於大戰期間在中國試行一段期間,但結果弊端百出,只有幾個私人受益,而消費者則大受其害。

這個弊病,也被陳儀這一班人帶到台灣。自接收後,專賣局不但不能盈餘,反而發生虧損的現象。日本人經營能賺錢,中國官經手卻虧本,考其原因,以下列3點為主:

一、機構龐大,人員過多。
二、貪污的人太多。
三、產品的品質太差,定價太高。

除了消費者買不到滿意的產品外,專賣局還在許多方面大事榨取。譬如,專賣局規定菸草、火柴、酒、樟腦、度量衡器5種專賣物品,禁止人民私自製造。而製造專賣品之原料,無論是農民自種,或係由農民領有公地代種,均須將收穫物依官定之低價全部賣給專賣局,否則便要受處罰。此

外，自中國運到台灣的專賣物品，亦須統統售予專賣局，再由該局專賣。還有，在日治時代，菸酒雖列為專賣品，台灣人則仍能從事小規模的產銷。但是，戰後私人製造一律禁止。原存菸酒產品，則必須向專賣局申請登記，撕掉原有商標，貼上「台灣省專賣局出品」的字標，才准出售。否則除沒收存貨外，還要科以罰金。當然在申請登記時，不花錢於貪官身上就行不通了。

　　至於貿易局，則以類似的辦法緊緊地控制對外貿易。當時的對外貿易包括與中國所做的買賣。台灣物產豐富，日治時代便有大量產品運銷日本及世界各地。戰後，這運銷大權便落於長官公署屬下的貿易局手中。凡是能出口營利的產品如樟腦、硫酸、鹹、米、鹽、糖、鳳梨、石炭、硫銨、鋁、煤油、水泥、漁產等，幾乎全部由貿易局統制。甚至於連當時禁止出口的木材、紙張等，貿易局也可以公然運銷中國及其他國家。

　　進口的物品也由貿易局統制。長官公署最初規定，如公家機關在必要時可經長官公署核准後向中國採購物品。台灣物價奇昂，各機關便利用這個「合法」的途徑，在中國大量採購，運回台灣銷售牟利。嗣後，長官公署改變規定，各公家機關如需向中國購買物品，均須交由貿易局統購。如此一來，各機關少了一條撈財之道，貿易局卻獨得其利了。

鹽、糖、石炭，樣樣都不放

　　在統制經濟的政策下，鹽、糖、石炭雖然不屬於規定的

專賣物品，卻幾乎與專賣品一樣地受統制。

　　食鹽是由財政部台灣鹽務管理局直轄之台南鹽業公司統制的。該公司有4個大鹽場、10幾個製造工廠。民間鹽戶製造的食鹽亦均由該公司收購。在這種制度下，鹽業公司形同專賣局，而大獲其利。以1947年為例，當時每噸食鹽收購價是11,000元台幣，售出價則是76,000元，鹽業公司一轉手便淨賺65,000元。據鹽務局的公報，1947年的台灣食鹽產量是20萬噸。依此計算，鹽業公司一年最少搜括了130億元台幣。

　　國民黨對於白糖之掠奪更是驚人。日本投降之際，行政院長宋子文即下令將接收的白糖無償搬出台灣。究竟運出多少，人民無法得知，但最低估計是15萬噸。據香港方面的報導，自台灣搬出的白糖多存於香港的私人倉庫。經此掠奪，台灣糖業公司根本無法復原，只得向台灣銀行貸款了。而台糖對蔗農之剝削更是無所不用其極。許多蔗農因甘蔗收購定價低於成本，紛紛犁毀蔗園，改種雜糧。至於台灣的消費者，則須付出比非產糖地還要高的價錢，才買得到白糖。例如在二二八革命之前，中國上海的糖價是每台斤130元台幣，而台灣的糖價則高達170元。台糖公司如何牟利，由此可以窺豹一斑。

　　至於石炭，長官公署為了圖利，成立一個「石炭調整委員會」，以包可永為主任委員，陳鶴聲為副主任委員。又限所有民間礦場生產的石炭，均須照官定低價售予該會。自該會成立後，煤價逐日上升。1947年年初，一名中國記者在訪台期間聽到一位煤礦老闆說：

　　在去年3、4月間的時候，石炭每噸市價已賣到700餘元台幣，但台灣省石炭調整委員會的負責人，卻硬以500元台幣官定的低價，迫令我們將石炭售與該會，而該會轉一轉手，即以每噸3,000元台幣的高價賣與經濟部上海區燃料委員會，每噸淨賺2,500元台幣。去年冬天，每噸收購的價格增至1,000元台幣，然賣到上海的價格亦跟蹤漲至每噸9,000元台幣，每噸淨賺8,000元。今年自2月1日起該會已將收購價格加至每噸1,200元，而賣到上海的價格，每噸卻已漲至10,000元台幣左右。我們假定第一批石炭由台灣運20,000噸至上海，可以賺5,000萬元台幣。第二批亦以20,000噸計算，可以賺16,000萬台幣。即連第三批不算在內，該會這兩批生意，便可賺到台幣21,000多萬了。而我這還是最低限度的統計，但實際上由該會裝運出口的石炭，絕不止這一點點噸數。我們真不懂：為什麼我們自己血汗所開採出來的石炭，不能自由貿易，非要賣給該會不可，而我們更不懂：既不准我們自由買賣，為什麼該會就可以直接賣至上海呢？他們憑了什麼特權，可以這樣任意的來剝削我們？

連火柴也鬧荒

　　在國民黨經濟政策下，不僅鹽、糖、石炭這類大宗物資受到統制，連火柴這種小東西也逃不出其魔掌。

　　火柴在台灣原是異常充裕的消費品。陳儀這一班人到台灣時便接收了350萬箱的火柴。但翌年，台灣卻發生了空前的火柴荒。根據官方的解釋，因為「缺乏適當的運輸工具」，

1947年上半年期間只配銷了1,473箱火柴。實際上，陳儀這班人接收的火柴，早已運往中國了。

這個空前的火柴荒延續甚久，到1947年2月，每一小盒火柴漲至3、4元台幣，而且還是有價無市。

物價飛漲的禍首：濫印鈔票

長官公署及其所屬各單位沒錢用的時候怎麼辦？多印紙幣！這就是陳儀的貨幣政策。

當時財政處有3部鈔票印製機，天天忙著印製鈔票。據一位工作人員透露，究竟印了多少鈔票根本沒有紀錄，新鈔票應該如何發行也沒有法令規定。

因為通貨膨脹，物價隨之飛漲。在1947年年初，中國的物價指數以上海最高。但台灣的物價卻還在上海之上。從下列的例子可以窺豹一斑：

一雙膠鞋，在上海只賣300元台幣左右，在台灣要賣1,100元。

一擔米，在上海只賣2,000元台幣，在台灣要賣4,000元。

一斤鹽，在上海只賣6元台幣，在台南要賣15元。

一斤豬肉，在上海只賣60元，在台北要賣120元。

在這些物價的比較中，特別不近情理的是米和鹽。這兩樣東西，台灣產量豐富。在上海市面出售的，大多數來自台

灣,而價格卻遠低於產地!

因為物價飛漲,台幣的幣值隨之低落。於是台灣銀行便感到籌碼不敷,不得不再增發鈔票了。在1947年年初,台灣銀行大量發行一千元、五千元、一萬元的本票,在市面上流通。

台幣的發行額究竟多少?陳儀於1947年2月15日招待記者時這樣說:

一般人均以為本省通貨膨脹,實則不然,查民國26年(1937年)本省紙幣之發行額為3萬萬元台幣,今以物價指數漲100倍而言,倘若現在之工商業情形已恢復至26年之程度,則必須有300萬萬元台幣方夠應用;但現在台幣發行額,卻只有53~54萬萬元,足見通貨並不膨脹。而且此後尚須視工商業進展的程度,而增加台幣之發行。

陳儀的這一段話值得採信嗎?在專賣局剛剛開辦的時候,長官公署便撥了18萬萬元作為「開辦會」。又台糖公司被劫收後的「復興款項」,便超過40萬萬元。僅這兩個單位就用掉58萬萬元,陳儀所說的53~54萬萬元台幣發行額足夠供他那樣龐大的長官公署及所屬單位揮霍嗎?

尤有甚者,因為台灣銀行在上海的法幣(當時的中國貨幣)頭寸短缺,乃實施統制匯兌,商業及旅行等私人匯兌一律停止。在台灣各機關任職的中國人經審核後可匯出薪給的三分之二。

統制匯兌實施後,在台經商的中國人,便將售貨所得台

幣向台灣商人兌換法幣或購買黃金，於是黃金與法幣在台一起飛漲。1947年元月上旬，1,000元法幣可換得36元台幣。同年2月上旬，卻漲至56元。當時正在台灣旅行的中國記者唐賢龍曾這樣說：

法幣在中國，幾乎到處跌價，隨時貶值；但在台灣卻是唯一的例外。不但不跌價，不貶值，且反而大走紅運，步步高升！

「祖國」也要按頭抽稅

濫發紙幣是間接竊取人民財產的手段，苛捐重稅則是直接掠奪的行徑。

國民黨政權一向以「萬萬稅」聞名。陳儀來台之後，一口氣就把各項稅捐提高數十倍。其中尤以戶口稅最為台灣人所憎惡。

戶口稅，說得明白一點，就是人頭稅，就是按每戶人頭數目課徵的稅。它是日本殖民統治台灣的惡政之一。它是一種公然侮辱，把統治者與被統治者劃分得清清楚楚。

戰後，台灣脫離了日本的統治，回到「祖國」的懷抱。但是「人頭稅」，這個國民黨在中國不敢徵收的稅，卻仍存在於台灣。由此一點，就可以窺知國民黨統治台灣的心態了。而人頭稅之徵法是貧富相同，因此窮人的負擔也就相對地加重了。

動盪的二月

戰後的第二個冬天，台灣更顯得淒涼。大戰期間被美軍炸得面目全非的大城小鎮仍未復原，大部分工廠尚待修復，許多商店紛紛破產關門，數十萬失業群眾走投無路，物價卻一天一天的飛漲。正在這樣淒涼的景況下，久已絕跡於台灣的天花、霍亂重新出現……

另一方面，陳儀帶到台灣的這一批官僚政客，個個吃得肥肥胖胖、笑逐顏開……

何等殘酷的對照！

路有凍死骨

1947年2月12日的人民導報有下列以「飢民僵斃路上，令人慘不忍睹」為標題的一篇報導：

高雄地方米價，每小斗仍在280元左右徘徊。貧民叫苦連天，難得維持，生活困苦，挾袋於市面覓米之群，無米可覓。並多次發現僵斃路上之餓莩，慘不忍睹。當局若無趕快切實妥善辦法，此後貧民生活就不堪設想……

像高雄這種「路有凍死骨」的慘況，實際上普遍存在於整個台灣。其原因？正是失業時，又逢物價漲。

（星期五）　民國三十六年二月七日

高雄餓莩倒斃街頭
台南市場情形混亂
省垣米糧黑市價格繼續昂揚
物價扶搖直上市民如臨大禍

【本報訊】月昨（廿一日）米糧黑市價格續趨昂揚，齊存至廿七元，籌……

【本報訊】自昨（廿一日）灣上金潮如坐了雲霄，競令銀業中會一天漲市急劇，漲吹風漲本市作日十……

湖……【本報訊】大有將億生降去浣殺，五茂元炎，市場一片靜觀，……圖原料新……子……

黃金狂漲急如奔馬
本省電價又再增加
公營價格與市價競爭賽跑
美鈔布正五金均上漲無度

【本報訊】據金銀業中稱還黃市……度傳聞調整，與央行停止黃金配銷之傳聞，因之美鈔黃金奕飛漲漲，日中美鈔為九千五百元，黃金為四十九萬元，今日開市降至四六萬元，但至中午又再昇至四十七萬八千元，杏日昨市價為二萬八千元，今已昇至二萬九千元奕，惟膳寒胃口仍相當強云。

【又訊】本市黃金因還之影響跳躍，現正大擦跳一步，杏日昨價格仍……

【本報訊】據商行中人稱：還市煤斤以前多仰賴華北各地運銷，因内地烽火漫天，致該各價區及交通線多被破壞、雙之軍運忙碌，交通糟亂而以還市煤之大走紅，因之煤行大走紅，因之本省産煤每月運過剩者，約六萬……

電費，則照七打計算，均由公司當局與主管機關群細研究後所定之合理標準……

宜蘭人叫苦連天
本報（宜蘭訊）本市近為米價飛漲，所以各種物價亦隨之上漲，一月前米價每斤僅售八十元，現已達每斤四十元，各種魚類、菜類，均上漲十……

物價續漲一日數變
山區民眾蜂湧至區公所要求解決，沒有錢的固無從購買……

短評　餓一死一骨

本報日昨報導高雄地方米價高昂、貧民因米價飛漲無錢購買而餓死，這是連天、並多次發見路上僵斃餓死的骨頭，這苦連天、並多次發見路上僵斃餓死的骨頭，這是我們的弟兄，是國家有力的兵員，我們不能個報導是未可忽視的，死去的走我們的手足、是我們的弟兄，是國家有力的兵員，我們不能個多應當有諷刺性的問題啊！

貧民叫苦連天，貧民叫苦連日子愈變愈壞，兩日來米店老板不知打什日子愈變愈壞，將米糧牧藏起來，不肯出賣，萬華地個算盤，將米糧牧藏起來，不肯出賣，萬華地區民眾蜂湧至區公所要求解決，致誤傳搶米，引起一場誤驚，沒有錢的固無從購買，如不速謀……

飢民八千……
【……訊】高……地方米價仍……小斗……八十元，每……二百……右徘徊，在……

僵斃路上親
慘不忍睹
……左右徘徊，貧民叫苦連天，難得維生活困……挾袋以……市面覓米之……群，無米可……探詢如下……

出現於2月中旬人民導報的新聞及短評。

　　當時失業的總人數究竟有多少？長官公署堅持不超過1萬人。但據一些新聞記者以及聯合國救濟總署的估計，最少有30萬人。這個估計，只會少、不會多。如按當時人口總數600萬人計算，平均每20人當中便有1人失業。

　　這30多萬失業者裡面，一大部分是戰後從海外各地回台的前日軍軍伕，日本無條件投降後，他們有的被困於新加坡，有的流落於馬來亞，有的在中國作「二等國民」，有的被禁於朝鮮。戰後的7、8個月裡，他們在海外的遭遇真是一言難盡。

　　飽嘗了戰火的驚險，受盡了外人的侮辱，這20多萬軍伕回到台灣的時候，見到的竟是貪官、廢墟、餓莩。誰能形容他們的感受？

　　失業者當中，還有4,000名是在2月間因統治者要慶祝「憲法」之公布而大赦的人。他們在獲釋時，每人只得到一條棉被，其餘都得自己負責。試問，一個長期離開社會的人，突然帶著一條棉被，回到滿目瘡痍、處處餓莩的社會能生存嗎？

緊急措施，愈施愈緊

　　從2月開始，台灣的金價因受上海黃金潮的影響，像發了狂一樣的猛漲。最初從每兩19,000元台幣漲到24,000元，繼而漲到4萬元，最後飛漲到7萬元。同時，美鈔和其他外幣跟著猛漲。在兩星期間，金融市場大亂，銀樓關門，黑市猖獗。其他物價，尤其是米價，也都跟著飛漲。整個台灣陷於

動盪不安的狀態。

　　2月14日下午，陳儀在長官公署舉行記者招待會時，宣布平抑物價的辦法：

　　各位記者先生：本省物價因受上海金價物價漲風的襲擊，這幾天來，也是猛漲不已。人民所受的影響，這是大家都已感受到的了。長官公署為了要安定人民生活，與社會秩序起見，對於管制物價問題，不得不採取緊急措施。昨天我已發布通令，本省境內禁止黃金與外國貨幣的買賣。同時頒布指定最高米價辦法（每斤不得超過26元台幣）以限制米價，根絕投機心理，安定物價。

　　管制物價的辦法，除了禁止買賣黃金外幣及限制米價以外，應該一步一步的加緊實施。今天我要和各位說明的，即是今後政府所採的辦法，這可以分為以下三方面來講：

　　一、關於銀行方面：

　　　1. 各銀行商業放款，無論商店及個人的抵押或信用放款，均應於文到5日以內，收回20%。其有用以囤積黃金米穀及其他日用或生產必須物資之嫌疑者，尤應全數收回。

　　　2. 限制公營事業機關提存款，以免其大量購儲原料，刺激物價。

　　　3. 提高台幣與法幣之匯率，開放匯兌。惟匯款須嚴格審核。

　　二、關於物資方面：

　　　1. 公營事業機關所有成品儘量出售。

　2. 自2月15日起至3月31日止，全省公營事業，一律
　　不准漲價。

　3. 火車、水電，自2月15日起，減價10%。

三、關於進出口方面：

　1. 限制進口：除本省所需而由貿易局進口之貨物外，
　　其餘進口貨物，起卸後均暫存倉庫。其已存倉貨
　　物，非經政府核准，不得擅自提出發售。

　2. 限制出口：除本省非正式生產必需之貨物，可由貿
　　易局出口外，其餘未經台航公司承運暨台灣銀行
　　結匯之貨物，一律不得出口。

　3. 除基隆、高雄、台中、馬公、花蓮，5港口外，其
　　餘港口一律不准停泊船隻，以杜走私。

　這些步驟能徹底做到，則本省物價必能漸趨平穩，人民
生活亦可安定，這是全省人民切身有關的事情，希望各位廣
為宣傳，人民全力支持。

　在這篇談話中，陳儀間接承認了：各銀行確曾利用放款
套購黃金，囤積糧食，各公營事業機關確曾利用公款搶購原
料，各僻靜小港確有走私情形。

　陳儀發表這篇談話後，南京的「中央政府」便公布了緊
急措施方案。但是緊急措施一經實施，弊端百出，不但不能
達到平抑物價的效果，米荒依然嚴重，物價依然高漲。甚至
於連火車、水電按陳儀的命令減價10%後，竟又加徵10%的
附加捐，實際上等於未減。

人　民　（星期五）　中華民國三十六年二月十四日

黑市米百斤竟頭更躍上

市參會為民請命再呼籲

要求平糴米繼續如期平糶

市民二千餘環請市長求救

【本報訊】萬華市民約二千餘人，於昨（十三）日上午十時，依照十二條治臺設施之精神，由市參議會之黃朝琴分會長率領各人手持要求政府停止米荒等標語，整隊遊行至市府請願，請市長救濟，要求市長予以善處，慕情焦急游於市長已答應負責辦理云。

【又訊】龍山區及城中區昨午（十三）日有兩家米店，存米三十多包，已被民眾要求平售，經警局入員監視，十三日下午，已在開始喊售。

市民怒吼了！

萬華民眾反對

米商配售米糧

【中央社訊】臺北市高萊方面民眾數百人，今（十三）日上午十時許手持「打倒奸商」「反對米商配給米糧」等小旗結隊鳴鑼遊行，十一時抵市府，請由區公所代表面調市長要求平糶米糧……

規定米糧最高價額後

市上竟呈無市之奇象

【中央社訊】臺北市政府規定米糧最高價格後，省議發表米糧配給問題……

臺　銀　鈔　尚　無　交　易

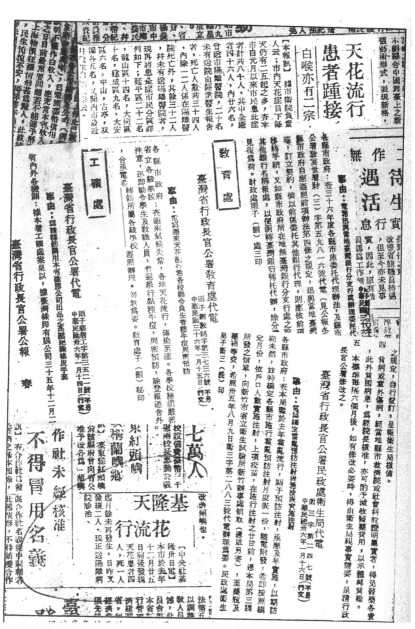

絕跡多年的天花又流行了。人民導報1月31日及2月5日，及「行政長官公署」公報。

　　這段期間，台北市內人為造成的米荒已極嚴重。糧食局每日拋售1,000多包的平價米，但是杯水救不了車薪之火。每一個平價米配售所的門前都是人山人海，秩序大亂。

　　因為無米為炊，台北市民於2月中旬集隊遊行示威，向長官公署和市政府要求嚴禁囤積、查緝走私、疏暢米源、平抑糧價。示威的群眾並沿途張貼標語，分發傳單，演講、高呼：

　　我們要米糧，我們要吃飯！

　　遊行的人數從數千人增加到數萬人，後來連公務人員也加入遊行隊伍。

本土意識的抬頭

　　當勞苦大眾都在生死線上掙扎的時候，久已絕跡的天花、霍亂等傳染病竟又出現。這顯然是「祖國」帶來的禮物。

　　一再的打擊使群眾的憤怒幾乎達到頂點，各地陸續傳來抗議之聲。從下面兩個例子可以窺見當時群眾所受的打擊以及因之激起的憤怒：

　　花蓮縣有一輛巴士，於2月25日前後，在由花蓮開往蘇澳途中遇到一排國民黨軍。蠻橫的士兵硬要乘客下車讓座，司機（台灣人）代乘客說情，反被打得遍體是傷。司機因此

請乘客帶著行李下車步行，同時吩咐車掌留下來幫忙乘客，然後載著一排士兵在蜿蜒於海岸線的蘇花公路上奔馳。不久突然傳來轟然一聲巨響，連車帶人滾入海中。各地汽車司機聞訊後，莫不義憤填膺，紛紛奔走相告，並計劃在台北遊行示威。

台灣省日產處理委員會台北市分會，計劃標售日產房屋。消息傳出後，全市租用日產房戶大感慌恐。因為一旦標售，所有日產房屋必均入於有錢有勢者之手。租用日產房屋之住戶乃於2月18日分發傳單，要求長官公署以適當的估價，將日產房屋賣與或長期租予現住戶，以免發生糾紛。傳單上並稱：「如發生不幸事件，其責任應完全由政府方面負之」。

經過一連串的打擊後，台灣人的本土意識逐日高漲。當時正在台灣旅行的一位中國記者唐賢龍便曾寫下了他的一段遭遇：

有一次，我曾經笑問旅館中的一個台灣年輕的下女：「你們為什麼老叫我們為『中國人』？難道你們不是『中國人』嗎？」

「不是。」她很肯定地回答我，接著便又說：「我們是台灣人。」

「台灣是中國的一省，你們既然是台灣人，自然也是中國人。難道台灣不是屬於中國的嗎？」我接著又問了一句。

　　「不是。」她依然很肯定地回答我，並且說：「我們台灣不是屬於中國的！」

　　「為什麼？難道台灣屬於日本的嗎？」我感到她的回答很奇怪，便更加緊地追問了一句。

　　「我們台灣也不是屬於日本的。台灣是台灣人的台灣！」她說了這一句，便不願再跟我談話似地，掉轉頭，大踏著木屐走開了。

第二部分　戰況

星火燎原

　　在一方是「朱門酒肉臭」，一方是「路有凍死骨」，一方是貪官奸商橫行無忌，一方是失業小民求生無門的情況下，陳儀政府自1947年2月25日實施的「經濟緊急措施方案」，反而使民生經濟益形凋敝。上焉者加緊官商勾結，走私圖利，下焉者為求糊口，只有沿街販賣走私商品，賺取蠅頭小利。

　　走私黑市中，以洋菸、火柴等，因為品質、價格高下立見，而大受歡迎，影響專賣局的營收太大。專賣局為此早設有查緝股，專事查緝私菸。在1947年2月初，更會同警察大隊，成立「緝私組」。大批警察大隊警員及緝私人員狼狽為奸，經常武裝巡邏市區，名為緝私，實則假公濟私，專事敲詐勒索，稍有不遂，動輒沒收菸攤貨品，繼之拳打腳踢。1946年年底，警察大隊尚未介入之前，基隆便發生專賣局局員打死一名菸販後逃回中國的案子。緝私組成立後，查緝員更是如虎添翼，惡形惡狀。

二月二十七日

台北市
　　1947年2月27日上午，台灣省專賣局緝私組接獲密報，說有一艘由閩浙方面駛來的機器大帆船，滿載香菸，正在淡水港卸貨，請緝私組前去查緝。

專賣局據報，即派業務委員會科員傅學通、專員葉得根，及查緝股科員盛鐵夫、鍾延洲、趙子健、劉超群等6人，會同4名警察大隊警員，及告密者1人前去查緝。

台北到淡水，車程不到1小時，但是查緝人員到達時，已是當天下午，淡水港確實停有1艘帆船，船上卻找不到香菸，據聞已在數小時前起卸一空。一行人只得在淡水鎮上鬧區巡邏一番後，開返台北。

晚上6、7點之間，台北市太平町（今圓環以西至延平北路一帶）鬧區交易正熱絡之際，原班緝私員把緝私卡車停在南京西路天馬茶房附近，即下車分頭搜捕。眼尖腿快的流動菸販趕緊躲入附近民宅或店裡，逃避不及的，只得眼睜睜看著香菸等貨被沒收，現場一時雞飛狗跳，一片嘈雜。

1名40多歲的女菸販林江邁，因為帶著1個女兒，也逃避不及，被葉得根、鍾延洲，及1名警員逮著，身上所有的私菸、公賣局製的香菸，以及賣菸所得的錢，全被葉得根扣下。林江邁一時情急，拉住葉得根跪地哀求。林江邁說，她是一個寡婦，兒女還小，一家生活全靠她賣菸收入維持，這些菸是她四處典當挪借的錢買來的，現在菸被拿走，一家都要餓死，她請求葉得根把菸還她。如果私菸一定要沒收，至少也請把公賣局的菸，及賣菸款還給她。

在這一拉扯之間，僵持約半個小時，圍觀民眾越來越多，群眾中有人見狀不忍，代林江邁求情，也有人低聲嘀咕貪官擾民。

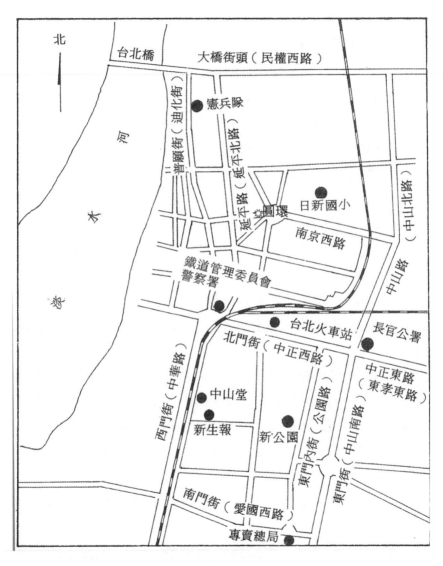

台北重要機關配置圖。

　　葉得根不但不為所動，反而因嫌惡林江邁的「糾纏」，忿而以手槍敲打林江邁的頭部，林江邁立即昏倒在地血流不止，不久被送往附近林外科急救。

　　民眾見查緝員當街傷人，久已鬱積的怒火立即迸發開來，眾人一呼向前，高喊「打死阿山！」，這些平日作威作福的查緝員發覺闖了禍，知道眾怒難犯，趕緊狼狽逃竄。

　　警察及查緝員由南京西路往人跡較少的淡水河方向逃逸，路人也尾追不捨，人群中有人高呼把凶犯抓起來，有人忿而撿起路邊的磚石向他們投擲。

　　逃到半途，傅學通一度被群眾抱住，經死命掙脫後，趕緊把子彈納入手槍，又奔逃到永樂町二丁目（今迪化街）永樂座戲院（已廢）前，有一部分查緝人員一閃躲進戲院裡面，傅學通又被路人抱住。他立即舉手槍，對著人堆裡亂射。

　　住在永樂座戲院前面1名市民陳文溪，聽到門外吵嘈聲，正由屋內往外查看，不意剛踏出家門，竟被傅學通射中左胸，旋即死亡。傅學通等人乘亂棄車逃逸。

　　眾人見無辜市民被殺死，群情鼎沸，紛紛擁上警察局，要求逮捕凶犯，以免又如基隆專賣局員般任其逃逸，不了了之。交涉很久，不得結果，又到憲兵團要求緝凶，也無結果。

　　群眾怒不可遏，再回到肇事地點，把凶犯留下的專賣局卡車玻璃敲破，將車子推倒在路旁；仍難洩怒氣，又將車子連同車內的私菸放火燒毀。整個太平町一帶，交通為之阻塞。

　　8點多，憲警趕到現場，見人便以「肇事禍首」為名逮捕，暫押於台北憲兵隊裡，並驅散圍觀民眾。

　　滿腔怒火的民眾卻越聚越多。夜漸深，上萬群眾再度擁上警察局，強硬要求立刻逮捕凶犯，並在人民面前槍決。警察局負責人敷衍說，凶手已逮捕，並已交給憲兵團。民眾不相信，擁入局裡搜索，找不到凶犯；大夥又擁向憲兵團，團長張慕陶對民眾代表的詢問根本不予理會，也不說有，也不說無。

　　由於警察局和憲兵隊無視民意互相推諉，市民積恨越深，於是有人沿街打鑼，向市民宣布事件始末。寒雨驅不散人民胸中的怒火，聚集在警察局和憲兵隊的民眾，直到天亮仍不肯散開。

　　當晚九點多，另有一批市民，擁到新生報社，要求見社長李萬居。李萬居不在，由代總編輯吳金鍊和代表們見面。

　　吳金鍊對於民眾要求新生報登載事件始末，不敢應允。因為新生報係長官公署的機關報，當時長官公署「宣傳委員會」已通令各報不准登載這件事。

　　民眾大為憤怒，有的痛罵該社顛倒黑白，不敢據實報導；有的把報社招牌拆掉；有的揚言燒掉報館。吳金鍊趕緊急電李萬居到社，經李萬居面允一定登載後，民眾才離開。

　　第二天，新生報果然違抗宣傳委員會的命令，以三欄題300多字登出事件始末。

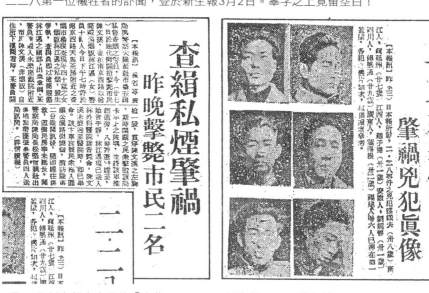

二二八第一位犧牲者的訃聞，登於新生報3月2日。辜字之上竟留空白！

2月28日新生報向人民的「交代」！　　　新生報3月4日的報導一則。

二月二十八日

台北市

28日一早，聚集在太平町台北市警察局，和末廣町（今中華路一帶）台北憲兵隊的市民，因徹夜苦候不得結果，紛紛開始打鑼擊鼓，高舉各種旗幟，分頭遊行。

延平北路和龍山寺等鬧區也都擠滿了人群。有人在街頭演講，有人沿路打鑼，通告罷市，立刻大小商店及路邊小販全體響應，相率關門閉戶。這個台灣史上空前的罷市罷工創舉，揭開了台灣史上空前慘烈的二二八革命的序幕。

上午9點，一批遊行隊伍自延平北路出發，向南門町（今南昌街）專賣總局（後改稱省菸酒公賣局）請願懲凶。途經太平町一丁目（今延平北路一段）警察派出所門口，姓黃的該所警長竟鳴槍制止。人民以該警長平日魚肉百姓，今又鳴槍示威，憤而將之包圍痛打，並搗毀派出所門窗玻璃及其他器具，以洩眾怨。

民眾隨即又整隊向專賣局前進，見總局周圍滿是武裝警察，不能接近，人叢中有人高喊：「到台北分局去！」於是隊伍又折向本町（今忠孝西路一帶）專賣局台北分局前進，要求交出肇事凶手，並要求專賣局局長向人民道歉。

台北分局職員見大批市民來勢洶洶，紛紛逃跑。民眾蜂擁入內，看見有查緝員正在燒毀沒收的菸箱菸架，更為忿怒，大夥抓住來不及逃跑的職員痛毆，該局分局長歐陽正宅也因躲避不及，被飽以老拳。同時有人開始搗毀辦公器

材，並把局裡存貨，包括菸、酒、火柴、文具、簿冊及汽車1輛、腳踏車7、8輛，一件件由局裡拋出路中放火焚燒。這一把火直燒到3月1日上午還餘燼未熄。所有門窗玻璃全毀，分局裡只有孫中山先生的遺像仍完好掛著。圍觀民眾不下2、3千人。憲兵雖然聞訊趕來，卻因人數相差懸殊，不敢再犯眾怒，只有各自避開旁觀。當場有2名分局職員被打死，4人受傷。

由於當局迄無人出面接受民眾請願，激憤的市民又於上午11點奔往專賣總局。

這時陳儀已經下令全市警察憲兵動員，在市內各通衢佈防。專賣總局周圍也已密佈武裝憲警，總局大門緊閉，憲警把關。

憤怒的民眾，已經無視槍砲的威脅，人群節節逼近門口，憲警又鳴槍示威。這一聲槍響，更使民眾火上加油，全體衝進總局，隨即推派代表5名入內交涉，並提出4項要求：

一、肇事凶犯立即在民眾面前槍決。
二、厚卹死者遺屬。
三、嚴禁私菸進口，禁止查緝菸販。
四、局長出面向民眾道歉。

民眾將專賣局台北分局的器具、存貨等拋出路中放火焚燒。

專賣局台北分局內的辦公器材被群眾搗毀。

　　群眾並要求專賣局在30分鐘內答覆，否則將以武力解決。代表每5分鐘出來報告談判經過。但因局長陳鶴聲在上海，代理局長一味推卸責任，終究不得結果。大家憤而衝入專賣局俱樂部、新舊兩任局長家中，搗毀器物，附近其他專賣局職員家中也大半遭波及。前任局長任維鈞夫婦因事先聞訊，早已逃走，先後兩任局長都僅家中器物被毀而已。

　　民眾因為始終找不到請願對象，乃於下午1點左右，以鑼鼓前導，約集合了4、5千人，一路前往長官公署（今行政院現址）請願。蜿蜒而行的請願人潮，由延平北路口的北門，到台北火車站前，擠滿整條寬敞的中正東路（今忠孝西路）。

　　但是，隊伍才走到中山路（今中山北路）及中正東路圓環，突然由長官公署樓上發出噠噠的機槍掃射聲，共約20多響，當場有3人死亡、3人受傷，受傷者旋即不治死亡。憲警並立刻逮捕了6名請願民眾。

　　原來早在請願隊伍還未到達以前，陳儀早已做嚴密布署，將全市軍警集中，除在長官公署各樓架設最新式的機關槍外，公署四周也都佈好機槍陣地，由警備總部的軍隊嚴密防範。另一方面陳儀則穩坐在會議室裡，和高級幕僚共謀對策。

　　機關槍雖然一時驅散了公署前的市民，卻更加深台灣人對「阿山」的仇視。從27日傍晚起，人民只為要求緝凶，不但四處請願四處碰壁，而且越往上陳情，越面對更殘酷的鎮壓。到了台灣省的最高主管機關行政長官公署，所得到的答覆竟是20多響的機槍掃射。在不到30個小時之內，為了一條

無辜人命請願不成，竟又犧牲了6條無辜人命。

全台北市被這些新仇舊恨激怒了！請願民眾立即四散各處，搜尋貪官污吏，抓出來痛毆。一時喊「打阿山」之聲不絕。在天真無助的台灣人眼裡，阿山是貪官污吏；阿山是髒亂落後，腆不知恥；阿山是不公不義、欺壓善良……，阿山是一切罪惡的象徵，阿山是使台灣經濟破產的吸血鬼，是使台灣人陷於水深火熱的罪魁禍首。

中國人看到情勢大亂，機關員工逃走一空，學校全部停課。台北車站附近右側的大中國旅行社，「中國」兩字被取掉，表町（今館前路一帶）的虎標永安堂、本町官僚資本開設的正華大旅社，玻璃器具全遭搗毀，正華大旅社的傢俱物品被燒毀。

在本町、台北車站、圓環等地，合計有10多輛汽車被毀；在南門、新公園、榮町（今衡陽路一帶）、車站、本町、永樂町、太平町、萬華等地，都發生阿山公務人員、警察、憲兵被圍毆事件。新竹縣長朱文伯當時正好在台北，座車開到太平町中段時，被拖下來圍毆，經一名台灣人營救後帶回家中，到國民黨援軍開來後才敢露面。警備總司令部「台灣籍」的處長王民寧乘車在外巡邏時，民眾也以他作阿山的走狗，欲拉下來痛毆，經在場部分台灣人的說情，得免被打。

在毆打貪官污吏中，民眾對於中國人教員及下級公務人員，均予以保護；平日為官清廉的，也都有台灣人帶到家裡藏匿，以免亂中傷及無辜，只有平時氣燄高漲、仗勢欺人的憲警貪官奸商等，才是人民最主要的洩憤對象。

群眾於2月
28日早晨遊
行示威。

台北車站
一角。

在台北車站
旁的中國旅
行社。

　　1點多，憤怒的群眾擁向榮町貿易局所開設的新台百貨公司，把布疋百貨等全部擲出街心焚燒。在搗毀間有人想乘機竊走財物的，都被民眾抓住毆打。

　　下午2點多，一批市民聚集在新公園（今二二八和平公園）內開群眾大會，商討對策，同時占領公園內的台灣廣播電台，並向全台灣廣播，報告事件經過，及呼籲同胞起來抗暴。

　　廣播內容大意是說，台灣自「光復」以後，政治黑暗，遍地貪官污吏。而陳儀被包可永、嚴家淦、周一鶚、葛敬恩等人包圍，對貪官污吏不肯懲辦一人，以致貪污人員無法無天，呼朋引類，官官相護。加以武裝軍警與地方官吏勾結走私，致米糧外溢，人民無以為炊。

　　廣播呼籲台灣人，與其餓死，不如起來驅逐各地的貪官污吏，以求生存。

一度曾傳遞革命消息的台灣廣播電台（照片來源：http://taipics.com/Taipei_newpark.php）。

由於台灣擁有收音機的家庭相當多，一時台北市民起義的消息，遍傳北部各大小城鎮，台北縣的板橋、鶯歌、汐止等地，立即紛紛響應，大打阿山。

台北市民聽到廣播之後，更多熱血青年湧向街頭，市內牆上到處貼有「打倒陳儀商店貿易局」、「打倒陳儀商店專賣局」、「槍決凶犯」、「實施台灣高度自治」、「實施新民主主義」等標語。秩序陷於空前混亂。

下午3點，陳儀宣布台北市實施戒嚴，一方面將長官公署各局處長及家眷，連同飼養的寵物，全集中在長官公署裡面，由憲警嚴密保護；一方面動員一切武裝力量在全市巡邏，看到台灣人裝束的便開槍掃射。因此，憲警和人民的武裝衝突事件四起，特別是鐵路、警察署、專賣局、交通局等處，無辜市民被射殺相當多。有一些大、中學生到鐵路局詢問鐵路交通情形，以便南下回家，也被殺死或逮捕。這又更刺激民眾及學生，許多人紛紛攻擊各地派出所，擬奪取槍枝，以槍桿對抗槍桿，但因警員都逃走一空，無從奪取。

從實施戒嚴令到傍晚6、7點鐘，市區的混亂有增無減，此起彼落的槍聲、被射殺的慘叫聲、毆打官吏的吼聲、婦孺的驚恐啼哭聲以及關門閉門聲等交織成一片恐怖的戰時景象。

早在上午11點左右，市民曾派代表5人，向陳儀提出5項要求，但陳儀不予接見，僅派警備總司令部參謀長柯遠芬代為受理。這5項要求是：

一、當眾槍決凶手。

二、專賣局負擔死者之治喪費，並發給撫卹金。

三、保證今後不再發生類似不幸事件。

四、專賣局局長親與民眾代表談話，並當面道歉。

五、當局立即將專賣局主管官免職。

柯遠芬雖然滿口允諾，但事後長官公署種種舉措卻又背道而馳。

下午2點，台北市參議會為此召開緊急會議，決議由全體參議員並邀請省參議會議長黃朝琴，共赴長官公署陳情，會商善後辦法。

和陳儀的會談中，參議會代表們認為，由延平北路的緝菸血案，竟演變至一發不可收拾的原因，是專賣局少數不法人員，素與商人勾結營私，專賣局不敢採取在各港口緝捕的拔本塞源之策，反而飭派一批不遵守長官命令帶槍的查緝人員，專在街頭巷尾查拿貧窮的菸攤。政府對不法的公務員，往往擒而又縱，讓他們冷笑於法外，使民眾不信任政府。

代表們並認為警察大隊之存在有害無益，應該解散。

又說，長官愛護「省民」，建設「本省」的衷心，常為少數部屬的欺騙所淹沒，以致上情不能下達，下情不能上達，切斷民眾與長官的聯繫。

他們要求陳儀，為免事件再擴大，請下令禁止軍憲警向人民開槍。

陳儀答覆說，本案凶手，將予依法嚴辦；對不法的公務人員，也需嚴厲處分。

　　他解釋說，所謂對公務人員的處分有兩種，一是行政處分，一是司法處分。

　　他說，對過去犯法的公務員，他都予以免職的行政處分，並送交法院由法院依法辦理。陳儀說，他不是日本時代的台灣總督，無權過問法院的裁判。而檢舉不法公務人員，也需要證據，這不只本省，外省、外國亦然，毫無證據，決難辦理。

　　他說，這次的查緝私菸，是前幾天探悉有一條大船，從外省運了一大批的私菸來台，擬在淡水卸貨，專賣局派員按址查緝，果有大船，但船上已無貨，附近也沒有蹤跡。結果在27日於延平路攤上，發現有這種私貨，因為取締方法不當，致演成本案。

　　至於警察大隊的存在，陳儀說，是為補助「本省」內警力的不足，等警力充足時，自無存在的必要。

　　對於禁止開槍的要求，陳儀允照辦。

　　參議會代表並提出6條要求，內容大致和見柯遠芬時所提相同，陳儀也一一應允。

　　然而，入夜以後，全市各通衢，全由荷槍實彈的軍憲密佈崗防，行人極稀，而此後半個月內，更是無一日不聞槍聲。

　　晚上7點半，許多市民驚魂甫定，才開始吃晚飯，突然自收音機中傳出警總參謀長柯遠芬、台灣省參議會議長黃朝琴、台北市參議會議長周延壽，及國大代表謝娥等，將要就這次事件，向人民作重要廣播。

　　其中柯遠芬的廣播，是事變以後官方第一次的公開談論，人民莫不屏息靜聽。

　　柯遠芬的廣播內容大意是說，台灣自光復以來，中央對台灣無限關懷，所以特別派陳儀長官來台。

　　廣播說，陳儀非常愛護台灣同胞，一切施政措施都是為台灣同胞著想。光復以來，台灣治安非常安定，產業也逐漸復興，新台灣的建設已經踏入軌道。不料昨晚因私菸查緝員與菸販間的一點誤會，以致誤傷人命，又因這個事件，引起少數暴徒毆打外省同胞及焚毀公家物資，這是非常痛心的事。

　　柯遠芬說，尤其使他痛心難過的，就是日本人和外國人看見我們兄弟鬩牆，在旁邊拍手稱快。他說，台灣同胞大家想一想，這是不是我們中國的不名譽，是不是台灣同胞的大恥辱？

　　柯遠芬接著廣播下午和民眾代表見面的經過，並宣布長官公署及警備總司令部的處理方針：

　　一、對緝私肇事人犯決依法嚴辦，並嚴令以後不得再有類似事件發生。

　　二、少數暴徒因這個事件而作出越軌行動，致危及治安，警總已經實施臨時戒嚴，以維護秩序，一俟秩序恢復，戒嚴令即可撤銷。

　　柯遠芬最後希望發揮過去的守法精神，遵守秩序、信賴政府，靜待合理解決。

　　黃朝琴和周延壽的廣播，大致是勸告民眾，信賴代表與政府的交涉，靜待合理解決等，並說些大捧小罵的話。

　　接著廣播的謝娥，則大肆歌頌陳儀的德政，並歪曲事件的事實。

　　謝娥說，下午在長官公署前，憲兵並沒有向民眾開槍，只是因為民眾擁擠，互相踐踏，以致有些人受到輕微的傷害。

　　又說，她曾訪問過女菸販林江邁，親眼看到林只是受點輕傷，這傷絕不是槍擊所致。

　　她說，現在憲法已經頒佈了，省民一定要冷靜，做一個好主人，不可聽信謠言，輕舉妄動，否則本省憲法的實施將會延遲。

　　謝娥說，陳儀是一個難得一見的好人，他是全心全意的愛惜台灣同胞。因為他是沒有子女的老人家，所以他不會去歪哥，留下財產給子孫。

　　她廣播說，陳長官對這個事件甚覺惋惜，他已經答應以最大的寬懷處理這件事，絕不追究民眾的責任。因此請大家遵守秩序，信任當局，靜待當局處理。

　　市民聽過柯遠芬的廣播後，對於柯遠芬把請願民眾稱為「暴徒」、把合法請願稱為「越軌行動」，並頒佈戒嚴令對付人民；而關於查緝員凶暴殺人、傷人，公署衛兵向請願民眾掃射等事卻隻字不提，已經大感失望與憤怒。待又聽到謝娥荒誕離譜的廣播，更令許多人忿忿不平。

　　謝娥廣播之後，還未回到家裡，已有大批市民聚在她家門口，要她解釋她的廣播內容。全市各處也不斷有市民搖電

話找謝娥質問，電信局裡的接線生一時忙碌不堪。謝娥均置之不理。

基隆市

傍晚，鐵公路北基之間班車停駛。最後幾班來自台北的火車及汽車乘客，已陸續帶來台北抗暴的消息。

晚上8點半，碼頭工人、失業青年、海外回來的退伍軍人、青年學生等3、4百人，紛紛走出家門，齊集街頭，有的襲擊警察派出所，奪取武器，有的搗毀各地貪官污吏的宿舍，有的在街頭巷尾搜尋毆打阿山。

9點多，電影散場了。等在高砂戲院及中央戲院門口的群眾開始對電影院出來的觀眾逐個盤問，一問清是阿山即加以修理。在民不聊生、飢寒交迫的台灣社會裡，只有幾個有錢有閒的貪官奸商才看得起電影。

由於基隆是台灣和中國各省往來的主要港口之一，居民看盡貪官奸商如何盜運台灣的資源到中國，又如何走私進口貨品圖利，因此最早響應台北的抗暴運動。雖然稍晚即有武裝憲警四出鎮壓，槍聲不絕，人民的怒火卻愈加高昂。

台北縣

下午，板橋車站的群眾越聚越多，並進入到站的火車上檢查，發現逃走的貪官污吏即拖下車毆打；檢查行李時，更發現不少貪官污吏攜帶大包現鈔逃亡，民眾憤而將現鈔燒掉。

部分逃掉的貪官污吏，北上萬華、南下鶯歌等站，也都

受到各該地民眾的盤查，看到貪官即予痛打。火車交通到板橋即告中斷。

深夜11點，6輛輜汽二十一團汽車，由台北開赴基隆，行經汐止，遭憤怒的民眾攔擊，雙方皆有傷亡。

新竹縣

傍晚，台北慘案的消息傳抵桃園。

8點左右，鎮上大廟前及桃園戲院門口，各聚集大批人，許多青年跑到台階上演講，痛斥陳儀集團貪污腐敗，台下聽眾鼓掌呼應。有些青年則三五成群聚會議論。經縣政府聞訊後，派大批警察驅散民眾。

三月一日

台北市

清晨6點起，各地便不時傳來疏疏密密的槍聲。軍憲警不斷穿梭武裝巡邏，馬路上處處可見被槍殺台人的屍體。鐵路員工、學生、工人、商人等都有死傷，被捕者也不少，但無從計數。

有些好奇的民眾，因為過去從未曾聽過「戒嚴」一詞，不知戒嚴的可怕，還溜出家門四處張望。

一些眼見軍警暴行的市民則更受刺激，紛紛到派出所搜武器，有些人把日本人臨走時埋藏的武器、頭盔等挖出來，抵抗武裝軍憲警的虐殺。

國大代表謝娥在延平北路開設的康樂醫院兼住家門口，

一大早又圍滿市民，要她解釋昨晚的廣播。擔任醫師的謝娥因自恃有陳儀政府撐腰，依舊態度傲慢，不予理睬。

這時適逢幾名市民抬來一位被衛兵槍傷的人求治，她竟藉口很忙，拒絕醫治。民眾大為憤怒，集體衝進她家，把所有醫療器具、藥品、傢俱、衣飾、現鈔等，全拋到路邊縱火焚燒。

民眾邊燒邊罵她是台奸，並在她家牆上，張貼：「貪官惡吏之走狗的末路！」大海報。她附近的鄰居也貼出：「感謝人民的義舉，替我們懲罰一隻毒蟲！」的標語。謝娥則在亂中偷偷溜走，跑到憲兵團請求保護。

謝娥因平日聚歛，陳儀到台後，又趕緊向新主子爭寵，因此獲圈選為國大代表。當人民火燒謝宅重達數斤的金飾、華麗的衣衫、精緻的眠床櫥櫃時，人民心中嫌惡不平的熊熊烈火也在燃燒，因此連在場的憲兵也無法阻擋。

上午10時，市參議會邀請國大代表、省參議員、參政員，共同組成「緝菸血案調查委員會」，並在中山堂召開成立大會，由市參議會議長周延壽主持。

會中聲明委員會將盡量接受市民的意見，並轉達於政府，以求本案的圓滿解決。

會中並決議推派黃朝琴、周延壽、王添灯、林忠等4人赴行政長官公署，向陳儀提出下列要求：

一、立即解除戒嚴令。

二、被捕之市民應即開釋。

三、下令不准軍憲警開槍。

四、官民共同組織處理委員會。
五、請求陳長官對民眾廣播。

陳儀的答覆是，後三條照辦。第一條要求，他將於下午4點以前，召集各機關處理解除戒嚴令。第二條部分，被捕者須由父兄及里鄰長具保，始予釋放。

陳儀雖然滿口允諾不准軍憲警開槍，市區內的武裝軍警卻仍不時向民眾挑釁，有些工人和學生開始組織，準備持久抗爭。市內到處張貼各式署有「民主聯盟」、「台灣青年團」等名義的標語。

打倒暴政！
打倒獨裁！
打倒陳儀王國！
撤廢長官公署制度！
台灣同胞趕快起來，爭取麵包！爭取自由！爭取民主！
不得妥協！只有武裝鬥爭！
不願坐視同胞同學被槍殺、被逮捕！
我們要以槍桿對付槍桿！

「台灣民主聯盟」的一張傳單，也在市區流傳：

英勇的同胞們：
三天來我們表現了無比的英雄犧牲，45,000萬中國人的絕大多數在全國範圍內不分省域，正和反動封建獨裁政府作

殊死戰，6百萬同胞所受的痛苦與壓迫，就是少數的反動巨頭的貪污獨裁枉法橫暴所造成的。

同胞的血不是白流的，同胞們起來吧！高舉著民主的旗幟，團結犧牲，繼續前進，奮鬥到底，對著我們此次忍無可忍的抵抗，不只6百萬同胞熱烈響應，45,000萬全中國同胞也一樣寄以熱烈的同情，我們必須要認清對象，集中行動，減少無謂犧牲，不分皂白毆打外省來的低中下級公務人員的行動必須迅速停止，不要孤立，不要怕，繼續前進到底。

一、打倒獨裁的長官公署。

二、打倒封建官僚資本撤銷貿易局及專賣局。

三、打倒分裂民族歧視台胞的政策。

四、即時實施縣市長選舉登用本省人才。

五、停止毆打無辜外省同胞。

六、不分本省外省全體人民攜手為政治民主奮鬥到底。

七、民主台灣萬歲！民主中國萬歲！

台灣民主聯盟敬啟

下午2點，民眾為報復昨天在鐵道管理委員會被屠殺的仇恨，再度前去包圍該委員會所屬的警察署，結果又遭到警察大隊自樓上開槍掃射，死18人，傷40多人。

於是民眾更瘋狂力戰。很多台灣人警員兩天下來因不滿陳儀軍警的殘殺，紛紛自動向民眾投誠繳械。另外台北市警察局及警察大隊等單位的台灣人員，也紛紛脫離原有崗位，和民眾並肩作戰。不到一個小時，鐵道管理委員會警察署已經被人民占領；下午3點，失去警察署保護的鐵道管理委員

會，也跟著由人民接管。各線火車因局勢大亂，暫停行駛。

　　陳儀到這時候才發覺事態嚴重，趕緊在下午5時，向人民廣播。陳儀的廣播全文是：

台灣同胞：

　　台北市在前天晚上，27日夜裡，因查緝私菸誤傷了人命。這件事我已經處置了，緝私菸誤傷人命的人，已經交法院嚴格訊辦，處以適當的罪刑。一個被打傷的女人，傷勢並不重，我已經為她治療，並發給慰問金；一個因傷死亡的人，我已經很厚地撫卹他了。這件事的處理，我想你們應可滿意的。

　　昨天發生暴動的情形，人員有被打死的；房屋和物件有被燒毀的，損失很大。這實在是一件很不幸的事情，政府為保護人民，維持秩序，不得不實施戒嚴。

　　今天省參議員、市參議員、國大代表、參政員等，請求我解除戒嚴。你們要曉得，戒嚴是結果，不是原因，因為有了暴動的原因，才有戒嚴的結果。如果暴動不再發生，戒嚴自無必要。參議員們的要求非常懇切，我已答應了他們。自今晚12時起，解除戒嚴。不過解除戒嚴以後，必須維持地方秩序，社會安寧。集會遊行暫時停止，罷工罷課罷市毆人及其他妨礙公安的舉動不准發生。

　　至於昨天發生暴動被逮捕的人，我曉得其中也有脅從的，隨聲附和的。參議員們請求釋放，我也答應他們。但這批人裡面，難保其中沒有很壞的人，釋放時，鄰里長須負責具保。

　　還有一件事情，就是參議員們願派代表與政府合組委員會，來處理這次暴動的事情，我也答應了，你們有什麼意見，可告訴委員會轉達給我。

　　我知道大多數的台灣同胞，是守法而安分的。希望你們今後要信賴政府，與政府合作，自動自發的維持治安，嚴守秩序，恢復27日以前的情形。這事屬於本省同胞的名譽，希望你們特別注意，切實實行。

　　陳儀廣播後，即指派民政處長周一鶚、警務處長胡福相、農林處長趙連芳、工礦處長包可永、交通處長任顯群5人，代表政府參加處理委員會。

　　晚上8點，警備總司令部宣布台北地區在4小時後解嚴，但集會遊行仍暫禁止。

　　警總的另一名「台籍」（半山）處長蘇紹文，也同時致函台北市參議會說明，說關於查緝私菸血案，當局已決定撥付台幣20萬元予死者家屬，5萬元予傷者，以為撫卹，並請各該管轄區里鄰長即往該處具領轉發。

　　陳儀一面利用廣播，提出撫卹及空洞而名不副實的解嚴敷衍民眾、緩和人心；一方面接受台奸劉啟光等的建議，決定以武力鎮壓。

　　但是戰後派遣來台的2、3萬國民黨軍隊，已於1946年間一批批調回中國參加內戰。留在台灣的不到5千人，且散駐各地，陳儀急急向南京的蔣介石討救兵，同時打電話調動台南鳳山部隊北上增援。但因新竹以北的交通完全控制在人民手裡，援軍開到新竹即被阻擋，無法進入台北。

基隆市

清晨，要塞司令部宣布戒嚴後，學生停課、商店罷市、工人停工，各機關也停止辦公，家家關門閉戶，全市一片死寂。雖然要塞司令部軍力強大，人民寡不敵眾，市區及郊區仍不時有槍殺民眾，人民奮勇抵抗的零星事件。

下午，基隆市參議會緊急召開臨時大會，由副議長楊元丁主持。除參議員外，並邀請民眾代表參加，旁聽民眾甚為踴躍，代表們紛紛上台發言，痛責陳儀暴政，會場情緒熱烈。會中除提出政經改革意見外，並要求立即解除戒嚴。

台北縣

縣政府所在地板橋秩序益亂。縣府職員逃避一空。民眾奔向供應局板橋倉庫，搬去軍用物資後，放火燒掉倉庫。圍觀民眾歡呼稱快，有人並高喊：叫國民黨拿這些殘灰去打內戰。

士林、新莊因距台北較近，也都發生供應局倉庫被搶，武器被民眾奪取事件。

淡水、瑞芳等地，亦相繼傳來毆打阿山事件。金瓜石的銅礦籌備處職員宿舍也被搗毀。瑞芳鎮長李建興趕往制止，隨即平靜下來。

李建興原以煤礦業起家，為維護並擴大其家族產業，逢迎主子不遺餘力。二二八後國民黨展開濫殺，接著白崇禧來台「宣撫」時，李建興以他的母親也姓白，忙不迭請其母前去晉謁白崇禧，大攀同宗關係。

新竹縣、新竹市

上午8點，由台北出發的30多名青年抵達桃園火車站後，立即與當地青年會合，奪取車站內警察的槍械，控制來往火車，特別是攔截陳儀方面由鳳山開往台北的援軍，並修理下車的貪官及黨棍特務。

有人建議到縣政府請願。結果民眾尚未到達，警衛即開槍射死1人，引起眾怒，遂衝入縣政府。時縣府正為防範人民起義，緊急召集縣參議員、各鄉鎮長、中小學校長及地方士紳，商討對策，見民眾擁入，即四散逃跑，逃避不及的惡吏，則遭痛打，後被俘虜，3天後被拖到大廟前，當著神祉面前向人民請罪。

由於大小官吏作鳥獸散，縣府在下午4點，輕易由人民接管。許多貪官逃到警察局樓上，尾追的民眾被擋在警察局外。

怒火立即蔓延這個小鎮，滿街到處有追打貪官、搗毀官舍的憤怒群眾。

縣長朱文伯前一天即到台北，曾在延平北路挨揍。民眾到他家時，由官邸裡搜出台幣300萬元，各種牛奶、食米、牛肉等罐頭堆滿屋內。朱文伯自1月1日到差，2個月內即聚斂如此大筆財富，看在飢寒交迫的人民眼裡，更加忿恨。

中國浙江籍姓洪的地政科長，到任才一年多，人民也在他家搜出台幣600多萬元。民眾憎恨其貪污，有人提議把他丟到海裡，但經年長民眾勸阻而作罷。另外，民政局長家裡並搜出甚多的食品及現鈔。

民眾隨即分兩批，一批攻入縣政府倉庫，搬出存米、罐

頭等，配給貧民；另一批直趨空軍倉庫，奪取不少手槍、機槍、步槍、手榴彈、汽油等，再回到警察局，勸導警察向人民繳械，警局以機槍掃射作為答覆。當場數十人死亡。巷戰爆發。

這一仗自晚上10點至次日清晨2點之間，戰況尤其激烈。警察方面因電訊尚通，急向台北求援，台北以兵力單薄，自身難保，僅派救護車前來搭救。

2點以後，大雨傾盆，救護車適巧開抵，狼狽的貪官及警察遂由後門突圍而出，往台北方面逃逸。

新竹方面，市長郭紹宗的貪污早已風聞，而不久前檢舉他貪污的兩位檢察官中，一位姓張的中國人首席檢查官，因檢舉不成，憂煩而卒，另一位台灣人檢察官王育霖，也自覺有虧職守而辭職，更早已引起人民對國民黨的不滿。

因此，當二二八消息傳來，冷冽的「新竹風」煽起了市民的怒火，全市立刻罷工、罷市、罷課響應。

台中市、彰化市

前一天（2月28日）午後，收音機裡即傳出：「中南部的同胞們，立即響應台北市民，起來打倒貪官污吏！」的呼籲。由台北回來的人，也開始在中部地區傳佈台北起義的經過。

上午9點，台中市參議會邀請台中縣及彰化市參議會，舉行聯席會議。決議支持響應台北市民的行動，並加2項要求：

一、改組長官公署。

二、即刻實施省縣市長民選。

會中並推派林連宗為代表,親赴台北傳達這些決議,及參加台北的起義。接著即在市區散發傳單,通告市民於2日上午8時,到台中戲院參加市民大會。

彰化市方面,28日晚上,市議員陳滿盈等,即曾赴吳蘅秋家裡,討論對策。

1日上午,市參議會開會,副議長賴通堯提案,並經議決通過,全文如下:

一、對台北市參議會要求,絕對支持,力求嚴懲凶手。

二、請台北市參議會發表事件真相。

嘉義市

上午,市民即獲悉二二八的消息,因此民心緊張,有少數市民在路上和阿山發生衝突,適武裝憲兵及軍隊乘卡車巡邏市內,即抓住民眾毆打,市民頗感恐慌,許多學生及青年大為不平。

台東縣

台北起義的消息,經由廣播電台傳到台東測候所。測候所的職員,迅速利用廣播,將經過及發展傳佈開來。因此,雖然地處偏僻,各地起義消息不斷,民心也大為振奮。

七日民主

自3月2日到8日，全台各地行政機構，以及交通、電訊、新聞傳播等，泰半由台灣人接掌。雖然其中難免有若干投機分子，但大致而言，二二八事件處理委員會及各地分會，在治安的維護方面頗有貢獻，而其中以學生出力最大。只要軍警憲特不搞蛋，秩序都非常良好。

三月二日

台北市

戒嚴令雖然解除，街頭仍然密佈武裝軍警；陳儀雖然答允不向人民開槍，各處卻仍偶聞槍響，市民有事外出的，均手纏白布，匆匆閃過，以免被射殺。

上午10點，台灣大學、延平大學（註，植於第141頁）、法商學院、師範學院，及各中等學校高年級學生約1千多人，齊集中山堂召開學生大會，決定聯合組織後援會，協助維持治安、恢復交通及應付突發事變。

市內各處，紛紛可見以「台灣民主同盟」、「台灣憂鄉青年團台北支部」、「台灣自治青年同盟」等名義張貼的漢文、日文標語。內容有：「打倒官僚資本」、「打倒豬政府，建立新台灣」等。

上午10點，「台灣省政治建設協會」代表蔣渭川，由憲兵團長張慕陶引見陳儀。

　　蔣渭川向陳儀表示，這次事變，民間負責人畏懼政府追究，已成騎虎之勢，希望陳儀再行寬大措施，以釋群疑。

　　蔣渭川並希望處理委員會組成分子，除省市參議員、國大代表、參政員及政府代表外，容納其他人民代表。

　　適於11點多，原緝菸血案調查委員會市參議會委員們，也往見陳儀。陳儀乃找來祕書長葛敬恩，及經指派參加調查委員會的任顯群、周一鶚、包可永等人，共同會商官民共組織調查委員會事宜。陳儀保證：

　　一、因本案被捕的民眾，全部移交憲兵第四團無條件釋放。

　　二、關於本案之死者，由政府發給撫卹金，傷者由政府負擔醫藥費送醫院治療，死傷者不分本省外省及公務員，希望民眾調查其姓名、住址，作成報告，以便設法處置。

　　三、不追究發生本案之民間負責人，從今以後各安其業，共謀本省之建設。

　　四、即時恢復交通。鐵路交通由國大代表簡文發負責。

　　五、武裝警察巡邏車逐漸減少，槍口不向外，武器放於車內，以維持治安。

　　六、從速恢復工作，各商店開門，照常營業。

　　七、食米即運市內，供應民眾需求。

　　八、路上倘有死傷者，由警察與附近民眾設法送醫院療治。

　　下午2點50分，二二八事件處理委員會首次會議在中山

堂舉行，由市參議會議長周延壽主持。旁聽民眾擠滿會場。會中首先審議由政治建設協會所提，自商會、工會、學生、民眾及政治建設協會等五方面，擴大選派代表參加本案。各方即提出名單，經大會通過。

由於開會時市內各處依舊槍聲頻傳，人民以警察大隊在鐵道管理委員會開槍射殺民眾甚多，平日亦視人為草芥，紛紛建議將之解散。

警務處長胡福相答覆說，警察大隊是警察局的補助機構，市警局若不需要補助，自當不予出動；解散之議，事關機構組織問題，若陳儀批准，自當實行。

接著，周一鶚也就人民建議取消新聞圖書電訊檢查制度，敷衍說將及早促其實現。

許多人對於如此官話，興味索然。於是，另有人提議推派代表偕各報記者，到軍法處實地調查10名專賣局及警察大隊肇事凶犯，是否確已羈押，並攝影以示民眾。

會中並決定今後每日上午10點及下午3點，處委會均舉行例行會議，民眾有任何建議，均可向該會提出。

下午3點，陳儀第二度向人民廣播。全文如下：

台灣同胞：

關於這次事件的處置，我昨日已經廣播過，你們都應該聽到，明白我的意思了。我現在為了安定人心，迅速恢復秩序，特再宣布幾點處置辦法：

一、凡是參加此次事件之人民，政府念其由於衝動，缺乏理智，准予從寬，一律不加追究。

二、因參與此次事件，已被憲警拘捕之人民，准予釋放。這些人都送集憲兵團部，可由其父兄或家族領回，不必里鄰長保釋，以免手續麻煩。

三、這次傷亡的人，不論公教人員與人民，不分本省人與外省人，傷者給予治療，死者優予撫卹。

四、這次事件的善後，已經設一個處理委員會。這個委員會，除政府人員及參政員、參議員等外，並有各界人民代表參加，俾可容納多數人民的意見。

台灣同胞們：政府這樣寬大的處置，大家應該可以放心了。我愛護台灣，我愛護台灣同胞，我希望我這次廣播以後，大家立刻安下心來，趕快恢復2月27日以前的秩序，照常工作。經過這次事件，人民與政府，想更能和衷合作，達到精誠團結的目的。

許多人聽到陳儀的廣播，都為他的「誠意」所感，甚為感激。事實上，這時候陳儀已經接獲南京的密電，蔣介石決定抽調在山東及蘇北「剿共」的兩個師到台灣鎮壓。因此，陳儀以低姿態的廣播作為緩兵之計，一面以人民要求撤銷警察大隊為「越軌要求」，命令5名官員代表退出處理委員會。

處理委員會委員們，有幾位接著陳儀廣播之後，向民眾發表談話的，其中只有王添灯直指陳儀的虛假與欺騙。王添灯沉痛地說：

……革命先烈的血不會白流的，假使政府對這次事件不善為解決，難保沒有第二次更激烈的流血……。

處理委員會推派的代表和記者，在會後到警總軍法處，查看10名凶嫌的情形。經告以已轉交法院，監禁於台北第一監獄。代表們趕往第一監獄，卻只看到6名專賣局職員，至於27日夜裡闖禍的4名警員，人民始終無法查出他們的姓名，和許多貪官污吏一樣，任其逍遙法外。兩個多月後，傅學通及葉得根雖分別被判死刑及有期徒刑4年，但人民傳說紛紜，一般都相信這個案子並沒有執行。惟因3月中旬起台人遭受大屠殺，死傷慘重，相形之下，本案已經無足爭議，只有任其不了了之。

基隆市
警備總部在下午4點半發表公告說，本市自下午6時起，解除戒嚴。

和台北市一樣，雖然名為解除戒嚴，軍警仍不時向民眾開槍，民心依舊惶恐不安。

台北縣
板橋鎮由省參議員林日高，及參政員兼鎮長林宗賢，將情緒高昂的民眾組成「服務隊」，維持治安，並勸止漫無原則的毆打中國人的行徑。同時，加強與台北處委會配合，兩人經常率代表前往中山堂參加會議，協助處理會務。

新竹縣、新竹市

自民眾接管縣政府後,桃園鎮上秩序已逐漸恢復平靜,人民再度發揮日本人撤走後國民黨未來前政治真空期的高度自治精神。

以青年學生為主的民間有志之士,曾開會討論如何響應台北處委會的號召,並就縣內治安的維持,做更詳盡的商討。

新竹市內,上午8點起,陸續有憤怒的民眾毆打貪官、燒毀房屋器具等事件。

下午3點多,民眾群集市政府擬赴市長官舍時,憲警自旭橋上以機關槍掃射,當場死8人、傷18人,群情更為激憤。

傍晚市參議會為此,匆匆召集各界人士,緊急成立事件處理委員會,討論善後問題。

會中,民眾發言熱烈,大家認為民眾所以會憤怒的搜查官舍,主要是因為貪官囤積,民間缺乏米糧,紛紛要求市長郭紹宗向人民報告存糧數量,並設法救濟糧荒;失業者應迅速安置;並解散剝削人民的總商會。

參議會代表除向郭紹宗提出這些要求外,晚間並提出下列2項:一、開槍者加以懲處;二、駐在市內之軍隊,即時撤出市郊。

憤怒的民眾,在當夜把中國國民黨新竹市黨部的招牌拆下,拋棄在泥溝裡。

台中市

市參議會正副議長黃朝清及林金標，在前一天的台中市、台中縣及彰化市參議會聯席會議後，心中畏懼，兩人偷偷跑到市政府及警察局自首，並透露本日將召開市民大會的消息。

市長黃克立痛斥他們一頓後，即命令兩人想盡一切方法，阻撓市民大會的舉行。兩人於是漏夜趕製「市民大會延期」的海報，到台中戲院門口張貼。

但是，一早7點多，趕早到達會場的市民立即識破這是國民黨的詭計，把海報撕毀。市民大會如期於8點舉行。

會中，首由楊克煌宣布開會並報告台北起義的原因及經過，以及市民大會的意義等。

會場隨即推舉謝雪紅擔任大會主席。謝雪紅詳述台灣被國民黨政權劫收以來陳儀的暴政及現階段的形勢。她強調台灣人民的痛苦若要解放，惟有人民團結一致，結束國民黨一黨專政，達到台灣人民的民主自治。因此，必須響應台北市民的起義，不怕犧牲，鬥爭到底，爭取徹底的勝利。

張風謨、張深鑢、巫永昌、楊逵、高兩貴等抗日志士，隨後也上台演講，鼓勵人民繼續和國民黨政權鬥爭。接著，市內學生及大戰期間被日軍徵調到南洋生還的青年，也紛紛上台，訴說他們的親身體驗，呼籲青年立刻起來，做更勇敢的鬥爭。

會中並討論如何響應、如何組織等具體辦法。

會後，上千名學生及民眾沿街遊行。

　　當遊行隊伍到達錦町（今中山路一帶）派出所前時，該所2名警員企圖阻止，與民眾發生衝突，終因畏懼民眾的力量而退避。

　　民眾隨即擁向警察局。局長洪宇民平日趾高氣揚、欺壓民眾，這時竟畏懼不敢露面，民眾見警察局群龍無首，一方面暫予代管，將武器封存，一方面有人提議找前台中縣長劉存忠代理。一部分消防隊員即開赴劉存忠私宅。

　　劉存忠因包庇專賣局台中分局局長趙誠，及科員劉青山在他家裡；又因為他在擔任台中州接管專員及台中縣長任內貪污舞弊，人盡皆知，見民眾前來，大驚，即令部屬向徒手的民眾開槍射擊，當場多人受傷，民眾大為憤怒，雖無武裝抵抗，但仍團團包圍劉宅。

　　這時，謝雪紅乘消防車趕到，立即將傷者送往台中醫院，並找到警察局長洪宇民，抗議公務員行凶。洪宇民以警察已悉數解除武裝，不願也不敢處理，謝雪紅於是帶領4名警員，再赴現場。

　　這時，民眾已自消防隊運來數大桶汽油，欲將劉宅放火焚燒。謝雪紅恐燒及附近民房，加以阻止，並即由車上躍下，單獨走進劉存忠家門，令他們放下武器投降。劉存忠認出是謝雪紅，即不再開槍，並大聲叫她救命。隨由謝雪紅收繳他們的短槍6枝，將劉存忠及其副官、守衛、家人等，全送往警察局處理。

　　與此同時，另有一部分遊行民眾，前往專賣局台中分局，提出廢除專賣制度、封鎖該局武器，及一切物資暫交人民管理等要求，因局長趙誠逃逸，代局長立即接受，並作成

文件交人民代表謝雪紅。

　　下午，民眾聚集更多，分別往市政府及其他機關，因適值星期日，各機關無人負責，均予順利接管。

　　在三民主義青年團台中分團內，有一幅高達3公尺的蔣介石畫像，民眾進入後，憤其獨裁害民，把照片扯下破壞，另一幅孫中山遺像，則安然無恙。

　　由於全市籠罩在緊張、興奮狀態，市內商店及路邊攤販一律罷市，秩序嘩然。

　　上午11點，當劉存忠家及專賣局門口，民眾在冒死抗爭之際，市內士紳正聚集在圖書館，商討如何安定民心，如何避免將來的責任問題，到12點多仍沒結論各自散去。

　　黃朝清等人，會後又不時向市長及警察局長通風報信，暗送秋波。及至風聞員林民眾起義，台北處委會成立，眾士紳膽子為之稍壯，才於下午，在市參議會（原市民館）成立「台中地區時局處理委員會」，仿台北分設各部門，並組織青年學生為治安隊。

　　傍晚，在濛濛細雨中，學生的治安隊已漸漸組成。處委會的電話，卻開始每隔15、20分鐘，即傳來陳儀自台北派兵南下的消息，隨著電話鈴聲次數的增加，處委會的士紳們一個個開溜，到了晚上8、9點，謝雪紅由車站及市區查問國民黨軍開抵台中的傳聞回到會場時，只見市民館內空無一人。聚在門外的青年告訴她，黃朝清等人因懼怕國民黨軍開到，已向眾人聲明處委會及治安隊即時解散，他們不要負責，然後全部跑光。

謝雪紅於是就地組織青年學生，並提出3項原則：

一、不要殺傷外省人。

二、不要燒毀物資房屋。

三、一切武器盡量集中於人民手裡。

同時，為準備迎戰國民黨軍，謝雪紅即率青年們赴警察局，以28枝步槍及100多把軍刀，成立武裝部隊，一面堅守市區要道，一面進攻市內國民黨軍小據點，收繳武器，一夜之間，共收繳步槍百餘枝，機關槍3枝，並取得不少軍刀及手榴彈；同時控制電台，呼籲中部地區實行戰時體制，各地居民組織自衛隊響應。

為避免中國人受到傷害，青年們於夜裡將他們集中，由學生保護。

市長黃克立，看到局勢逆轉，匆忙趁夜裡驅車逃往霧峰林獻堂家裡躲藏。適群眾到林家查問有無包庇阿山，黃克立害怕，翻牆逃跑，並化裝為乞丐，躲在山中兩晝夜，挖紅薯充飢。5日，因難耐飢寒，下山窺伺，碰到巡邏的學生，看他手足細緻白皙，不像乞丐，又由破衣下露出嗶嘰西褲，形跡可疑，經盤問後知是市長，將他帶回市區集中。

事後得知，所謂國民黨軍開到台中的消息，是特務故意捏造，用以混淆民心，結果，雖然嚇跑一些士紳，有些青年因而失望，袖手旁觀，卻因謝雪紅的鎮定不屈，領導青年和國民黨作了一場可圈可點的英勇鬥爭；也因她提出3項原則的正確，使台中市民的生命財產損失減至最少。無論官方統

計或民間流傳，在這次起義中曾經建立轟轟烈烈戰績的台中市，無論台灣人、中國人，死傷數目都相當少。

彰化市

上午，市參議會再度就本案開會，除決議支持台北市處理委員會外，並要求嚴辦海關走私舞弊。

中午，全市民情已達鼎沸，民眾開始向火車站前廣場集中，並由火車站擁到警察局。由於星期日，局內無人敢負責；群眾轉赴督察長家，這名平日作威作福的督察長竟持槍向人民威嚇，並乘機潛逃；民眾再擁到市長王一麐家，要求他一同到市參議會會場。

在參議會場內，地方士紳、國大代表郭耀廷、省參議員李崇禮及市參議員，正召開緊急聯席會議，群眾及參議員們猛烈抨擊市政的失策及王一麐的貪污。會中決議：

一、即刻實施省縣市長民選。
二、市政府股長以上採用本省人。
三、立即罷免督察長，並予嚴懲。

王一麐一改平日的傲慢，一一點頭稱是，並立即罷免督察長。

晚上，逃往花壇的督察長被民眾提回，押於拘留所。全體市參議員全在警察局過夜，並由各區區長及消防隊維持治安。

台中縣

‧員林

上午，大批民眾擁到縣府，釋放無辜被拘押在警察局裡的一批民眾，同時接管縣政府。

嘉義市、台南縣

由於青年學生對於1日軍憲毆打台灣人的事，忿忿不平。因此，自下午3點起，有些青年即在嘉義車站演講，隨即遊行市區，毆打阿山軍、公、教人員，群眾並蜂擁往市長官舍搗毀門窗器物。

深夜，民眾占領民雄廣播電台，隨即向人民廣播，定3日舉行市民大會，並號召日治時代的「義勇警察」於第二天到市政府集合，維持秩序，準備抵抗國民黨軍。斗六、虎尾兩地，也同時在夜間發生青年衝入警察局搜取武器事件。

台南市

28日晚上，古都即飄來一絲台北起義的傳聞，但聞風的人很少。

本日中午，市內各報紙發行刊有醒目標題的號外，人心開始浮動。下午，台南市警察局長已預作對付民眾的準備。

晚間，一批批青年學生分途出發，襲擊各地警察派出所，計攻占3處，取走不少武器。

屏東市

下午，屏東市街上人民議論紛紛，人人都在談論二二八。

晚間，市參議會副議長葉秋木召集地方人士開會，決定響應台北及其他各地的起義。

註：日治時代中等以上學校入學考試，對於日本人和台灣人子弟，嚴格實施差別待遇，台灣人升學機會甚少。

　　日本人投降後，曾赴中國多年的劉明有鑑於此，乃創辦延平大學，招收學生多係高等學校畢業後，因差別待遇或戰亂無法繼續升學的青年，利用夜間上課，類似今之大學夜間部。校舍係借用當時的成淵學校（今成淵國中）授課。

　　由於這些學生經歷過日治下的差別待遇，加以多數已經就業，又眼見前來接收的陳儀政府施政的腐敗，學生們感觸尤深，因此，二二八革命爆發，絕大多數延平大學學生群起響應，在台北市的起義過程中，扮演相當重要的角色。

　　因此，在3月的大屠殺中，該校師生首當其衝，幾乎被捕殺殆盡，創辦人劉明原被判死刑，監禁10年後釋放。延平大學也遭撤廢，從此和「二二八」一般，均成為「叛亂」的同義詞。

三月三日

台北市

自處理委員會擴大組織後，參加成員越來越複雜，陳儀的爪牙、蔣介石屬下各不同派系的特務紛紛滲透。其中雖有與陳儀不同派系的特務，對陳儀的窘境私底下幸災樂禍，但是，無論特務之間如何明爭暗鬥，他們有一個牢不可破的共同點：台灣人是被統治者、是次等國民、是日本的走狗、是奴化教育的餘孽。在兩軍交戰中，台灣人是非置之死地不可的敵人。

因此，本日上午10點在中山堂召開的處委會第二次會議，有不少新的「成員」參加；有些較消極的有心人悄悄退出；也有些人另組其他團體。

會中，官方代表全部未到，參議會議長周延壽也缺席，由副議長潘渠源擔任主席。潘渠源首先提出3點報告：

關於被捕人員釋放問題，現正進行中。

長官已答應軍警巡邏不予武裝，但昨日會後，又發生槍殺案2起，足見令不能行，本會應設法解決。

關於調查專賣局與警察大隊凶手一案，昨日各代表查視結果，只發現專賣局的6人，警察大隊凶手並未扣押。經詢警察大隊，答覆是：本隊凶手已予扣留，因未接法院命令，故還未交出。

接著有民眾報告，新竹方面發現國民黨軍隊北調，應設

法制止。潘渠源答說，人民已在湖口方面阻止，國民黨軍目前已退返新竹。

又有民眾指出，聞長官公署正進行處長會議，目前恐怕是遷延之策，大家萬勿受當局欺騙。

於是有人建議組織自衛隊，學生代表也表示願負責組織，潘渠源提議派員詢問陳儀的意見。

會中當即推派各界代表20人，立刻赴長官公署商討。代表們慷慨激昂，有幾位在行前高呼，不達目的，誓死不歸。

代表離席後，會議繼續進行，除通過組織結構（註1，植於156頁）外，計作成下列結論：

關於治安問題，許德輝表示願負責推動，喚醒全省有志數十萬民眾組織自衛隊。惟前車之鑑，千萬要避免重踏國民黨軍剛抵台灣時督察隊的命運—先被利用協助接收，事後反被以流氓處置。

宣傳方面，決定將事變始末周知全世界及「國府」，並推選林宗賢、林詩黨、呂伯雄、駱水源、李萬居等5人為委員，擬委託美國領事館善為辦理。

關於糧食問題討論最久，後決定為避免鐵路交通恢復，予長官公署自南部派兵之便，反擾亂治安，僅將調查市內存糧，待下午請當局出席，再作定論。

會中民眾提出5項要求（註2，植於156頁），並呼籲大眾不可亂打「外省同胞」。

11點多，處委會還未散會，20多名各界代表已經抵達長

官公署。陳儀拒絕和他們見面，僅派柯遠芬及5名昨天參加處委會的官方代表應付。會中共同獲致7點結論：

一、軍隊於本（3）日下午6時撤回軍營集結。

二、地方治安由憲兵、警察與學生青年組織治安服務隊維持。

三、交通亦於6時全部恢復，民眾要保護交通員工。

四、米糧問題，撥出軍糧供給。

五、軍隊撤回後，倘有一二因意氣激昂的士兵鬧事，可抓交柯參謀長法辦，由柯遠芬負完全責任。

六、軍隊撤回後，民眾倘再發生打人燒物之事，由20餘名代表負責，將擾亂者法辦。

七、市民勿輕信謠言，南部軍隊絕不北調。

唱作俱佳的柯遠芬並且以很「沉痛」的語氣表示，這次事件，無論政府與民眾都很對不住國家民族。

他說，事變當天他接到兩個報告，一個是美國人在那裡拍影片，一個說是日本人在歡喜慶祝。他說，他聽到這兩個消息，比聽到政府人員及民眾的死傷更痛心，他的淚也落了下來。

柯遠芬又說，只要不離開國家民族的立場，什麼問題都可以解決；「假如離開國家民族的立場，我們就是死在這裡也不幹，我死也不答應，這是我做軍人的義務，也就是國家給我應盡的義務。」含意如何，說者聽者各有不同的體會。

柯遠芬並信誓旦旦的保證，軍隊6點以前若不撤回軍

營，他決負全部責任。

另外，警總也在下午6點40分發表公報說：

　　本部業已通令各部隊長，嚴屬約束所屬，非因自衛必
要，不得開槍。

　　代表們帶著這些結論及保證回到中山堂後，處理委員
會的治安組乃於下午4點，在台北市警察局召開「台北市臨
時治安委員會」，參加者有黃朝生、陳春金、黃火定、陳
海沙、陳屋、林水田、周百煉、游彌堅、陳松堅、許德輝、
劉明及學生代表等10多人，討論決議臨時治安委員會組織章
程，明定有效時間為自成立日起，至治安恢復常態止，並規
定忠義服務隊為執行機關。

　　會中同時議決通過忠義服務隊的組織章程，並通過許德
輝擔任總隊長，為忠義服務隊的最高指揮。

　　長官公署方面，柯遠芬對處理委員會代表虛應一番後，
即祕令林頂立組織「行動隊」並擔任總隊長。在林頂立屬
下，配有數百名特務，專事跟蹤、威嚇、搶劫、放火、毆
打、暗殺等恐怖活動，在國民黨援軍抵台之前，「行動隊」
除極力製造事端，嫁禍於人民外，並化裝成各種不同職業，
如乞丐、小販、司機或偽裝成熱心人士，從事破壞處理委員
會的勾當。

　　當民眾意外於長官公署的欣然答應撤兵之際，市內的
士兵正悄悄退回兵營，換了憲兵制服，又轉出市內「維持治
安」。

處理委員會中，只有少數人識破陳儀的詭計。宣傳組長王添灯，本日下午在向人民廣播中，除報告會議經過及和官方交涉情形外，並提出警告，戳破警總的陰謀。他說，像這樣，政府沒有誠意，如何能避免軍民的衝突？他希望民眾務必當心，並自動出來維持治安，以防萬一。

下午，熱情的青年學生為組織自衛隊事宜赴市區募款，民眾感於他們的英勇愛鄉精神，紛紛解囊，半天內，即募得77萬元，處理委員會將之撥充為維持治安及其他工作費用。

有些熱血青年，對於處理委員會的延宕時日、未能把握機先，以及成員的複雜，已感不可為，於是有人另行組織，謀以武力抗爭。也有些學生到美國領事館求援，說台灣人不堪中國人的壓迫，才有這種獨立運動，請美方援助，並請借武器。市內，各種不同名稱的團體，紛紛張貼海報，散發傳單。

一份署名「憂鄉青年團台北支部」的日文「速報」，也在市上廣為流傳。「速報」說：

一、同胞進攻嘉義、台中之主要機關及軍隊，戰果現正擴大中。

二、到達桃園的「政府」援軍，被我方學生予以壓倒性的攻擊，大部分潰滅四散。

三、同胞已奪取交通網電訊網。

四、市內各飛機場已由我同胞空軍占據。

五、昔日的高砂義勇隊，已歸入我方旗幟下。

學生們起來！工友們起來！民眾們起來！

昔日的官兵們，今日可以拔出指揮刀了。

特攻隊的勇士們向前衝，奇襲的時候到了！

集中我們的武器！

爭取時間！

奪取他們的武器！

全體同胞，一致武裝起來！

　　以蔣渭川為代表的「台灣省政治建設協會」也發表一份急告，除說明蔣渭川謁見陳儀的過程，並邀請市民及各界推選代表，參加下午3點半在太平町稻江信用組合的「市民各界代表大會」，「討論善後及一切問題，暨市民大會之決定」。

　　蔣渭川由張慕陶引見陳儀於先，又邀請各界開代表大會於後，很顯然有意和處理委員會分庭抗禮，因此，他的動機也引起各種莫衷一是的猜測。

新竹市

　　上午，處理委員會繼續開會。郭紹宗市長對於前夜處理委員會的2點要求答覆如下：

一、嚴懲開槍者：俟查訊後，加以懲處。

二、駐軍退出市區：因市長非軍事主管，只能盡力轉達勸告。

因為市民對於官方已不信任，對於郭紹宗的答覆一面姑妄聽之，一面仍密切留意市政府及軍事當局的動向。

應警總的命令由鳳山北調的國民黨軍，於2日下午開抵新竹。因為聽到桃、竹等地人民起義的消息，台灣人火車司機不肯北駛，下車跑掉了。部隊中沒有人會開火車，不得不在新竹待機。於是，部隊連夜開入市區鎮壓，大肆捕殺。

一些由台北來的青年學生在旅社裡被捕，有的被割下耳鼻，再以槍刀刺死；有的被捆在樹頭，兩日兩夜不予食物，再予活活打死。

午後，市區一片死寂，家家戶戶門窗緊閉，有些青年仍祕密聚集，討論對策。

台中市

經過一夜的巷戰，市區的軍事機關泰半被人民控制。謝雪紅於是在市民館成立「台中地區治安委員會作戰本部」，由她本人主持。

上午8點20分，集結在教化會館（在中山公園附近，二次大戰後改為空軍後勤部供應分站）的國民黨軍，以數輛滿載機槍步槍的大卡車，隆隆駛入市區，並以機槍掃射，有一個小孩子因逃避不及，竟遭卡車輾死。

因治安委員會的維持秩序，市區原已相當平靜。經國民黨軍如此挑釁，幾位在附近守衛的青年大為憤怒，就近找來1輛卡車，裝置1挺重機槍，另有12名帶步槍青年跳上車，即往教化會館進攻，在中山公園前與對方交鋒，因不敵對方的兩面包抄，青年們棄車而逃，卡車及機槍被奪去。

台中教化會館。

　　10點多，國民黨軍見市內軍備不強，又派出更大批的卡車，分途向市區掃射。作戰本部即命各地守衛青年，攜帶手榴彈，在市內重要地點爬上屋頂待機。果然國民黨軍遭手榴彈攻擊後，士兵逃逸，卡車與機槍又被人民奪回。

　　藏匿在教化會館的國民黨軍，雖然一時不敢出來，卻由裡面不時向來往市民開槍，附近市民有些被誣以「間諜」而遭逮捕，人民憤而躲入路邊的綠川（台中市的大排水圳之一），以手榴彈與步槍向教化會館作小規模的零星攻擊。

　　下午，附近城鎮的人民，自廣播中獲悉台中危急，紛紛武裝前來援助。4點，彰化、大甲、豐原、埔里、東勢、員林、田中、太平等各隊都已抵達。作戰本部也探悉教化會館是市內國民黨軍最大據點，於是派台中市青年學生隊、獨立治安隊、彰化員林隊，及豐原隊的一部分，協力進攻。

由於對方占地利之便，人民軍難以迫近，加以武器裝備不足，激戰到晚上，寒雨交加，更陷於苦戰，槍砲聲、手榴彈聲震動全市。

夜裡，又因稍早在電力公司附近的戰鬥，打斷了電線，全市一片漆黑，戰役顯得益加壯烈。

晚上10點20分，對方見人民鬥志高昂，又受不了散彈槍的攻擊，乃宣布投降。經作戰本部指示受降後，11點半，俘虜對方士官30多人，士兵及公務人員300多人，另繳獲槍械300多枝，並獲得甚多軍需物品。

根據3天後不完全的統計，起義迄今，雙方傷亡共50人。其中台灣人死1人，傷27人（內男25人、女2人）；中國人死1人，傷21人，其中有不少軍人，大部分是自教化會館樓上跳下時受傷。可見這一仗激烈之一斑。

人民軍並繼續進攻憲兵隊、團管區司令部，國民黨軍迅即潰散，全市泰半為人民收復。

市民感佩人民軍的英勇克敵，紛紛捐資募款。女學生全體動員負責炊事，供應人民軍及集中多數的中國人餐飲。

日治時代英勇抗日聞名全島的霧社地區原住民，聽到台中起義的消息，立即集合100多人攜械到達作戰本部，參加戰鬥。

彰化市

上午8點，彰化市各界就地在警察局組織「彰化市善後處理委員會」，成立總務、警備、傳令、消防、治安、宣傳、情報、救護、會計等組，並推派各組人選。

　　一方面，市區軍警仍不時持槍向人民威嚇，逼得青年們前往警察局，取出武器抵抗。中午，適台中方面派汽車隊二批前來。共同協力平定市區亂局後，兩地青年連袂北上到台中作戰。武裝力量遂轉往台中。

　　晚上，宣傳組派人在街頭宣傳「台北方面全部解決」，讓市民放心。善後處理委員會並要求電訊、鐵路、金融界等照常執行業務。本日起市況已大致恢復。

嘉義市

　　上午9點，在三民主義青年團嘉義分團，及市參議會的號召下，市民大會如期舉行，決議組織「嘉義三二處理委員會」及「防衛司令部」，由三青團主任陳復志擔任主任委員兼司令。處理委員會下設總務、外務、財政、宣傳、保護、治安6組，另設一救護所。防衛司令部下設高山部隊、海軍部隊、陸軍部隊、學生總隊、海外歸來總隊、社會總隊等；並設作戰、參謀、宣傳、總務四部；總務部之下又設接收、經濟、收容、遣送四組。

　　市民對這個大規模的組織都踴躍支援，全市中等以上學校學生總動員協助作戰，阿里山等地的原住民青年也編隊下山參加。

　　下午，人民司令部將主力集中，進攻十九軍械庫，激戰1個多小時即予攻克，接收一切武器及軍用品。

　　人民部隊隨即分途包圍國民黨軍東門營房、憲兵隊及市政府，市長孫志俊及市府高級官員紛紛逃到憲兵隊，又隨憲兵隊撤守至東門營房。到晚上9點，市府已完全由人民控

制，警察局方面台灣人警員大部分攜槍參加起義。人民軍乃將市內及近郊的中國官僚1,400多人集中，分別安置在市參議會、中山堂、國民黨市黨部等處。

台南縣

・斗六

海外退伍回來的眼科醫生陳篡地，號召鎮民舉行「鎮民大會」。決議由退伍軍人、學生及青年，共同組織「斗六治安維持會」，由陳篡地擔任召集人。

・虎尾

在警察局搶來武器之後，青年們隨即武裝進攻虎尾機場的國民黨警備隊。為數200～300名的警備隊不堪民兵一擊，即退守機場內碉堡，由堡壘裡面向外掃射。民兵無法接近，只能躲在鐵路旁邊應戰，雙方僵持3晝夜，難分勝負。

台南市

市政府在昨（2）日，已就市民起義預備作戰，因此，有部分公務員及眷屬已連夜跑到憲兵隊避難。

一大早，市長卓高煊即召集憲兵隊隊長及警察局長，舉行緊急會議。市政府1名台灣人工友，被貪官污吏視為洩忿的對象，清晨到市府上班，在門口被打得頭破血流。在場的守衛不但不「衛」他，反而湊和著搒他幾拳。

對抗國民黨軍的台灣青年軍

　　和市政府僅隔幾尺之外的市區馬路上，許多市民也在找尋並毆打中國人。圍毆的對象是貪官奸商，一般中下級中國人，甚至為官清廉的高官都安然無恙。像專賣局台南分局長，當時在台北，局裡的台灣人職員們便紛紛保護他的眷屬，免遭波及。和那位無辜被打的工友相形之下，台灣人對中國來的統治者之殘暴，焉能不痛恨？

　　也在上午，市參議會邀集各界代表舉行民眾大會，討論如何支援台北及善後處理事宜。市民發言踴躍，認為這次起義完全是惡政必然的結果，因此，除支持台北的決議外，並要求徹底改革省政，立即實施省縣市長民選。

　　下午，代表們將民眾大會決議送給市長卓高煊。

　　其後，眾代表離開市政府，僅侯全成、韓石泉等繼續留下，和市長及憲兵隊長密談獻策。

　　上午10點多，市民發現在安平運河上，有1艘自福州駛來的帆船，船上滿載私菸及槍械。民眾要求繳械遭拒，船員復向人民開槍，激起眾怒，一擁上船將船員們逐個修理，並把船上物資連同船隻放火焚燒。

　　晚上，工學院（今成功大學）在中山堂召開學生大會，決議參加起義行列。有人協助維持市區治安，有的甚至遠赴台中參加戰鬥。日治時代南二中畢業校友組成的「二中會」，也積極加入抗爭行列。

　　新營、新化一帶也受此波及，民心不安。

高雄市

一早,全台各地震盪的消息頻傳市區。

傍晚,一些青年分乘3輛卡車,到市區各地,向市民報告各地起義情況,民眾的熱血隨之沸騰。

下午8點,民眾包圍市警察局,焚毀局長座車及文書檔案。不久,並占領兩個分局及鹽埕派出所,收繳武器。

在毆打貪官污吏聲中,1名台灣銀行高雄分行經理,及專賣局高雄分局局長,都因逃避不及,被民眾修理。其餘大官,多數逃到要塞司令部躲藏。

高雄縣

· 鳳山

這個高雄縣政府所在地,本日正舉行憲政會成立大會。會中,鎮民曾維成即上台演講,對於各地之起義慷慨陳詞。但因地方士紳畏懼,軍方亦未太過蠻橫,且不久即調至北部鎮壓,此地雖然民心浮動,終未發生事故。

屏東市

市政府為防範人民起義,本日召集各機關首長進行緊急會議,商討對策。市內氣氛依舊緊張。

台東縣

測候所職員葉子楓等人,利用廣播,呼籲民眾於晚間參加民眾大會,決定明日赴縣政府示威,並要求徹底解決糧荒。

註1：處理委員會，暫設總務、治安、調查、宣傳、交通、糧食、財務各組，另
　　　設祕書室，由各組組長構成「常務委員會」。
註2：5項要求是：一、撤銷貿易、專賣兩局。二、解散警察大隊。三、任用「本
　　　省人」為祕書長。四、長官公署各處長半數以上由「本省人」擔任。五、
　　　改革現行施政方針。
　　　　　長官公署予以拒絕，3月9日以後的大屠殺中，這5項要求也成為處委會
　　　陰謀推翻政府」的「罪證」。

三月四日

台北市

連日陰雨綿綿，市區已較前幾日平靜。處理委員會自早
到晚，竟日在中山堂三樓開會。上午的會議獲致決議如下：

為加強本會機構，通知17縣市組織處理委員會，處理各
該地所發生之事件，並推派代表參加本會，以推進工作。

市內仍發現少數武裝軍隊乘卡車巡邏，有違3日柯參謀
長的諾言，請黃朝琴、張晴川、顏欽賢三委員，速向柯參謀
長交涉制止，所有軍隊，應歸兵營，不得攜帶武器出門。

軍隊如為採購米菜出營時，應於卡車上懸掛小旗為標
幟，並禁止帶槍劍等。

市公共汽車勿因武裝軍隊梭巡而停駛。

民雄廣播電台，應歸台北電台指揮，以便對外統一宣
傳。

請新聞記者推派代表2人參加本會。

請電力公司對於電路損壞的地方，從速裝置送電。

台北市臨時治安委員會沒收之黃金首飾，應經由市政府

交還其本人。

　　由本會通知新竹縣參議會放行米糧來北。

　　向警備總司令部要求全面禁止全島之武裝軍隊出動。

　　處理委員會臨時主席，照舊由市參議會長暫時擔任。

　　為期言論一元化，市內各處張貼海報應加取締。

　　會中，林宗賢報告說，電力公司員工，現已全由「本省人」負責工作，員工們願意著手搶修，但外出修復電路時，請民眾予以協助。

　　王添灯報告說，據台中來電話，一切機關，業已接管完竣，已組織處理委員會處理善後，維持治安，請本會勸阻當局派兵，以免發生意外事件。

　　李萬居報告說，據悉上海及其他若干地方，故意誇張歪曲報導，謂「本省」人民暴動是要求託管。切望同胞明瞭，身為獨立國家的人民，這次事件的發生，純粹在於要求今後政治的改進而起，並非如外間所傳有其他企圖。

　　由於長官公署的代表不願與會，上午10時，處理委員會的學生代表及陳炘、蔣渭川、林梧村等40多名代表到陳儀公署。代表們向陳儀提出3點問題及建議：

　　一、本事件發生的遠因，係過去一年餘的政治經濟政策，不能依照長官的理想辦理，而產生各種矛盾，使「本省同胞」失業者眾，不能安定民生。這點可由台北發生事件，立即波及中南部各地，看得出來。長官對本事件的看法如何？

二、關於政治上之改革，可以由本案處理委員會研究一具體辦法，乘此機會改革目前台灣政治。

三、長官現在尚被一部分部下包圍，際此嚴重時機，希望長官打開包圍陣，與民眾握手，開誠布公商談，解決一切根本問題。

一如往常，陳儀又虛應故事一番，表示全部接受，並作3點答覆：

一、我的政治經濟政策是對的，這點各位都已認識，只因部下有人做事不清楚，我也明白；失業者多，政府一定設法救濟。

二、關於政治方面的改革，不僅是處理委員會，就是一般民眾有好的意見，我也採納的。政治方面要分國家行政和地方行政，希望各位提出的意見，盡量著重於地方行政。國家行政是屬於中央的。

三、各位希望我和民眾握手，我也這樣希望，就是各處長也希望與民眾握手接近。

下午2時，處理委員會繼續開會。黃朝琴報告和柯遠芬交涉經過指出，柯遠芬應允今後軍隊外出採購食物，不帶武器。但兵士亦需米菜維生，若使其肚子不飽，則難執行命令。望民眾勿絕其生路，商人應售予貨品，民眾也應協力，勿以打罵相加，免生事端，對其他外省人，也深望予同樣的協助。

　　會中有人杜撰板橋及大龍峒，分別發生了燒倉庫及搶貿易局倉庫汽油事件，處委會立即派人前往調查，結果發現倉庫嚴鎖，毫無暴動跡象。

　　醫療救護方面，杜聰明報告，處委會目前已設救護隊，分別在市參議會址及台北市政府辦公，迄今兩處已掛號者共死12人、傷10人，收容傷患100多人。

　　交通方面，徐春卿報告，火車北通至宜蘭，南至新竹。刻已組鐵路調整委員會。

　　王添灯報告，民雄電台願轉播台北電台節目。

　　接著，新竹、台中等地代表，分別報告各該地情況。台中代表林連宗並向台北市民表示敬意，同時對死者致哀，對傷者致慰問之忱。

　　會中作成3項決議：

　　一、所有關於二二八事件新聞的播送，應經由本會辦理。

　　二、對糧食調劑協會採購米糧，由本會給予證明；生產地與本市公定價格之差額，由當局撥款補貼，照公定價格配售市民。商工銀行黃朝琴自願撥借2,000萬元，作為購米資金。請劉明朝、簡檉堉、陳海沙向該行辦理借款。

　　三、各工會派代表2名參加本會。

　　晚上8點，處理委員會在中山堂繼續開會，起草組織大綱，全文共24條（註，植於170頁）。討論過程，各代表意見紛紜，現場幾度出現火爆場面，至深夜始散。

　　各中等以上學校學生，也在上午9點，於中山堂二樓召開學生大會，決定由各校學生自治會組織學生大隊，協力維持治安。

　　下午，復有各校學生代表一批，舉行祕密會議，討論成立武裝部隊問題，並作成決議：

　　一、派代表到台中請求支援武器。

　　二、派人到新店聯絡原住民兄弟響應。

　　三、聯絡桃園人民武裝進攻台北。

　　四、定6日凌晨3點，攻擊軍事機關，奪取武器，進行武裝鬥爭。

　　後來因驟雨不斷，聯絡不周，桃園及新店方面不能響應，加以台北的人民武裝不夠，遂告中止。

　　在長官公署的信口雌黃，恣意欺瞞；在處委會的成員複雜，心懷各異；在熱血青年的憂心時局，力圖振作的情勢下，整個台北市區也暗藏重重險惡。

　　特務流氓趁火打劫的事件頻傳，有乘機報私怨，更有公然到商店，特別是酒家茶室等風月場所敲詐勒索。有人頂著忠義服務隊的名義，也分不清究竟是假冒，或是另有隱情。林頂立的行動隊更是橫行無忌。

　　宣傳組長王添灯家也被包圍，器物被搗毀，家人也受到威脅恐嚇。

　　一整天下來，只有下午4點多，由新竹載來食米的消息，最令人興奮。台北市的絕糧之困暫獲解除。

又據路透社報導，旅滬台灣同鄉會，本日向蔣介石提出請願書，要求澈查台北二二八事件，並呼籲立即改良台灣行政，改進對台灣人民的待遇。

中央社發自南京的電訊說，蔣政權監察院已電令閩台監察使楊亮功，赴台調查二二八事件。

市參議會也在今日接到內政部長張厲生的電報，希望台省各級民意代表「共事勸喻，速復秩序，俾事體依法辦理」。

基隆市

在要塞司令部的嚴密防範之下，熱血沸騰的基隆地區青年，在八堵、瑞芳一帶，集結1,000多人，襲擊軍用倉庫，欲奪取武器起義，不幸遭國民黨軍擊退，死傷枕藉，死傷者與不及逃脫者，全被投入海中。

台北縣

宜蘭

上午10點，市民代表會召集各界，在宜蘭劇場舉行青年大會。席間有人提緊急動議，對二二八事件犧牲者默念致哀一分鐘。

會中作成4項決議：

一、肅清貪官污吏。

二、各有關機關首長應引咎辭職。

三、軍隊及政府機關禁止武裝攻擊人民。

四、為保持安寧，「外省同胞」應予集中，由青年監視保護。

會後，民眾開始遊行，並前往空軍倉庫及警察局，收繳槍械，將全部中國官僚集中，由武裝學生保護。

省立宜蘭醫院郭章垣，立即成立救護所，治療傷患。

民眾並將市招待所作為指揮中心。

新竹市、新竹縣

「新竹市籍」的蘇紹文，於4日晚間，奉警備總部命令抵達新竹，擔任警總新竹地區負責人，兼代縣長。

這個原任警總副處長的「台灣籍」特務，踩著二二八烈士的血跡高昇，並「榮歸」故里後，立即下令戒嚴，凡有起義，格殺勿論，同時逮捕新竹各大小商店店東，查無嫌疑的，每人以台幣20萬元交保贖回，大發「國難財」。

此後，桃園、新竹等地，又成國民黨軍的世界。惟中壢、關西、竹東、竹南、苗栗等地，尚相繼有衝突事件。沿海民眾並不時注意有無中國駛來的船隻。

又，新竹市為響應台北，成立二二八事件處理委員會新竹市分會，會址設於新竹中學。委員會決議要求武裝軍隊撤出市區，另組服務隊維持治安。

台中市

一早，在細雨中，作戰本部一面忙於整編隊伍，分配工作及武器彈藥，並整理各地送來的慰問物資，一面派員往第

三飛機廠窺探對方虛實。獲悉這個國民黨軍最後據點尚有官兵500多人，其中三分之一為台灣人，有意參與起義，致該廠廠長甚感恐慌，無意交戰。

作戰本部於是又派人前往勸降。結果，該廠姓雲的少將廠長同意接受，由作戰本部接管，並提出投降條件：該廠官兵由雲廠長集中管理，一切武器封存，由學生隊監護。

自士紳因懼怕國民黨軍而四散逃跑，至中部地區軍事機關盡落人民手裡，這期間，除了謝雪紅領導的作戰本部奮力衝鋒陷陣外，所謂地方名流士紳，無一人敢出面到作戰本部一顧。

及至大家由廣播中獲悉台中地區的全面勝利已經成為事實，到了下午4點多，在市政府大禮堂，又聚集500多人。其中有士紳、有戰士，也有熱情的民眾代表，共同組織「台中地區時局處理委員會」。

會議由莊垂勝主持。謝雪紅首先報告起義經過及戰況。隨及討論通過處理委員會組織大綱。一致贊成處理委員會的宗旨為：

以武裝力量為背景，徹底爭取民主自治。

處理委員會共分總務、政務、保安、宣傳、執行等各委員會，其中軍事作戰及防衛均由保安委員會負責；保安委員會下另設副官團及參謀團，並有情報、通信、軍需、兵器、聯絡、保護各部，由前日本海軍陸戰隊海軍大尉吳振武擔任總指揮。謝雪紅的軍權遂告旁落。

　　處理委員會的大員們，不願謝雪紅擁有軍權的原因，是害怕她有共產主義色彩，惟恐她「行動過激」。加以處委會成員複雜，謝雪紅又不喜爭權，致軍權瞬間轉移。

　　原先，作戰本部不但在台中市區攻城陷池，還以武器、部隊援助附近城鎮，甚至遠及台北、嘉義、虎尾等地；一直到本日下午7點多，人民獲悉王田附近駐屯的國民黨軍移動的消息，本部還派「獨立治安隊」急赴追擊。軍權轉移後，本部作風大變，除改到台中師範學校另組隊伍外，並停止對外援助。

　　下午，一批青年提議到竹東，救出中國西安事變後被蔣介石幽禁的東北軍領導人張學良，由其號召手下，參與台灣人的革命運動，經保守分子破壞未果。

　　本日，各種傳單海報紛紛在街頭出現，如：

打倒國民黨！
打倒一黨獨裁的國民黨政府！
建立人民的自治政府！
組織民主自治聯軍！

彰化市

　　彰化善後處理委員會，於上午8點30分再度開會，並特別邀請台灣銀行經理洪上壁參加，由處委會促請台銀恢復營業。

　　下午4點，委員會繼續開會，由代表們報告各地起義情況，並決定會後繼續赴街頭宣傳，呼籲商店開市。晚間，夜

市已有攤位開始營業。

嘉義市

因為圍攻東門營房的人民軍越戰越勇，本日凌晨3點，憲兵隊長趕緊將市長孫俊志，及全體避難的官僚疏散到飛機場。

清晨，3千人民軍向營房裡的憲兵隊、羅營等單位總攻擊，國民黨不敵，撤至嘉義中學；下午，又不敵，憲兵隊撤至機場，羅營退守紅毛埤。至此，全市軍政機關、水電、交通、電訊，全由人民掌握。

追擊羅營的人民軍，因得到竹山、斗六等青年隊的急援，及台中的彈藥供應，打得國民黨軍無力招架。國民黨軍於3天後，將位於紅毛埤的全台最大軍械庫炸毀，逃到機場和憲兵隊會合。

台南市

上午10點，來自全市各地的青年、學生及各業人士，聚集在西門市場前整隊遊行示威，一般市民步行，退伍軍人分乘卡車，蜿蜒前進。隊伍行經西門町（今西門路一帶）、錦町（今民生路一帶）、銀座（今中正路一帶）等市區主要道路，沿途高喊口號：

要求生活的保障

反對內戰

打倒貪官污吏

台灣自治

民眾夾道鼓掌響應。

下午，乘車遊行的戰士分為數隊，攻擊各派出所、第三監獄，及警察保安大隊，收繳彈藥武器。市警察局長陳懷讓也被擒，予以集中監視。

傍晚，全市各機關已全由人民接管。

本日全市各街頭，處處可見各種海報，如：

趕走國民黨政府，實行自由新民主政府！

農工趕緊起來，趕走國民黨，建設新民主政府！

新民主政府是民眾的要求！

打倒國民黨一切的統治，新民主政府萬歲！

召集各階級的市民大會，互選成立地方政府的委員會！

台灣人民覺悟起來！

「新華」民主國成功萬歲！

生活要求保障，工作要求保障！

民主政治不確立，人民受遭殃！

驅逐豬仔軍出台灣！

台灣人要獨立自由！

不要和腐敗阿山合作！

接收工廠，「本省人」自己來建設。

台南縣

斗六、虎尾、東石、新營、新化等縣內各大小城鎮，

台灣人和中國官的衝突處處可聞。各種反暴政海報也隨處可見。

　　下午4點，縣議會為此召開緊急會議，作成3點決議，提交台北處理委員會辦理：

一、擁護國民政府。
二、實行三民主義。
三、確立台灣地方自治。

　　縣議會並提出包括軍憲警不得開槍、挑撥，省縣市長民選等，與各地所提大致相同的政治改革要求10項，作為其「實行辦法」。

高雄市

　　上午，全市三民主義青年團所有團員，及攜帶槍械的台灣人警員，連同一批批熱血青年，四處毆打海關、專賣局、港務局、市政府等地的貪官污吏，這些平日貪得無饜的阿山，各個抱頭鼠竄，紛紛逃匿。

　　由於打風愈熾，三青團為維護同受壓迫的下級中國官，決定撥給「三角證章」，主要發給對象為各學校教職員及文化工作者。凡持有三角證章者，市民均予保護。

　　群眾並攻擊警察局、憲兵隊、供應局倉庫等地。到下午3點，全市僅憲兵隊一地尚未攻占，其餘各機關盡為人民接掌。

高雄縣

上午9點，縣政府所在地鳳山舉行鎮民大會，要求撤軍，縣長黃達平立即應允，軍隊也立即退入營房，因此市面平靜。

縣內各地情形是：

一岡山區警察倉庫被外地來的民眾取去步槍20多枝。

一潮州區警察所曾有民眾前往襲擊，群眾中2人陣亡、8人被俘；東港警察所所長則被民眾毆傷。

一旗山倉庫受人民包圍，國民黨軍死亡1人、2人受傷。

一恆春區區長被人民俘擄，並予監視。

屏東市

上午10點，火車站、菜市場附近，都發生毆打阿山事件。

11點多，二次大戰後的退伍軍人及青年們集中起來，編組成「海外」、「陸軍」、「海軍」等隊伍，遊行市面。旋到市政府前，要求市長龔履端自行交出市府印信，還政於民；繳出軍憲警武器，以免殘殺台灣人；並將中國人集中保護。

民眾同時攻擊警察局，在正午即將市政府及警察局兩處攻下。龔履端由武裝警察保護，突圍至憲兵隊避難。

下午，處理委員會成立，市參議會副議長葉秋木擔任主席，立即成立「治安本部」，負責維持市內治安。

花蓮縣

前一天（3月3日），市面開始緊張，謠言紛飛。

上午11點，三青團總幹事許錫謙，率領20多名青年，趕到三青分團團部，希望郭姓書記製發通知，召集民眾大會，書記不敢拒絕，當即製妥。青年們隨即帶著通知，沿街通告市民，果然到了下午2點，參加民眾大會的人相當踴躍，約有2千人。

會中推舉省參議員馬有岳為主席，領導組織「處理委員會」，並定5日上午開會。

民眾大會中除支持台北市民的要求外，另有人提出廢止海關等要求。

臨結束前，民眾廢棄往昔「蔣主席萬歲、國民黨萬歲」的口號，改為大呼：「打倒貪官污吏，台灣自治萬歲」。

會後，青年們分別組織「金獅隊」、「白虎隊」及青年隊，並聯合組成「青年大同盟」，分別負責維持治安、收繳武器，及將接收所得糧食分配予貧民等工作。

縣政府人員，見勢均紛紛逃避，民眾於是一面要求軍警憲解除武裝，一面代管縣府。要求繳械一項，雖經省參議員馬有岳多次努力，均未成功，但因民眾組織良好，甚少發生和阿山之間的衝突事件。

台東縣

上午，民眾往見縣長謝真，提出解決糧荒的要求，謝真不敢出面，偷偷逃跑，民眾憤而搗毀縣長室及其住宅，並開始毆打貪官污吏。

　　由於縣政府的官吏，以福州人居多，平日經常欺壓百姓，因此衝突既起，一時喊「打福州仔」之聲不絕，「福州仔」也趕緊聞風逃逸。

　　下午1點多，消防隊警報聲大作，各地民眾紛紛出動，半天之間，即控制縣府、馬蘭機場、台東電台、國民黨軍七三供應站，取得補給甚多，深夜11時，趁勝包圍憲兵隊，俘擄憲兵，取得武器。

　　此後，因各單位全由人民控制，人民自行維護治安。6日，縣參議會召集成立處理委員會。其後，一直到國民黨援軍來攻之前，秩序均極良好。

註：二二八事件處理委員會組織大綱全文如下：

第一條：本會定名為二・二八事件處理委員會，以團結全省人民，改革政治及處理二・二八事件為宗旨。

第二條：本會置於台北市，設分會於全省各縣市。分會之組織由各分會另定之。

第三條：本會以達到本會宗旨之日結束。

第四條：本會以左列委員組織之。

　　　　一、本省國大代表，參政員，省參議員及台北市參議員。二、其他各縣市參議會各選出3名。三、省級人民團體各選出3名，縣市級人民團體各選出2名。但略備規模而尚未正式成立者亦準用之。四、中等學校以上各校職員學生各選出1名，但大學各學院係以一單位職員學生各選出2名。五、上列之外由第一號委員另推社會上有識有力者10名以上30名以內。

第五條：委員會決定本會之最高方針，交常務委員會執行之。

第六條：常務委員會由第四條各號委員會各別互選五分之一常務委員組織之。但其第二號以下各委員以既報到者先選舉，以後增加時逐行補選。被選人數以四捨五入計算。

第七條：常務委員會選出主席團7人，代表本會並召集委員會及常務委員會。主席團之意思以過半數之同意決之。

第八條：主席團置祕書室，處理委員會常務委員會及主席團各種事務。

第九條：常務委員會置處理局及政務局，各置局長1人，副局長2人，以常務委員會之決議任免之。

第十條：各局分組處理事務，各組置組長1人，副組長2人，由局長提名主席
團任免之。局之重要事務由局長召集副組長以上開局務會議決之。

第十一條：各組置組員，由組長提名局長任免之。

第十二條：處理局以處理現下之非常事態為目的。置總務、治安、調查、交
通、糧食、財務各組。

第十三條：總務組之任務為文書之起案收發，人事及其他不屬他組之事務。

第十四條：治安組之任務為確保治安及指導民眾避免受難等。

第十五條：調查組之任務為蒐集情報及宣傳。

第十六條：交通組之任務為維持民眾之交通往來及提供本會需要之交通工
具。

第十七條：糧食組之任務為調劑民食及採購糧食以備本會之用。

第十八條：財務組之任務為募捐以供本會之用，並出納記帳及決算。

第十九條：政務局以改革台灣省政治為目的，暫置計劃組及交涉組外，依時
之需要，以常務委員會之議另定之。

第二十條：計劃組之任務為研究現制度之缺陷並計劃如何改善台灣省之政治
經濟。

第二十一條：交涉組之任務為對長官公署及中央政府交涉改革台灣省政治經
濟之方案及對國內各方面聯絡宣傳。

第二十二條：本會之會議除主席團會議以外皆以過半數之出席得其過半數之
同意決之。

第二十三條：本大綱之修正須要經過委員會之決議行之。

第二十四條：本大綱自即日實施。其施行細則由常務委員會定之。

三月五日

台北市

市況較昨日熱鬧，商店、市場，連戲院也開始營業了；
國民學校開始上課；往基隆、新莊、淡水的汽車也已通行。

在中山堂裡，分裂的情勢更加明顯。同在上午10點，一
方面是處理委員會審議通過組織大綱；一方面是蔣渭川一派
的「台灣省自治青年同盟」舉行成立大會。

由於許多人對處理委員會的成效感到懷疑，轉而寄望於
新的組織；加上別有用心的特務推波助瀾，因此，自治青年

同盟的成立大會，顯得非常熱鬧搶眼。

　　一大早，中山堂外面即有一大批青年等著報到，其中有的是看到傳單，有的是聽到昨天蔣渭川在電台的廣播號召而來；上午9點，蔣渭川再度廣播，號召全市曾受軍訓的青年在中山堂集會，因此，趕來參加者更多。

　　10點，「青年同盟」成立大會開始，即有人提議由廣播電台轉播開會經過，由於贊同的人甚多，即請台長林忠出席，林忠先報告各地廣播情況，並應允立即開始轉播。

　　會中除報告籌備經過、宣讀綱領（註，植於183頁）外，許多青年報告中南部的戰況，隨後蔣渭川演講，強調：「我們絕對擁護中央，打倒台省舞弊官僚，這點目標請各位充分把握」，他並一再強調應採行「和平解決」。

　　最後作成4項決議：

　　一、限至下午2時完成依志願之組織。

　　二、推薦劉明為財政顧問。

　　三、各區組成大隊，其下組織中隊，以維持秩序。

　　四、各區選負責人2名，於本（5）日下午5時，在三民書局重開幹部會議。

　　也在上午10點，二二八事件處理委員會派委員杜聰明、林忠、張晴川等，到警備總部，詢問嘉義、竹東、羅東、大溪、淡水、花蓮等地軍民摩擦情形，並再度請求貫徹軍隊外出勿帶武器的命令。

　　柯遠芬依舊滿口答允，並說，據他獲得的情報嘉義今晨

已無槍聲，其他各地也沒有意外的大摩擦。他又說，嘉義方面他已派警總少將陳漢平前去處置。

柯遠芬隨後並發表書面談話：

自台北二二八事件發生以後，間有不法之徒造謠生事，致不幸事件，蔓延各處，此實為吾全台軍官民全體的恥辱。茲為避免吾人無謂的犧牲，我特勸告各界同胞數事。

第一，不可輕信謠言。古云「天下本無事，庸人自擾之」，因為輕信謠言，就很容易中奸人的計，而自相驚擾，致發生事端。

第二，現在全省各交通業已恢復，各地秩序，亦經漸次恢復常態，希望各界即行恢復原有崗位，各安生計。

第三，不幸事件，信賴調處委員會去公平調查，合理方法解決。

第四，不負責的反國家民族的傳單標語，不得再有，我們同胞要自動來阻止，並由憲警民聯合辦事處，負責查辦。

以上4點，均為目前吾人應注意實行的事，希望各界同胞協力，早日恢復吾人正常的生活。

在柯遠芬全篇談話中，對於處理委員會全然不提，不得不提的地方則故意含混帶過，並把「不幸事件」的責任，推給「不法之徒」的「造謠生事」，種種跡象實已看出隱藏在背後的無限殺機。

下午2點，處理委員會續在中山堂進行小組會議，檢討工作進度，隨即於4點40分，接著進行大會。

會中除由各小組報告工作推進情形外，重要決議事項包括——

財務方面：擬向各大公司、銀行、公會、有力紳商等募捐，作為處理委員會經費。但台北市各區自治及救濟費用，由各區自籌。又本會將向政府請撥臨時治安費5,000萬元，深望有錢出錢，有力出力。

宣傳方面：

一、擬派代表4人赴中央陳情，表明真相。4名代表是：陳逸松、王添灯、吳春霖、黃朝生。

二、致電國防部長、中央黨部、謝南光及上海、南京兩地台灣同鄉會。

三、發表告全國同胞書，闡明真相。

四、統籌發表各地處理委員會消息。

五、抑制物價，違者依處置奸商辦法嚴辦。

六、保護油櫃，禁止恐嚇行為。

糧食方面：

一、對中南部所採購米糧，應貼本會封條。

二、派市參議員3人，隨同商人赴中南部勸誘採購。

三、定6日上午召集省糧食局長、市民政局長及有關方面，舉行小組會議，討論配給價格問題。

四、購米資金，省糧食局已撥2,000萬元，交糧食調劑協助會，加上協助會自籌1,000萬元，已於本日派人赴台中採購。糧食局允今後若缺資金，將再撥借3,000萬元。

五、已由農產公司搬出稻米800多包；向士林鎮採購500包，刻正搬運中。

　　六、糧食局允撥豆類1千噸。另與專賣局樺山、板橋等油工廠交涉，請其撥出存米。中和、土城將開會討論售米予本會。

　　處委會並決議向長官公署提出「改革本省政治方案」，將即著手起草。

　　本日市面依舊發現不少海報，如：

打倒國民黨專政！
建立台灣民主自治政府！
建立台灣民主聯軍！

　　由各種海報傳單上，也看出各種大小團體多不勝數，如：「台灣青年復興同志會」、「學生自治同盟」、「學生聯盟」、「海南島歸台者同盟」、「興台同志會」、「台灣警政改革同盟」、「若櫻決死隊」等。

　　本日起一連兩天，響應退伍回台的白成枝號召，到老松及太平兩校登記組隊抵抗國民黨軍鎮壓的前日本退伍軍人多達3,000人。

　　在中國，駐在崑山的國民黨軍二十一師，本日接到參謀總長陳誠「速調台灣增援」的命令，部隊放棄「剿共」，星夜開赴上海。

　　在上海，由旅滬台灣同鄉會召集5個其他台灣人團體，組織「二二八事件上海聯合會」，於晚間招待記者，報告事件真相。並決定6日派代表到南京請願，要求蔣介石勿派兵鎮壓。

基隆市

上午9點，全市16個團體代表共組的二二八事件處理委員會基隆分會，在市參議會禮堂，召開常務委員會議。決議於委員會之下，設總務、治安、宣慰、調查、善後、糧食6組。

會中通過的重要議案包括：

關於麵粉價格如何評定：將貿易局倉庫現存麵粉5,000包搬出，交糧食組負責評定。

關於購米問題：由糧食組負責派員分赴中壢、桃園、宜蘭洽購。

會中並推選市參議會正副議長黃樹水及楊元丁，分任處委分會正副主席。

下午，由中國上海開抵此地的「中興輪」上乘客，已耳聞台灣的二二八起義，下船時即議論紛紛，許多人指責說是「政府措施失當」所致。

台北縣

陳儀派遣的朱姓市長，因畏懼市民的力量，本日自動提出辭職，並推張振茂為代理市長。處委會即與新任市長共同宣誓，為宜蘭市的安寧盡最大的努力，並請市內軍隊解除武裝，免滋事端。市內所有武裝部隊大多非常合作，僅飛機場分隊長周競宇不同意，遂於晚間帶領全隊撤離機場轉赴他處，市內秩序全告恢復。

蘇澳、羅東、瑞芳等地，也都由台灣人維持治安，秩序甚佳。

新竹市

下午4點，處委會新竹分會響應台北的號召，在市立中學召開成立大會，共作成10項要求，將於6日上午，派7名代表到台北參加開會同時提出。10項提案內容是：

一、關於本事件，公署要負全責。

二、市縣長民選即時實施。

三、公署祕書長由本省人選出，各處長及各重要幹部、法制委員會委員，半數以上應以本省人充之。

四、一切公營事業改為民營。

五、專賣事業、貿易局、宣傳委員會即時廢止。

六、人民有言論、出版、結社、集會之自由。

七、確保人民生命財產。

八、緊急成立台灣省經濟委員會，管理金融、物價、糧食問題。

九、關於失業青年問題，應採緊急措施妥善解決。

十、各級學校師資改革強化。

台中市

時局處理委員會各部的組織已逐漸完成，保安委員會的編隊工作也大致就緒，並將武器彈藥予以集中。

戰鬥的城市，突然變成會議室的高談闊論；戰鬥的隊

伍，突然被撤換指揮。這些轉變，頗使熱血青年們感到沮喪，但大多數人仍不願離去。

　　最使青年們扼腕的是，台北、高雄、虎尾、嘉義各地紛紛告急，並派人前來求援，處理委員會卻置之不理，保安委員會更拒絕派出一兵一卒，武器彈藥也不肯提供，各地求援代表目睹這種情況，莫不齊聲痛哭。謝雪紅不得已，只有把作戰本部僅有的少數彈藥分配供應各地，並於下午另組一「特別志願隊」，趕赴虎尾機場增援。

　　下午4點，處委會開會決議派員協助各機關照常辦公，並提出7項主張：

　　一、剋日準備施行憲政，即時選舉省縣市鄉鎮長，實行完全省自治。

　　二、即刻改組各級幹部，起用本省人才，協力建設台灣。

　　三、即刻開放官軍民糧倉，配給省民，以安定民食。

　　四、廢止專賣制度，各種工廠交人民管理。

　　五、確保司法獨立，肅清軍警暴行，尊重民權，保障人民七大自由（人身、言論、出版、思想、集會、結社、居住）。

　　六、因二二八事件憤起之民眾行動，一切不得追及。

　　七、平抑物價，救濟失業，安定民生。

　　會中還提出10項口號：

一、建設新中華民國。

二、確立民主主義。

三、擁護中央政府，剷除貪官污吏。

四、即刻實行省縣市長民選。

五、反對內戰。

六、反對專制。

七、反對違反民主的措施。

八、反對以武力把持政權。

九、反對武力壓迫。

十、歡迎全國人才合作。

晚上，國民黨特務3人，祕密找來吳振武，告以謝雪紅是「奸黨」派來危害台灣的，唆使他盡速找機會暗殺謝雪紅，吳振武應允照辦。

彰化市

上午8點，處委會彰化市分會成立，決定推派3名代表，及1名候補代表赴台北參加開會。

下午2時，又開全體委員會議，決議最高委員會每2日開會1次，各部負責人每日開會2次。

嘉義市

當柯遠芬在台北向處委會代表們說「嘉義今晨已無槍聲」時，此地確實暫時停火。這句話是他近日來少有的「實話」，只是說者和聽者的含意和體會卻迥然相異。

　　原來，這時被困在嘉義機場的陳儀方面殘軍，已經瀕臨彈盡援絕。因為人民軍得到台中的援軍，及新營、鹽水青年的往援，把飛機場團團包圍，人民並切斷敵軍的電源及水源，逼得對方不得不向人民求和。

　　這個求和的條件相當苛刻：

　　一、人民把武器集中警察局。
　　二、人民供給國軍20包白米，青菜、青果類3,000斤，美國菸600包。

　　但是，由於人民軍苦戰多日，人員及彈藥損失相當多，乃決定接受對方要求，立即停戰。

　　想不到這是狡詐的緩兵之計，在求和的同時，對方另以無線電急向陳儀請求軍援。過午，當台北來的飛機空投大量武器彈藥之後，敵軍立即翻臉，突出重圍，向人民軍開火，人民軍一時應付不及，犧牲慘重，約有300人陣亡，於是趕緊在傍晚透過廣播電台，向全台各地人民求援。

　　晚間，由中南部各縣市趕來支援的武裝青年，聯合組成「台灣民主聯軍」，痛擊敵軍，人民軍反敗為勝，繳獲大量武器及糧食，由處理委員會把接收的糧食，分配給貧民。

台南縣

・斗六

　　傍晚，收音機裡傳來嘉義告急的消息，斗六治安維持會負責人陳篡地立即率隊馳援，解決了嘉義民軍的困厄，回來

時滿載一卡車向敵人繳獲的武器。

陳篡地於是重新整編隊伍，改原來的「治安維持會」為「斗六警備隊」，陳自任隊長，其組織為總隊下分二中隊，每一中隊又分三小隊，並另設一指揮班。

台南市

晚8點半，二二八事件處理委員會台南分會成立，並推舉省參議員韓石泉為主任委員，市參議會議長黃百祿，及三青團主任莊孟侯2人為副主任委員。

其他各組負責人，除學生組未定外，分別是：總務組長沈榮、治安組長湯德章、宣傳組長侯全成、糧食局長陳天順、救護組長翁金護、聯絡組長李願能。

高雄市

上午，全市唯一尚未攻克的憲兵隊突圍，逃到壽山要塞司令部，憲兵隊留下的軍械，經人民予以接管。於是，由市參議會及人民團體，共同組織處理委員會，維持治安。

另一方面，人民在高雄第一中學（今高雄中學）成立「總指揮部」，由涂光明擔任總指揮，號召全市學生起義。高雄一中校內的軍訓倉庫，也被學生攻入，取出武器，成立武裝部隊。加上兩天來，繳獲各軍警機關武器，裝備更為充足。本日截止，被人民俘擄的國民黨軍多達數百人。台灣人警察200多人，則早已攜帶武器，參加抗暴。

高雄監獄也被人民攻破，釋放200多名囚犯。

本日，有一部分青年主張攻打要塞司令部。指揮部為減

少犧牲，決派代表3人上山說服彭孟緝繳械，在壽山下即遭哨兵阻撓未果。

屏東市

包圍憲兵隊的民眾，因缺乏武器裝備，一時難以攻下，於是在中央旅社及省立女中成立「參謀本部」，下設「作戰部」及「經理部」，作持久戰的準備。接著，接收第六工程處汽車及屏東中學、農業學校的槍械，並得原住民青年的協助，首先切斷憲兵隊水源，同時計劃以消防隊的噴水管噴射汽油，進行火攻，憲兵隊不敵，於夜間10點，連同躲在裡面的中國官及眷屬50多人，突圍到飛機場，與空軍地勤部隊會合，民眾也追擊至飛機場。

本日臨時委員會推葉秋木為臨時市長。

花蓮縣

上午9點，處委會花蓮分會在中山堂成立，並舉行第一次會議。有馬有岳、鄭根井、許錫謙及市內47個里長共50人參加。

會中決議分糧食、行政、治安、檢舉、募捐、報導六組，並作成11點決議：

一、治安由青年團、學生、前曾受過軍訓的青年、本省警察、消防隊共同負責。

二、禁止軍隊憲兵外出，必要外出時亦不准帶槍。軍糧由處理委員會負責籌備。

三、糧食局及專賣局存糧，應交處理委員會平糶市民。

四、交通、郵政、電力各機關應照常辦公。

五、即時檢舉貪官污吏。

六、不准發生流血事件，以平和手段解決一切政治問題。

七、派委員3人監督縣長。

八、一切官僚事業，應歸民間經營，圖謀人民福利。

九、廢止海關。

十、日產處理會所接收藥品，應緊急提出救濟貧民。

十一、將糧食事務所長撤職。

會中，許多熱血青年紛紛主張開始行動，情緒一時相當緊張，經部分委員勸阻始緩和。

另一方面，自縣長以下各機關首長已全部退至軍營。軍隊為避免與人民衝突，乃將市內各軍事單位辦公處，全撤回兵營。

本日，憲兵也向人民表示，對於民間一切行動不予干涉，倘有政府及軍隊對民間作任何不法要求，憲兵願意負責處理。

註：台灣省自治青年同盟綱領計6條，全文如下：
　　一、建設高度自治　完成新中國的模範省
　　二、迅速實施縣市長民選　確立建國的基礎
　　三、發揮台胞優秀守法自治精神　為促進民主政治的先鋒
　　四、把握國內及世界新文化　貢獻民族及人類的進步
　　五、擴大生產振興實業　安定經濟富裕民生
　　六、刷新民心宣揚正氣　策勵社會的向上

三月六日

台北市

上午10點，處理委員會利用廣播鄭重闢謠，說「本省」民眾，除要求政治之改進外別無任何目的，希望「外省」同胞及國際人士切勿誤會。處委會鄭重廣播的原因是，馬尼拉電台在3日零時以英語廣播謂，台灣人民，1日包圍美國駐台總領事館，並組織軍隊使用機關槍反抗中央政府。日本大阪電台也說，台北市民眾暴動，已告平靜，所提要求均遭陳儀拒絕。

上午11點，處委會在中山堂召開正副組長會議。

下午2點，處委會在中山堂補開正式成立大會，出席委員及旁聽民眾300多人，由王添灯擔任主席，陳逸松宣讀組織大綱。並選舉常務委員，名單如下：

國民參政員：林獻堂、陳逸松。
國民大會代表：李萬居、連震東、林連宗、黃國書。
台北市參議員：周延壽、潘渠源、簡檉堉、徐春卿、吳春霖。
省參議員：王添灯、黃朝琴、黃純青、蘇維梁、林為恭、郭國基。
候補常務委員：洪火煉、吳國信。

二二八事件處委會

正式選出常務委員

派員監理臺灣銀行業務

煤炭千噸運市廉價配售

【本報訊】二二八事件處理委員會，已於六日下午二時許，在市中山堂補開正式成立大會，出席各人民團體二百餘人，主席由王添灯領銜起立，原則民眾初得票達大旁，亦由陳逸松宣讀報告大綱，當場當名宣佈標語，並宣佈開方一連四大代表到會報告民眾情緒，其名單如次：

國民參政員　林忠當、黃國書

國民大會代表　李萬居、連震東、林連宗

省參議員　黃朝琴、蘇維梁、吳春霖

台北市參議員　周延壽、潘渠源、簡檉堉、徐春卿、吳春霖

各界代表　王添灯、劉明朝、林梧村、郭國基、侯補常務

委員　洪火煉、名單發表後、王添灯宣報告向中央反映二二八事件真相，全文及事件處理綱領通過、請文付向國府、閣錫器、客廳廣播，並通過派員監理銀行、（一）煤炭一千噸將出。

【本報訊】二二八事件處理委員會付宜佈發表：（一）媒炭一千噸將運，（二）電話公司派員在楊士修……

省處委會成立大會的一瞥
（3月7日的新生報）。

供應本市米糧

每日千包以上

處委會採購米已運到

【本報訊】為照付台北市糧荒，二二八處理委員會食糧組，已陸續到市，昨八日經各區公所配售在來白米七百包，以後每日均可以千包以上供給市民，價格蓬萊二十三元九角，在來米二十二元九角。

處委會關心人民的緊急措施
（3月9日的新生報）。

當時省處委會的所在地——台北「中山堂」。

　　名單發表後，王添灯動議指出，台灣地處孤島，致此次所發生的事件，中外人士未能透澈明瞭，諸多曲解。因此特擬就二二八事件處理大綱（註1，植於197頁），內容闡明發生的原因、經過，及三十二條處理辦法，將以北京話、客話、閩語、英語、日語，向全世界宣布。

　　處委會派代表，於下午6點，將三十二條要求面交陳儀，被陳以「文件手續不備」為由退回。

　　會中並通過派員監督台灣銀行案。

　　本日處理委員會發表「告全國同胞書」，全文如下：

親愛的各省同胞：

　　這次二二八事件的發生，我們的目標在肅清貪官污吏，爭取本省政治的改革，不是要排斥外省同胞，我們歡迎你們來參加這次改革本省政治的工作，以使台灣政治的明朗，早日達到目的，希望關心國家的各省同胞，踴躍參加，和我們握手，舉著同樣的步伐，爭取這次鬥爭的勝利。

　　親愛的同胞們，我們同是黃帝的子孫，漢民族，國家政治的好壞，每個國民都有責任，大家拿出愛國的熱誠，和我們共同推進。我們很誠意地歡迎各省同胞的幫助。

　　至於二二八那天有一部分外省同胞被毆打，這是出於一時誤會，我們覺得很痛心，這也是一個我們同胞的災難，今後絕對不再發生這種事件，希望大家放心出來，向這個目標邁進。

　　我們的口號是：

改進台灣政治！
中華民國萬歲！
國民政府萬歲！
蔣主席萬歲！

　　台灣省全體參政員，也在今天聯名致電蔣介石，指出：
「此次事變導因於地方政府民情隔膜，人員舞弊層見疊出，
人事制度紛亂，若干公警人員不守法紀輕視台省人才，省內
外人任職待遇差別，過去日產乃台灣省民血淚所造成者，多
半收為官有官營等等積成民怨，形成本案的結果。」
　　電文中並提出9項建議：

　　一、重用台省人才，行政機關之祕書長處長等，由台灣
省民擔任。
　　二、各級法院院長、首席檢查官及各級學校校長，盡量
錄用台灣省民。
　　三、專賣局廢止，改為普通公營事業。
　　四、貿易局改為商政機構，廢除營利行為。
　　五、日產處理考慮人民正當利益。
　　六、根據建國大綱，即行縣市長民選。
　　七、保障人民言論、出版、結社、集會自由。
　　八、保障人民生命財產安全。
　　九、請速派大員來台協同處理本案，勿用武力彈壓，以
免事態擴大。

自治青年同盟，也召開幹部會議，通過章程，並推選各部部長。

本日市內秩序逐漸混亂。除了流氓特務的搗亂之外，最主要的原因是市內盛傳南京方面將派兵鎮壓，市區居民已有許多人作「疏開」的準備。

下午2點，陳儀接到國民黨軍整編二十一師即將從上海出發，以及憲兵第四團的兩個營也已離開福州，駛往台灣的密電，大喜過望，立即召集柯遠芬以下幕僚，在公署裡相互舉杯告慰，並布署作戰計劃。

晚上8點半，滿懷勝算的陳儀，向全台作第三次廣播。這也是他最後一次對省民的大扯謊。

廣播全文如下：

台灣同胞：

自從2月28日台北事件發生以後，我曾兩次廣播，宣布和平的解決辦法。台北方面，這幾天經憲警及地方人士的共同努力，秩序已安定。曾經有過問題的各縣市，亦趨好轉，想不久可恢復原狀。不過各位所關心的，還有一個問題，就是如何改善政治問題。但要改善政治，須先調整人事。關於這一點，我也考慮到。此刻特將我的意思，和你們開誠布公的說一說。

第一，省級行政機關，我已考慮將行政長官公署改為省政府，已向中央請示，一經中央核准，即可實行改組。改組時，省政府的委員、各廳長或各處長，要盡量任用「本省」人士。希望省參議會及其他可以代表民意的合法團體，推舉

人格高尚，思想正確，能力卓越的「本省人」適當人選，以便向中央推薦。

　　第二、縣市級行政機關，我已預定在預備手續能完成的條件之下，縣市長於7月1日民選。在本年6月30日以前，須擬定選舉法請中央核准。7月1日開始，舉行普通直接的選舉，選出各縣市長。至於縣市長未民選以前，現任縣市長之中，當地人民認為有不稱職的，我可以將其免職。另由當地縣市參議會（各合法團體要參加，亦可以，可由當地人士協商決定。總之，希望能代表多數民意。）共同推舉3名人選，由我圈定1人，充任縣市長，並負責辦理民選縣市長的準備工作。人民認為稱職的現任縣市長，則繼續執行任務。

　　至於各種行政如何改革，在省級方面，俟政府改組以後，由其決定。在縣市方面，俟縣市長調整後，由他們負責。

　　政治問題，我已決定如此解決。

　　但是目前最重要的，還是趕快恢復秩序。否則，奸黨乘機搗亂，極易糜爛地方，今日下午還有坐著卡車在路上搶奪士兵槍枝的不法之徒。就是糧食問題，現亦日趨嚴重。現因為秩序未定，米價黑市聽說已漲至60多元，一般人民大受影響，生活痛苦極了。又聽說台灣大學學生已經吃了幾天稀飯，我都非常關懷，你們要知道，目前的糧荒，完全是秩序不定造成的。要趕快解決糧荒，須趕快恢復秩序。

　　我聽說因為奸黨造謠惑眾，致有同胞遷避的。我希望你們信賴政府，千萬勿輕信謠言。中華民族最大的德行，就是寬大，不以怨報怨。我們對於本省自己的同胞，難道還會不

發揮寬大的美德嗎？我今天下午已經召集本市公教人員講過話，要他們發揮我們中華民族寬大的德行，忘記這次悲痛的事件，與本省同胞相親相愛，精誠團結。

同胞們，政治問題解決的原則，我已經告訴你們，只要辦法決定，即可實行。從今後，大家趕快鎮定下來，協助政府，恢復秩序，解決糧食問題，準備改組省級政府，及民選各縣市長。言而有信，我的話完全負責。在這次沉痛的經歷以後，希望政府人民，共同爭取安定繁榮，愉快和平的生活！

在這通篇又是「開誠布公」、又是「非常關懷」、又是「寬大」、又是「言而有信，完全負責」等美麗辭藻堆砌的彌天大謊撒下50小時之後，恐怖的大屠殺很快把過分純真的台灣人對「祖國」最後一絲的癡情，徹底粉碎。

然而，由於台灣歷史上，即使凶殘如日本統治者，也不敢如此公然撒謊，以至雖然一年多來，被陳儀政府一騙再騙，在他這篇演講之後，還有許多台灣人深受感動，有些縣市立即依照他的廣播，熱列的選舉3名縣市長人選，供陳儀圈定1人。

台北市處委會裡有多數人也中了陳儀這個詭計，大為放心，少數有心人雖圖力挽狂瀾，亦只能怨嘆無力可回天；部分青年學生則趕到台中，準備參加武裝軍，攻回台北。

市參議會會長周延壽，本日覆電內政部長張厲生，指出這次事變「其動機，純出乎愛國之至情，絕對擁護中央，除求省政之革進，國家民族之隆盛外，別無希冀」，並請其

「通令全國同胞周知，俾無誤會」。

另外，台灣省煤炭公會，為協助二二八事件處理工作，本日上午召集全省煤礦業者200多人，舉行緊急會議，決議：

一、組織忠義服務隊。推選賴森林為隊長，全省煤礦員工4萬餘人編為隊員。

二、拋售煤炭1萬噸，供給全省各家庭，解決煤荒，抑制物價。購買辦法由各地方處理委員會出具證明，向公會申請。

晚上，柯遠芬為配合二十一師抵台的鎮壓行動，祕密召集市內各特務頭頭，面授機宜。

本日南京國民黨政權舉行的「國防最高委員會」常會中，台灣人起義事件成為最主要的討論議題，會中決派大員飛台（註2，植於200頁），並於近期內改組行政長官公署。監察院也決定加派1名監察委員何漢景，隨同閩台監察使楊亮功到台灣徹查真相。

台北縣
·板橋、三重埔

由鎮民代表、里長、青年、學生及地方各界代表200多人組成的「二二八事件處理委員會板橋支會」，於上午9點在中山堂召開成立大會，鎮長林宗賢主持。會中同時成立「板橋鎮保安隊」。另作成兩項決議：

一、昨（5）日省本會對陳長官提出之8條「政治改革大綱」案（註3，植於200頁），絕對支持。

二、派代表赴省本會促進要求事項之趕速實行。

三重埔方面，本日發生群眾攻擊並燒毀警察派出所事件。

宜蘭

上午11點，處委會宜蘭分會在消防隊樓上開會，除各委員外，市內各機關首長也參加。會中推舉郭章垣為主任委員，黃再壽、陳金波、游如川為副主任委員。並決議向台北處委會提出5項建議：

一、支持台北處理委員會提出之建議事項。

二、即時實施地方自治，省縣市長均由民選。

三、平抑物價，救濟失業，安定民生。

四、因二二八事件憤起行動之民眾，均不得追究。

五、擁護蔣主席，建設新中華民國。

新竹市

三民主義青年團新竹分團內，本日召集市內青年代表開會，決組織服務隊協助維持治安。

晚間，處委分會為解決嚴重糧荒，派代表赴中南部，採購食米及番薯籤，將於買回後以公定價格拋售。

台中市

下午1點，台中市各中等以上學校學生及教員代表，在台中圖書館開會，討論協助維持治安問題，經決議共同組織「台中學生維持治安服務隊」，本部設於三青分團內。

本日以士紳為中心的處委會依舊忙於談議，各地人民也不斷到台中聯絡。

謝雪紅以各地局勢依舊險惡仍須繼續戰鬥，而原作戰本部本身已將彈藥補給等支援各地，且處委會成員複雜不敢作徹底的鬥爭，因此決定徵集優秀青年學生，組織「二七」部隊。謝雪紅任總指揮，鍾逸人及蔡鐵城分任隊長及參謀。

二七部隊剛組成，即獲悉南台中方面，有特務流氓40多人祕密開會，企圖搗亂及屠殺人民，立即派埔里隊到現場包圍，將40多人全部拘禁於台中監獄。

晚上7點，處委會依協議，派代表到第三飛機製造廠，和前日投降的敵軍辦妥交接，由學生隊負責警衛，處理委員會並負責供給降軍飯團等食糧，同時保障其安全。

這項交接儀式中，謝雪紅及吳振武同是處委會派赴的代表。儀式結束後，吳振武回到家中，即以手槍自打腳脛，然後對部下說是因為在修理手槍時，不慎走火中彈，並吩咐嚴守祕密，以免動搖人心。

原來特務昨夜密令吳振武暗殺謝雪紅。吳與謝原不相識，在交接儀式過程中，謝雪紅所表現熱愛台灣，一心為人民的無私精神，使吳深受感動，因此，決定違抗特務的密令。但又恐無法交代，不得已佯裝不慎受傷，藉以逃避特務的嚴責。

嘉義市

本日起，市內各中等以上學校男女學生總動員，高年級男生全部拿起武器參加戰鬥，低年級男生及全體女生也分任後援、救護等工作。國民黨軍見全體市民總動員，趕緊又退回機場堅守，其後3天內均不敢來犯。

台南縣

・虎尾、斗六、林內

由於虎尾機場的戰事僵持不下，陳篡地派出斗六警備隊第二中隊，由隊長簡清江率領往援。

這時，台中、竹山、斗南的人民軍也陸續抵達虎尾，全體戰士立即編成聯合部隊，加緊攻擊機場。躲在堡壘裡的國民黨軍，由於即將斷糧，發狠以迫擊砲、機關槍等向人民軍瘋狂發砲掃射。

面臨這種猛烈的砲火，聯合部隊不但無人退縮，反而由簡清江率先，指揮斗六部隊匍匐前進。到距敵僅50公尺的近處時，簡清江以望遠鏡探視敵情，不幸中彈陣亡。

其後數小時的混戰中，雙方傷亡都很慘重。

傍晚，國民黨軍終於抵不住，紛紛跑出堡壘，人民軍立即一擁而上，在廣闊的機場與對方進行白刃血戰，部分殘敵突圍逃往林內，人民軍攻破機場，獲取不少彈藥武器，隨即追往林內。

陳篡地接到戰況報告，立即調第一中隊急赴林內截擊。因時已深夜，看不清國民黨軍流竄方向，至被部分逃脫。

高雄市

上午10點，處理委員會在市政府開會，由市參議會議長彭清靠主持。

由於駐守壽山的要塞司令部，不時派遣武裝軍隊巡邏市區，看到台灣人即開槍射擊；司令彭孟緝並不斷向民眾恐嚇，揚言將把面向港口的大砲，掉轉過來攻打市區；因此，在本日的會議中許多人仍主張，為避免事態擴大，減少人民無謂的犧牲，無論如何一定要勸服彭孟緝停止武裝挑釁，自動解除武裝，以安民心，然後才能有效處理善後問題。

處委會於是推派市長黃仲圖及彭清靠、涂光明、曾鳳鳴、林介等5人為代表，立即上山勸降。這期間，200～300名代表都留在市府等待勸降結果。

想不到5人剛抵達要塞司令部，就被彭孟緝逮捕，嚴加拷問關於人民軍組織及佈置地點，強迫其餘代表承認黃仲圖是被脅迫參加，然後只釋放他一人，返回市政府報告。

被扣的4名代表中，人民軍的總指揮涂光明曾赴中國多年，對國民黨政權認識較清，在被拷問時即破口大罵並拒絕吐實，彭孟緝乃令屬下，改以鐵絲捆綁其全身，然後以老虎鉗將鐵絲用力旋緊，復施以種種酷刑。涂光明痛極哀號，到第二天上午終被砍頭，壯烈犧牲。其餘3名代表，只有彭清靠，因為彭孟緝認得他，在飽經驚恐後幸得獲釋返家。另2人也遭殺害。

彭孟緝在放走黃仲圖的同時，一面聯絡鳳山駐軍往援，一面動員所屬300多名部隊，以步槍機槍等，一路火速殺下山來。沿途瞥見台灣人，無論老幼一律射殺，甚至路邊民房，

稍見人影晃動即予掃射。有1名幼兒，在屋內正以雙手攀著窗檻探頭外望，也被射死。一時路邊盡是死者傷者，屋內哀號呼救之聲不絕。

當被釋放回來報告的黃仲圖還在路上時，這群屠殺大隊已先一步殺到市政府，滿座熱心人士尚不知外界的劇變，剎那之間一群部隊已經衝進會場，舉槍高喝。曾到過中國的鹽埕區區民代表王平水因為會講北京話，馬上自動向前，欲和士兵理論。殺人隊根本不予理會，對準他的胸部一槍將他殺害，隨即舉槍向代表們掃射。

由於在座沒有人料到會有如此凶殘的軍隊，許多人還坐在椅子上便被射殺了，只有一部分人手腳較快，越窗逃出，倖免於難。楊金虎當時逃到市府值夜室，躲在床上，幸未被發覺。

這天的處委會，當場被殺30多人、受傷100多人。傷者因無人送醫，後來也全部喪生（註4，植於200頁）。

部隊在市府裡濫殺之後，又往愛河方向繼續殺戮，一面奪走死者財物，一面順手把屍體拋入愛河。一時愛河成為血河，河面盡是浮屍。

守在市內各地的青年學生，猝然遭到彭孟緝部隊及鳳山駐軍兩面夾擊，雖然奮勇抵抗，終因寡不敵眾，死傷慘重，「指揮總部」不得不由第一中學撤退到大港埔方面，繼續與敵人作殊死戰。

在寒雨中，一邊是兩路國民黨軍在高雄市內進行瘋狂的「殲滅戰」，一邊是節節敗退的人民軍毫無畏懼的反擊，市內處處有巷戰。直到深夜，由學生堅守的人民最後一個據點

前金派出所終告失守，學生們寧死不屈，全部壯烈成仁。

此後一連3天，高雄市遭到空前的大屠殺，市面槍聲大作。由於高雄火車站隔鄰的第一中學一度是人民軍的總部，火車站一帶的濫殺行動，更為徹底。

完成於1940年的車站，建築嶄新，各月台間有地下道相連。這是當時全台僅有的地下道工程建築，高雄市民頗引以為豪。想不到在這場大屠殺中，彭孟緝的部隊竟利用它作為屠宰場，將無辜市民趕入地下道，以武裝士兵把守各出入口，然後開槍掃射，一時地下道裡淒屬的哭喊聲不絕，死屍堆疊，血流成河。

註1：自二二八革命爆發迄6日止，前後8天，全島情勢瞬息萬變，唯一不變的是統治者武力鎮壓的狠心。這可由日來官方的反應明顯看出，惟多數台灣人因對於國民黨政權的殘暴本質認識不清，致喪失機先，有心人早引以為憂。

　　王添灯是處理委員會中，為數不多的憂國憂民之士，由他擬就的這篇處理大綱，無論在闡明事件原因、經過，或在列舉處理辦法，均能把握重點，鏗鏘有力，是二二八革命中所提出的一份最完整的民主台灣建設藍圖，也是二二八革命中最重要的文獻。

　　由時間上推算起來，當天下午6時，處委會向陳儀推出三十二條要求被拒之後，隔了2個半小時，陳儀即向全台廣播，首次提出「長官公署改組」及「盡量利用本省人」等說詞。幾乎可以肯定地說，2個月後國民黨集團的改組省政府，起用更多「台灣人」，和這三十二條的提出，有很大的關係。

　　三十二條處理大綱的原文如下：

　　（一）二二八事件的原因

　　這次本省發生的二二八事件，其發端雖然是由於專賣局查緝私菸，屢次搶奪攤販之商品、財產，已不歸公，又常以槍桿毆打菸販，且於二二七夜，在台北市查緝私菸時，開槍擊斃人民而激起公憤，生出官民衝突的事態。這事件於二二八在台北發生即時波及全省，到處發生軍民之衝突和流血的慘狀。現在除台北市內暫時復歸和平狀態之外，其他各地還在繼續武裝混戰的地方也不少。

　　這樣廣泛而大規模的事件是由查緝私菸槍斃人民，這樣單純的原因所能發生的嗎？絕不是！查緝私菸槍斃人民不過是導火線而已。這次的事件完全是全省人民對於一年餘來之腐敗政治的不滿同時爆發的結果。

　　本省光復一年餘來的政治狀況是，一面陳長官在公開演講的時候說得如花似錦，說要怎樣為人民服務、要怎樣謀民生的安定。但是實際上，大小貪污互相搶奪接收之敵產者到處有之，弄文舞法或倚藉武力以欺壓人民者比比皆是。人權不能得到保障，言論出版失去自由，財政破產，物價繼續騰貴，廠鑛倒閉，農村日益衰微，失業者成群，無法營生者不可勝算，全省人民不堪其苦，敢怒而不敢言，因此次專賣局貪污官吏之暴行，全省民之不滿遂同時爆發。

　　由此可知此次事件根本是由腐敗政治之結果而來，已非只因專賣局官吏之不法行為所致，亦非由於省界觀念而發生的事件。故對此次事件，整個台灣政府應負全部責任。

　　（二）二二八事件的經過

　　二二七夜專賣局官吏擊斃人民之時，即激動市民公憤，該局人員所乘卡車及所押收香菸，立即被民眾焚毀。翌28日，台北市即全體罷市，市民結隊至台灣省專賣局請願懲凶，然該局四圍皆佈置武裝警察，不准民眾接近。

　　其時民眾怒氣沖天，即返回專賣局台北分局欲捕凶犯，但凶手已逃避，群情激發，搗毀該局物件，並搬到路上焚毀，而民眾為欲達到請願目的，轉向台灣省行政長官公署，欲向長官請願，而該署亦以武裝之士兵及憲兵，如臨大敵戒備森嚴，不許民眾接近，因此於吵鬧之間公署樓上之士兵竟用機槍掃射民眾，由此民眾死傷數名，民眾益發憤激，情勢更加嚴重，其時有一部分民眾擁到城內，將官僚資本所經營之大商店，及與貪官污吏朋比為奸之外省人所經營之店舖搗毀，並將家具物品搬出路上焚燒，於焚燒之時，武裝警察及軍隊趕至開槍射殺民眾為數不少。

　　又翌3月1日，在鐵路管理委員會前（即北門町附近）蝟集之民眾遭軍隊機槍掃射，以致死傷者達數十名，此消息一經傳出，全省各地民情頓時激變。現台北市內雖經二二八事件處理委員會居間接洽，略已平靜，但中南部各地民眾則為避免政府武裝部隊之屠殺，正繼續努力冀求解除軍隊武裝，犧牲相當慘重。

　　（三）二二八事件應如何處理

　　這次事件已然是政治腐敗的結果，其處理若非政治上根本加以改革，以後難保不再發生類似或更慘重之事件。故居住本省之人民不論本省人或外省人，均應盡量提出處理意見，政府當局人員亦應以光明正大之政治家態度，誠心誠意與人民共謀解決，切勿為保持官僚威風，而陷入錯誤觀念。

　　現在將所已得到的對於本事件處理意見，綜合起來，可分為對目前的處理，及根本的處理兩方面：

壹、對於目前的處理

1. 政府在各地之武裝部隊，應自動下令暫時解除武裝，武器交由各地處理委員會及憲兵隊共同保管，以免繼續發生流血衝突事件。

2. 政府武裝部隊武裝解除後，地方之治安由憲兵與非武裝之警察及民眾組織，共同負擔。

3. 各地若無政府武裝部隊威脅之時，絕對不應有武裝械鬥行動，對貪官污吏不論其為本省人或外省人，亦只應檢舉，轉請處理委員會協同憲警拘拿，依法嚴辦，不應加害而惹出是非。

4. 對於政治改革之意見可條舉要求條件，向省處理委員會提出，以候全盤解決。

5. 政府切勿再移動兵力或向中央請遣兵力，企圖以武力解決事件，致發生更慘重之流血而受國際干涉。

6. 在政治問題未根本解決之前，政府之一切施策（不論軍事、政治），須先與處理委員會接洽，以免人民懷疑政府誠意，發生種種誤會。

7. 對於此次事件不應向民間追究責任者，將來亦不得假藉任何口實拘捕此次事件之關係者。對於因此事件而死傷之人民應從優撫卹。

貳、根本處理

甲、軍事方面：

1. 缺乏教育和訓練之軍隊，絕對不可使駐台灣。

2. 中央可派員在台徵兵守台。

3. 在內陸之內戰未終息之前，除以守衛台灣目的之外，絕對反對在台灣徵兵，以免台灣陷入內戰漩渦。

乙、政治方面：

1. 制定省自治法為本省政治最高規範，以便實現國父建國大綱之理想。

2. 縣市長於本年6月以前實施民選，縣市參議會同時改選。

3. 省各處人選應經省參議會（改選後為省議會）之同意，省參議會應於本年6月以前改選，目前其人選由長官提出，交由省處理委員會審議。

4. 省各處長三分之二以上，須由在本省居住10年以上者擔任之（最好祕書長、民政、財政、工鑛、農林、教育、警務等處長應該如是）。

5. 警務處長及各縣市警察局長應由本省人擔任，省警察大隊及鐵道工鑛等警察即可廢止。

6. 法制委員會委員須半數以上由本省人充任，主任委員由委員互選。

7. 除警察機關外，不得逮捕人犯。

8. 憲兵除軍隊之犯人外，不得逮捕人犯。

9. 禁止帶有政治性之逮捕拘禁。

10. 非武裝之集會結社絕對自由。

11. 言論出版罷工絕對自由；廢止新聞紙發行申請登記制度。

12. 即刻廢止人民團體組織條例。

13. 廢止民意機關候選人檢覈辦法。

14. 改正各級民意機關選舉辦法。

15. 實行所得統一累進稅，除奢侈品稅、相續稅（按：即遺產稅）外，不得徵收任何雜稅。

16. 一切公營事業之主管人由本省人擔任。

17. 設置民選之公營事業監察委員會，日產處理應委任省政府全權處理，各接收工廠鑛應置經營委員會，委員須過半數由本省人充任之。

18. 撤銷專賣局，生活必需品實施配給制度。

19. 撤銷貿易局。

20. 撤銷宣傳委員會。

21. 各地方法院院長、各地方法院首席檢察官全部以本省人充任。

22. 各法院推事、檢察官以下司法人員各半數以上以省民充任。

其他改革事項候3月10日集中全省民意之後，交由改組後之政府辦理。

註2：根據後來國民黨方面自己透露，當日所謂「大員」其實是「大兵」，「閩台監察使」即是「憲兵團二營」，後來幾天，在南京與台北方面的聯繫中，便以此為「暗號」。

註3：關於台北市處理委員會在5日會中，有無討論通過八條改革大綱一事，史料記載不一。據二二八革命期間仍舊繼續發行的台灣新生報刊載，改革方案刻正起草中，並說內容有8項。因此，合理的推測是，這8條僅是綱要，其後再由王添灯擴充為三十二條改革方案。這八條綱要是：

一、專賣局凶手，立刻在民眾面前槍決。

二、厚卹死者遺族，無條件釋放被捕民眾，且不得追究發動之人。

三、各地軍隊武裝全部解除，治安由處理委員會負責，中央不得派援兵來台，以免刺激民眾。

四、取消專賣局、貿易局、宣傳委員會，商業政策由商工課掌管。

五、公營事業由本省人經營。

六、公署祕書長、民政、財政、工鑛、農林、教育、警務各處長，及法制委員會委員，半數以上由本省人充任。

七、法院院長及首席檢察官，均須任用本省人。

八、依建國大綱，立刻實施縣市長民選。

註4：在高雄市這場駭人聽聞的大屠殺中，據後來奉派來台「宣慰」的中國國防部長白崇禧的報告，死亡者有2,700多人。由於這是殺人方面的報告，實際數目只會多，不會少。

　　由於當時米糧稀少，一般人家多無存糧，3天之中，因外出買米而被打死的人不在少數，就是5、6歲兒童，也不能倖免。有一戶人家，母親重病，兒子外出買藥，結果一去不回。

　　3天的殘殺過程中，貪婪的中國兵仔殺了人後，復將死者，甚至受傷未死的人身上所有值錢的衣飾佩戴、手錶、皮鞋等，搶奪精光。因此，3天後，當搶殺稍斂，哭哭啼啼的婦孺冒著稀稀落落的槍聲，外出尋覓親人時，滿街所見，許多是被脫得赤裸裸的屍體，稍好的僅存內衣褲。

　　6日在市政府被掃射的100多人的屍體，也在3天後，經彭孟緝部隊以牛車分批運往覆鼎金亂葬崗，挖個大坑予以掩埋。因為參加處委會的代表中，不乏當時家境較好的士紳，他們身上的財物全被兵仔搶奪一空。士兵不准家屬前去認屍，只有極少數千方百計四處請託，或以金錢收買現場士兵的，才得以到一疊疊的死屍中，尋回親人的屍骨，有些人因被打得面目全非，加以事隔3日，死屍已變色，根本無處尋找。

　　中國兵的目無法紀，另可由一個事例看出：

　　在鹽埕區菜市場旁一家銀樓，事變後雖緊閉門窗，2個彭孟緝的屬下仍舊趁亂破門而入，搶去店內所有金飾後，將店主夫婦開槍打死，只有1個女兒躲起來得以倖免。事後，彭孟緝雖把2個兵仔帶到銀樓前當眾槍決，但此2人已非殺人的彼2人，蓋中國兵有錢能使鬼推磨，搶去金子的2人早已不知道逍遙何處，國民黨集團事後為了作秀，便隨便找了2個人來替死。

　　彭孟緝這個罕見的殺人魔王，2個月後即以鎮壓「有功」，調升為台灣省警備司令部司令，相當於長官公署時代，原陳儀兼的總司令職位。

　　但是，無論國民黨政權事後如何大力鎮壓，無論它如何顛倒是非，當年留在高雄市政府及火車站牆上的累累彈痕，在「二二八」後數年間仍默默地、忠實地向成千上萬過往行人，傳遞訴說這一段台灣人心中永難磨滅的史實。

三月七日

台北市

　　在大雨滂沱中，市面盛傳南京方面已派大批軍隊來台，人心惶惶，大小商店關門閉戶，有人已開始疏散到郊區。另一方面，自從處理委員會提出三十二條省政改革大綱草案後，國民黨的大官顯要裡也有不少人準備好飛機，以備必要時立即飛離台灣。業務上能掌握船隻的，如海關、招商局及

台灣航業公司，也都備妥船隻以便隨時離開。其中台航公司在二二八之後不久，即由台北遷往基隆辦公；基高兩港的海關部分高級職員，甚且已自行把辦公室由台灣撤到福州。

只有陳儀及少數幕僚勝券在握。因此，陳儀的態度也轉趨強硬。3天前還說要和民眾握手，本日一早，即送了3份公函給處理委員會，說：

二二八善後事宜，各方代表紛紛來見，建議辦法莫衷一是，惟關於善後辦法，已組織二二八事件處理委員會。該會本可容納民眾代表，今後各方意見希均先交處理委員會討論，擬定綜合的意見後，由該會選定代表數人，開列名單，向本署建議，以便採擇實施。

本日，特務一面在市區擾亂治安，一面更大量滲透處理委員會，會場秩序益加混亂。

下午的處委會中，主席潘渠源宣讀陳儀的公函後，王添灯即由這個函件，以及昨天向陳儀提出被拒談起，對於過去處委會的漫無秩序表示遺憾。

王添灯話未講完，特務即開始咆哮喧嘩。但是王添灯還是接下去說：

當局對於我們的政治改革要求，都無不接受，但是諾言與實行是兩回事，沒有付諸實施的諾言，對我們有什麼用？

數日來，各位委員和一般旁聽的同胞，都提出了許多意見，今天是總結這些意見的時候了。台灣的政治改革，不是

天天在這個地方鬧個不休就可以實現，所以我提出對於這次
事件的處理和政治改革的最後方案，要求當局付諸實施。當
局倘只有諾言，而不付諸實施，要怎麼辦，我無須在這裡說
明了。

話未講完，負有特殊任務的一些人又開始咆哮。同時，
處委會內部不和的現象，也因陳儀態度的轉變而益趨強烈。
王添灯的三十二條提出後，溫和派大加反對，隨著「派兵鎮
壓」傳聞的瀰漫，處委會也漸呈瓦解之勢。

王添灯不顧特務的騷擾，以及處委會部分委員的反對，
慢慢地等到會場稍冷靜後，繼續說明昨日他所提出的三十二
條建議。於是，又引起一片嘈雜，各種懷有不同目的的人
也爭相發言，有些特務更提出不合宜的要求。這些，也都
因會場混亂無法整理而一一加入，共又追加十條意見，湊成
四十二條要求。其中譬如釋放「本省」之戰犯漢奸等，即為
構成國民黨援軍自翌日開始大捕、大殺的藉口（註，植於208
頁）。

處委會終於在嘈雜中，鼓噪通過四十二條要求。四十二
條甫通過，蔣渭川即當場宣布退出處委會。其他所謂溫和派
或騎牆派委員，也趁勢悄悄離開。

下午5點多，處委會代表再度向長官公署提出台灣人的
要求。此時，陳儀終於露出本來面目，不但嚴屬拒絕，還大
罵代表們無恥，處委會代表一時尷尬不知所措，在公署私議
片刻，即各自帶著不同的心境離開。

6點20分，王添灯以處委會宣傳組長身分向舉世廣播，說明這次台灣民變的原因、經過及台灣人的基本要求。同時報告本日處委會開會經過及所提要求被拒等詳情，並宣讀處理大綱及四十二條條文。

末了，王添灯無限沉痛地說：

處理委員會的使命已經完了。從今以後，這次事件，已不能單由處委會處理，只有全體省民的力量才能解決，同時才能達成全體省民的合理要求，希望全體省民繼續奮鬥！

這是王添灯最後一次的廣播。第二天夜裡，王添灯被捕，旋即被殺害滅屍。

在長官公署方面，陳儀一面等待援兵，一面裝出無限誠意，致電各縣市參議會指出：

現各地秩序，逐漸恢復，各縣市之縣市長如人民認為稱職，希即全力協助恢復地方秩序，繼續執行職務；若人民認為不稱職，可由貴會或會同其他合法團體，共同推舉3名人選，逐報候圈定，希於電到3日內辦理，逐報公署核辦。

陳儀所以急急要各縣市在3天內辦妥「選舉」，一方面仍是緩兵之計，讓各縣市在援兵未到之前忙於這項工作，無暇去做其他「搗亂」的事；更毒辣的是，利用選舉引誘更多台灣人「上鉤」，到時一律以「叛亂」罪名，一舉成擒。

又，下午4點，忠義服務隊舉行「強化治安會議」，由隊長許德輝主持。

晚間，陳儀派民政處副處長謝東閔到高雄察看屠殺情形。

基隆市

連日來，國民黨派兵鎮壓之說甚囂塵上，在要塞司令部嚴密的武裝巡邏下，市民紛紛私下商議如何阻止軍隊上岸。本日市內處處可見呼籲抗敵的傳單標語：

打倒陳儀！

要求台灣自治！

同胞們！國軍要來殺我們，大家要準備抗戰，不可使他們登岸！

下午3點半，市內學生及熱心青年數百人，在大世界戲院舉行學生大會。會中，首先報告連日來各地情況，接著學生代表及市參議員相繼發言，有的堅決主張抗爭到底，有的則藉機向特務「交心表態」，不知所云。會議在6點多結束。

會後，學生們意氣昂揚遊行市區，有的並乘機攻擊軍警機關，終因軍特的殘酷鎮壓，死傷多人。

晚間，處委分會為此急派代表赴要塞司令部，商討處理對策。因為軍方態度強硬，代表們畏懼，只草草作個「由市民治安隊發揮力量，防止事件再度發生」的決議，然後由處委分會向市民宣布說：

我們要求政治改革，今長官已經聲明，公署將改為省政府，縣市長實行民選，可說是完全達到我們的目的，對國防軍和善良的外省人，我們要加保護，並且重視本分會的指示，希望此後勿再有輕舉妄動。

處委分會並表示，市參議會及各界代表已積極籌備，即將依陳儀指示，推舉3人呈報陳儀圈選市長。

新竹市

上午10點，台灣省自治青年同盟新竹市分會在市立中學舉行成立大會，由李世薯主持，參加的青年相當多，並熱烈討論組織大綱及分配工作。

由於陳儀日前曾派員到醫院慰問傷患，警總新竹區防衛部司令蘇紹文也趕緊仿效，本日自民脂民膏中撥出台幣1萬元，交處理委員會「撫慰負傷同胞」。

台中市

處委分會整日出入人員眾多，僅飯食的供應每日即達5,000人份。然而，除了街頭貼傳單及由治安隊維持秩序之外，只是盡日空談。加以特務滲透，有些士紳和陳儀的手下暗通款曲，更難有所作為。

本日，雖然一方面有國民黨派兵鎮壓的傳聞，以及高雄大屠殺的消息；另一方面，也有虎尾機場的苦戰克敵，以及台北青年計劃武裝起義等令人振奮的消息。然而，和5天前一樣，士紳們聽到軍隊要來鎮壓，有的提出辭職、有的悄悄

開溜，也有的留下來擔任敵人的耳目。處委分會空有大批武器及組織，卻不肯派赴各地支援，這至少對中南部一帶的戰局影響至為重大。

謝雪紅所率領的二七部隊，本日正式編成武裝隊伍，佈置崗位，並準備各種武器及補給，同時整修戰車、高射砲、迫擊砲等。

又，有3名來自台北的青年，表示將把他們控制的3架飛機開到台中助陣，二七部隊的士氣大受鼓舞。

台中縣、台南縣

清晨，竹山鎮民看到40多名國民黨軍敗兵，由濁水溪下游往集集方面山間逃竄，立即報告竹山青年部隊。青年們立刻趕到濁水溪下游追擊。但因缺乏武器，計有9名青年陣亡，另有多人受傷。國民黨軍繼續逃往林內附近小山「坪頂」。

下午，虎尾、林內、斗六等聯合部隊趕到坪頂山麓，把小山包圍起來。敵方自知窮途難逃，無心戀戰，只躲在山裡，不敢開火。

晚間，民軍開會討論對策，決定派員誘降。

台南市

市內青年驚聞高雄民眾遭大屠殺的消息，許多人議論紛紛，有部分青年並相約前往高雄支援。本日通往高雄的火車只能通到楠梓，後因高雄屠殺慘烈，只達路竹。

澎湖縣

由於地處孤島，加上有國民黨軍隊駐守，民眾雖耳聞台灣本島的起義大為振奮，但軍政當局率先下令戒嚴，因此澎湖成為事變中最平靜的一個縣份。然而，縣內熱心人士也組織處委會澎湖分會，響應台北。一部分青年醞釀成立自治青年同盟支部，但未實現。

7日晚上，一名婦女被島上駐軍開槍傷腿，一時群眾譁然，處委會分會立即提嚴重抗議，要求撫慰金10萬元。一向殺人不償命的國民黨軍方這次懼於民忿，竟破例應允，終又無事。

註：國民黨集團的決定捕殺，早成定論。但這批劊子手，殺人還想以「聖人」自居，因此便處處找「證據」，羅織罪名。尤有甚者，證諸後來的全面搜捕可以看出，這是一項有計劃地消滅台灣人一代菁英的大陰謀。因此，當滿懷熱情的台灣人致力於鄉土的政治改革運動時，特務們則忙於四處窺伺，搜集名單，後來便根據這些名單逐批捕殺。

明顯的例子是，有一批台大青年到長官公署求見陳儀，提出改革校務的計劃。陳儀的手下非常客氣地接待他們，並客氣地要他們留下姓名地址。後來即按址搜捕，全部「失蹤」。

這次起義，台灣人中，有激烈的主張以武力建立獨立的國家、有主張聯合國託管，也有兩面倒的投機政客……省處理委員會及各地分會，在3月初的混亂中，起碼對於地方秩序的維護，有很大貢獻。但是，國民黨的援軍一到台灣，警備總部立即指這個長官公署也曾派5名大員參加的省處委會及各地分會為非法團體，並下令省處委會及各地分會自3月10日起一律取消。其所依據的，便是台北處委會的四十二條要求，指稱是「進行叛國的事實」，並繪聲繪影地說，王添灯等人已擬好一批各首長名單，準備於3月15日以武力接管行政長官公署。

本日處委會追加的十條改革意見是：

一、本省陸海空軍，應盡量採用本省人。

二、警備總司令部應撤銷，以免軍權濫用。

三、限至3月底，台灣行政長官公署應改為省政府制度，但未得中央核准前，暫由二二八事件處理委員會之政務局負責改組，用普選公正賢達人士充任之。

四、處理委員會之政務局應於3月15日以前成立。其產生方法，由各鄉鎮區代表選舉該區候選人1名，然後再由該縣市轄參議會選舉之。其名額如下：台北市2名，台北縣3名，基隆市1名，新竹市1名，新竹縣3名，台中市1名，台中縣4名，彰化縣1名，嘉義市1名，台南市1名，台南縣4名，高雄市1名，高雄縣3名，屏東市1名，澎湖縣1名，花蓮縣1名，台東縣1名，計30名。

五、勞動營及其他不必要之機構，廢止或合併，應由處委會政務局檢討決定之。

六、日產處理事宜，應請准中央劃歸省政務局自行清理。

七、高山同胞（當時對原住民之稱呼）之政治經濟地位及應享之利益，應切實保障。

八、本年6月1日起，實施勞動保護法。

九、本省人之戰犯及漢奸嫌疑被拘禁者，要求無條件即時釋放。

十、送與中央食糖15萬噸，要求中央依時估價，撥歸台灣省。

大屠殺

一部吉普軍，拖著一名以繩索綑綁的青年，沿街遊行。

一名纏足的老嫗，吃力的跟在後面，且哭且跑。

車上獰笑的士兵，無視老母淒苦的哀號，一槍將她打傷倒地。兒子跑累了，倒在地上，任吉普車拖到車站前廣場「槍決示眾」。在路上，他已經皮破肉綻，昏死過去。

這是台中一消防隊員被殺的一幕，是大屠殺中的小插曲，是各種慘絕人寰的殺戮方式中，算不上殘酷的一種。

自3月8日夜裡10點半，在台北市各地同時響起的槍彈聲中，統治者的槍口即不斷對著台灣人民瘋狂濫殺，其殘殺手段的殘忍，舉世罕聞，其目的則在於讓台灣人膽寒，徹底壓抑台灣人的反抗意識。因此，每次殺害二二八「要犯」，都選在火車站前、學校操場、橋頭要衝等容易聚集群眾的地點，各級學校甚且一律停課，由教師領導學生排隊前去觀看。

中國兵的殺人方式是自背後向頭部射擊，倒地後劊子手再走近身旁，以腳踢、踏，若看出還有反應，再舉槍亂射至死。種種殺人方式，即連當時中國人心目中殘酷著名的日本軍人，也遠比不上。這種野蠻凶殘的殺戮，台灣人刻骨銘心，世代難忘。

三月八日

3月8日是七日民主的最後一天，也是大屠殺的第一天。

台北市

本日起，各區公所開始廉價配售食米，這是處委會日來赴各地買回的米糧，市區糧荒終告解除。

在處委會方面，由於昨晚遭到陳儀的辱罵，溫和派益加垂頭喪氣。

由這整整一星期來已成全台政治中心的中山堂，也愈可看出局勢的險惡：中山堂內外滿佈特務，對出入的人釘梢跟蹤。裡面，各團體的人來來往往穿梭其間，台灣自治青年同盟、忠義服務隊、台灣民主同盟、憂鄉青年團等的台北支部，也都在這裡設有辦事處。

本日會議中，黃朝琴、李萬居、連震東、黃國書等「半山」，聯絡一些頹喪的溫和派士紳，發表一篇和四十二條要求迥異的「重大聲明」，原文如下：

查3月7日本會議決提請陳長官採納施行之三十二條件，因當時參加人數眾多，未及一一推敲。例如撤銷警備總部、國軍繳械，跡近反叛中央，決非省民公意。又如撤銷專賣局，固為商人所喜，然工會則不贊成，殊不足以代表本省人民利益。茲經再度商議，認為長官既已聲明：改組長官公署為省政府，儘量速選省民優秀分子為省府委員，或廳處長，則各種省政之改革，自可分別隨時提請省府委員會審議施

行，無須個別提出要求。至於縣市方面，長官已電請各縣市參議會，斟酌情形，分別推薦縣市長候選人，圈定授職，藉以辦理民選縣市長之準備事宜。似此省政既有省民參加，縣市政府亦由省民主持，則今後省政自可依據省民公意，分別改革，亦無須個別另提建議。

根據上述見解，本會認為改革省政之要求，已初步達成。本會今後任務，厥在恢復秩序，安定民生。願我全省同胞，速回原位，努力工作。並請本市各校學生，自下星期一，照常上課。各業工人，即日分別復工。治安暫由憲警民協同維持。即希各公私工廠，速即開工，儘量容納失業工人。倘有不法之徒，不顧大局，藉詞妄動，即係另有用意，應請全省同胞共棄之。除再向當局交涉，嚴禁軍警肇事外，謹佈區區。

中午，憲兵第四團團長張慕陶，在證實屬下2營憲兵已自福建出發後，假意跑到中山堂，以私人身分，勸處委會不要提軍隊解除武裝之議，以免「刺激中央」。並公然撒謊，說：「本人決以生命保證，中央絕不對台灣用兵！」張慕陶言之鑿鑿之際，等在上海的二十一師官兵8,000多人，早在上午8點已登上「太康艦」，正在駛往台灣途中。

另一方面，為抵抗國民黨軍登陸，下午2點，大批民眾及學生在日新國校召開「陸海空軍人大會」，決議編成決死隊，搜集武器，準備抗戰。

市內各通衢要道，仍由熱情的學生們協助維持交通秩序，提防流氓特務的搗亂。

　　本日長官公署發布人事命令，警務處長胡福相因病辭職，遺缺由離台20多年的半山王民寧擔任。晚上8點，王民寧即在電台向民眾廣播，暗指處委會「要在台的國軍解除武裝，這種荒謬的意見，簡直是國家的叛徒！」

　　7天來，這是官方公然對台灣人以「叛徒」相加的第一人。固然這是因為援兵登陸在即，另一方面，更是國民黨「以『台』制台」策略的成功。

　　下午4點，由福州開來的「海平輪」滿載憲兵2營抵達基隆的消息，迅即傳到台北。市民在憤怒與恐懼的情緒交織之下，「疏開」的更多了。沒走的，也早早將門窗緊閉，電燈蓋上黑罩，市面一片死寂。只有一些盡職的學生，還在執行守衛的任務。

　　晚上10點半，圓山方面突然響起一陣陣密密的機槍聲。接著，全市各地同時「呼應」，自長官公署、警備總部、警務處、供應局倉庫、警察大隊、鐵路警察署、警察訓練所、台灣銀行、法院各地，大砲、機槍、步槍聲齊鳴。全市各地不時傳來子彈飛越的咻咻聲，徹夜不停。人人在暗夜中驚醒，知道「他們果然來了」。

基隆市

　　下午3點多，閩台監察使楊亮功，和張慕陶所屬原留守福建的2營憲兵，自福建到達基隆港。楊亮功還未上岸，要塞司令部即會同陸續登岸的憲兵，開始在基隆市區進行「掃蕩」。手法和高雄如出一轍，大砲、機槍、步槍齊響，沿街見人便殺，男女老幼，死傷不計其數；民眾也奮勇抗敵，

力圖阻撓憲兵殺入台北。一直到晚上10點，市內大致「肅清」，等在船上將近7小時的楊亮功才登陸，一行分乘軍用卡車駛入台北。

台中市

台灣自治青年同盟台中支部，本日在台中戲院成立。辦事處設於三青分團團部。

二七部隊接受嘉義來的一隊青年學生的加入，並派員協助豐原、三義、苗栗等地人民。因雙方在這些鐵路山線的沿線市鎮交戰激烈，這一段南北鐵路交通只能行駛海線。

屏東市

自5日深夜開始的機場攻擊戰，雙方僵持到本日正午。鳳山方面協助彭孟緝屠殺高雄市民的國民黨軍「大功告成」，立即轉赴屏東，繼續進行捕殺擄掠。人民寡不敵眾，死傷枕藉。處委會主席葉秋木也被逮捕。野蠻的敵軍先將他的耳鼻及生殖器割掉，然後拖出「遊街示眾」，再予殺害。

三月九日

台北市

清晨3點，閩台監察使楊亮功抵達台北。由基隆到台北1個小時的車程，除中間略事休息外，因為沿途遭到人民的抵抗，沿路一直射殺前來，一共花費5個小時才到達。

　　上午10點，柯遠芬引導楊亮功到圓山陸軍倉庫前廣場，指著好幾百個屍體，說這些是「昨晚進攻這個倉庫，被國軍擊斃的暴徒」。楊亮功無言。後來他悄悄對隨行的人說：倉庫附近並沒有戰鬥過的跡象，死者都是18、19歲的中學生，又沒有攜帶武器……。

　　其實，他們是一週來忠實執行維護秩序的學生，昨晚被搜捕在此殺害的。

　　市內各地，也遍是死屍：在中山堂處理委員會值夜、辦事的好幾十名青年，夜裡被闖入的國民黨軍隊乒乒乓乓就地打死了；在鐵路管理委員會裡辦事的30多人，也一律被由樓上拋下，跌得血肉狼藉。然後殺人者下樓查看，未死的再補一刀。

　　廣播電台的工作人員也不能倖免，因此，這一天整個上午，電台無聲。

　　下午，收音機中傳出長官公署關於「戰況」的消息，大意是說：

　　基隆於8日下午2時，曾有青年暴徒百餘名，企圖攻擊要塞司令部，與守軍發生激戰，暴徒被擊斃2名，基隆旋即戒嚴。

　　至於台北市區之暴徒，亦於8日晚10時半分組發動攻勢，與由北投、士林、松山等郊外之暴徒會合後，即開始向圓山海軍辦事處台北分處襲擊。其他暴徒，則分別攻擊台灣供應局倉庫、警備總司令部、陸軍醫院、長官公署、台灣銀行等機關，與守軍發生激戰。

又閩台監察使楊亮功，已於8日午自福州乘海平輪抵基隆港。暴徒盤踞港口，與楊監察使同輪抵台之2營憲兵及基隆要塞司令部之守軍衝突。激戰6、7小時，始將暴徒擊退。

深夜，即9日晨2時，楊亮功偕其隨員劉啟墅等乘載卡車由基隆出發，沿途均有戒備。不料行至七堵與八堵之間，即遭夾道兩山間之暴徒襲擊，當場有憲兵1人受傷，劉啟墅亦被斷3指。楊幸先移動座位未遭意外，然已跌於車旁，飽受虛驚。幸賴憲兵保護，且戰且走，至晨3時許始安抵台北。

收音機又播報說，本市自上午6點起，宣布戒嚴，以便「搜緝奸匪暴徒」。

然而，長官公署、警總、台銀等所謂被「暴徒攻擊」的地方，卻無一處發現任何作戰的痕跡。

本日是星期日，由於市民無人敢出家門，連報社記者也躲在家裡，因此第2天（10日），全台沒有報紙。

下午2點，由上海滿載士兵的太康艦抵達基隆，因為憲兵2營已在昨日大肆捕殺，士兵在基隆又掃射一通，即開入台北。

由本日起至13日止，5天4夜，軍隊在全市盡情射殺。路上只要看到穿木屐的、台灣人裝束的，一律當作槍靶搶著射殺，然後比賽誰殺得多。

雖是星期日，警總在本日之內，連發3項佈告，包括：（一）戒嚴令、（二）「取消所有非法團體」、（三）管制交通，未持警總通行證者，一律就地扣留。

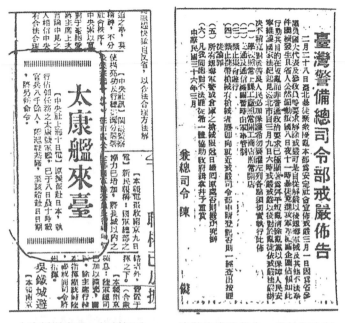

太康艦送來了一師劊仔手。　　陳儀的戒嚴佈告，登於新生報
　　　　　　　　　　　　　　　3月11日。

張貼於公共場所的戒嚴佈告。

臺灣省警備總司令部佈告

臺灣省警備總司令部

臺灣省警備總司令部

臺灣省警備總司令部公報第一三二號

臺灣省警備總司令部公報　第一三○號

臺灣省警備總司令部公報　第一三三號

臺灣省警備總司令部公報　第一三四號

臺灣省警備總司令部公報　第一三五號

一連串的「警備總司令部」佈告，出現於3月12日的新生報。

基隆市

連著2天，2營憲兵、1師部隊都經由基隆上岸。基隆市民奮勇力阻，終因實力懸殊，壯烈成仁者不計其數。

本日，在劉雨卿率領的「整編二十一師」未抵達之前，要塞司令部即利用「空檔」，大肆搜捕。好幾百名倖免於槍彈的青年學生及無辜市民，被以「奸匪」、「暴徒」之名逮捕，每3人或5人1組，捆綁後復以鐵絲穿過頸部、手掌或足踝，連成一串，投入海中；單人則裝入麻袋，也丟到海裡。一時海面浮屍無數。連著一個月內，基隆一帶沿海，天天見到海潮推回許多屍體，垃圾堆及亂葬崗也遍地是殺害後運來堆積的死屍。大屠殺後兩三個月，基隆人仍不敢食魚介類。

在七堵一帶，因發生狙擊楊亮功事件，有20名學生被捕。要塞司令史宏熹不讓彭孟緝「專美」於前，把抓來的學生逐個割去生殖器，削掉耳朵，割開鼻子，盡情凌辱一番，然後活活刺死。

二十一師在下午登陸後，繼續射殺一陣，然後開往台北。

市參議會副議長楊元丁，也在這場屠殺中，被當成「奸匪」殺害，投入海中。

台北縣

・板橋

下午，二十一師部隊抵達，士兵展開的虐殺、搶劫、強姦，隨處可見。

嘉義市

困守飛機場的國民黨軍，一面派市長隨同省參議員劉傳來，到「台灣民主聯軍」總部，名為講和，實則緩兵之計兼刺探軍情；一面派人到台北向長官公署報告，並要求增援，因此得知二十一師及憲兵團2營已抵台北的消息，守軍暗喜。

由於人民不知有詐，以為對方願意求和，故本日無戰事。

台南市

下午，全體市參議員、區長、人民團體及學生團體代表400多人，依據陳儀的諾言，推舉過渡時期市長候選人3名。結果黃百祿得179票、侯全成107票、湯德章105票，並決定日內呈報長官公署圈定。

三月十日至十七日

台北市

10日，蔣介石在南京的「中樞總理紀念週」會中，談到二二八的經過及「中央」處理方針時，指出起因是「昔日被日本徵兵調往南洋一帶作戰之台人，其中一部分為共產黨員……乘機煽惑，造成暴動」，並有種種「無理要求」及「不法行動」，「故中央已決派軍隊赴台維持當地治安」，同時還要「台省同胞，勿為奸黨所利用，害國自害」，要「自動的取消非法組織」，「始能無負於全國同胞50年來為

光復台灣而忍痛犧牲，艱苦奮鬥」。

同日，陳儀也向全台廣播說，戒嚴是「為了對付極少數的亂黨叛徒」、「國軍移駐台灣，完全為保護全省人民，絕無其他用意」，並呼籲各業，自明日起照常復業復工，學校也恢復上課。

陳儀並於同日指出，二二八事件處理委員會「跡近背叛祖國」，下令予以解散。

一面是國民黨的信口雌黃，是非顛倒，一面是市內各地士兵瘋狂掃射，濫殺無辜。許多守法的市民，聽到陳儀及其他官僚一再的呼籲「各安其位」，11日一早，送報的、送牛奶的、拉黃包車的、賣菜的，以及各級學校學生趕早去上課的，走出家門之後，即一去不回。1名來自中國的記者唐賢龍，當時正在台北。他描述在3月12日一早所見，說：

　　我們剛踏上馬路後幾步，就看到有3具僵硬的屍體：1具躺在陰溝裡，像是1個送報的小孩，他旁邊還掛了1個褪了色的報袋；1具橫臥在馬路上，殷紅的血濺滿了一地，因為身體是伏在地上，看不清面部；另1具則是1個送牛奶的青年，很多破碎的牛奶瓶子，還零亂地散佈在死者的身邊。

他又說：

　　有少數心存報復的軍警，更以射擊人命為兒戲，有時將本來是很善良的台灣人，也當成「暴徒」來處決，任意予以擊斃。我在某一個樹林子裡面，便曾親眼看到有些穿黑衣服

的警察互以手勢作暗語，表示比賽打死人的多寡。

　　當時市內滿目瘡痍，唐賢龍作了下列的描述：

　　當我們走到前日本總督府的附近時，又看見了幾具屍體，橫七豎八的躺在大馬路上，屍旁地上，血跡斑斑，附近爬滿了蒼蠅，發出一陣陣的惡臭，令人作嘔。而有些地方，雖然屍體已被移去，但死者破爛的衣服，依然殘存在地上；沒有主子的野狗，更常常含著一隻人腿或一個髑髏，在荒僻的防空壕裡吸噬；有些野狗更啣著死者的皮靴、鴨嘴帽、內衣等，在馬路上到處奔跑。而在每一條馬路上，幾乎到處可以看到一灘灘的血跡。

　　在台北神社（日治時期稱為建功神社，位於台北植物園）附近，我們又看到5、6具屍體，東倒西歪的倒在路旁，雖然已經腐爛了，也無人聞問。由後門踏進植物園時，我們更看到在有些樹木的枝枒間，竟然掛著10幾塊炸碎的人肉。

　　自2月27日以來，受盡「委曲」的長官公署大小官僚，10日起不但恢復10多天前的趾高氣揚，更因為上萬軍憲的「堅強靠山」，對於「膽敢蠢動」的台灣人，予以毫不容情的捕殺，不但對參與起義的人如此，更有些人趁機公報私仇。

　　尤其可憎的是，除了仇恨、自卑等因素之外，為徹底馴服台灣人，國民黨特務自始即有計畫地蒐集各業台灣人菁英的名單，按址抓人。其中以自由職業如醫師、律師、學者、

作家、新聞記者等，只要稍具正義感的，幾乎無一倖免。

　　典型的例子如台北高等法院推事吳鴻麒，便是在家中無故被粗暴的憲兵帶走，行前還安慰家人，說他沒做什麼事，去去很快就回來，結果卻從此失蹤。一直到3月中旬，家人輾轉聽說吳氏已遭殺害並拋入淡水河中。趕去相尋時，只見許多屍體都是全身赤裸，臉部已經浮腫不易辨認，而且屍體多是3、5人綁成一串，家屬以竹竿把浮屍移近，很困難地逐一辨認，然後帶回火焚掩埋。

　　又如當年民報記者駱水源，在大逮捕期間還常到長官公署採訪新聞。當時有一位朋友暗中告訴他要小心，他還是不相信。最後在翻閱長官公署的通緝犯名單時，才赫然發現自己也在被通緝之列。

　　自10日到17日之間，前半段是士兵濫殺，後半段則是有計畫的搜捕。

台北縣

・板橋

殺、捕手法之殘酷，各地皆同。

　　板橋鎮長林宗賢，在大捕殺期間，也被列入「奸黨」的名單。由於林家是全台有名的富戶，柯遠芬即叫人和林宗賢疏通，要林提供3,000石米，及台幣1,000萬元，以保他一命。林宗賢允諾，把米及錢交給柯遠芬，又辦好自新手續。結果陳儀獲悉後，以林宗賢辦的「中外日報」，「附和叛黨，攻擊政府」，說他是CC分子，結果林宗賢仍難逃一死。

宜蘭

自13日開始大屠殺，青年學生被殺者不計其數。有一部分青年跳海逃離台灣，郭章垣也以「暴徒首魁」罪名慘遭殺害滅屍。

台中市

10日以前，台中市區表面仍然平靜，但因台北捕殺的消息不斷傳來，處委會也日漸零落。11日是處委會分會的最後一日，委員們只有兩三個到本部，但他們都把所有文件搬出焚燒。到了中午，米也沒有了，大家只以番薯充飢。一些勾結官方的士紳，開始釋放被集中的中國官。市內盛傳軍隊將殺台灣人復仇，市民紛紛疏散。

二七部隊仍然鬥志高昂，但內部正為留在市區決一死戰，或退守山間長期抗戰兩者之間，難以決定。

晚上8點，處委會分會委員莊垂勝、黃朝清、張煥奎、葉榮鐘、黃棟、巫永昌等，邀來謝雪紅，舉行最後一次會議，席上，士紳們提出「處委會表面解散，扶持黃克立再任市長」之議，詢問謝雪紅的意見。謝表示反對，認為這次起義的目的之一，便是在爭取市長民選，現在又要由少數人找原任市長出來，市民一定反對。她要大家去問市民的意見。

由於謝雪紅的反對，會議未獲結論，處委會分會也告消散。

12日，滿街只見神情緊張的市民，急速地往郊區疏散。

二七部隊本日商議的結果，以留在市區勝算不大，徒增無辜市民的犧牲，決定撤退至埔里，一面牽制國民黨軍，使

對方不敢濫殺無辜，並打算作持久抗爭。

部隊隨即自下午3點起，一面嚴密戒備，提防奸細滲入，並準備迎擊隨時可能來襲的敵軍；一面迅速將武器配備等，祕密運往埔里。因此，自下午到夜間，台中至埔里公路上卡車來往不斷，沿途民眾也紛紛向戰士們慰問致敬。

在市區，林獻堂、黃朝清等士紳，則積極沿街勸募，準備製作彩坊，歡迎國民黨援軍。

13日下午3點多，在士紳的熱烈歡迎中，整編的二十一師開抵台中。隨即在原人民軍作戰本部設置師部，並侵占謝雪紅、林連宗等的店舖或私宅，作為營舍。此外，不敢輕舉妄動。原因是二十一師知道人民武裝力量還在埔里與之對峙。因此，台中市雖然在起義期間戰果輝煌，和其他各地相較，卻是遭受捕殺及搶劫最少的地方。

本日，二七部隊一面在埔里向人民宣傳該隊的任務，呼籲鎮民合作；一面進行勘測地形，並刺探敵情。下午，一批批的高山青年（當年對原住民青年的稱呼），聽到謝雪紅的部隊在此，紛紛前來參加戰鬥隊伍。

14日，二七部隊往更遠的霧社去宣導，同時進行整理配備、察看地形等任務。

下午5點，二七部隊獲悉敵軍派遣800人到草屯，正圖進襲埔里，乃派員在途中攔截，將之擊退到草屯。

另外，二十一師也在本日派1營士兵到二水，經集集到水裡坑，再派1連分別占領日月潭及門牌潭兩發電廠，企圖由魚池方向，會同草屯一路的軍隊，兩面夾擊二七部隊。

「二七部隊」動向圖。

本日，二七部隊攻占能高區署及該區警察所，繳獲機槍3挺，步槍300多支，子彈千餘發。

在台中市內，被人民集中的「阿山」，全獲釋放。

15日，草屯方面的國民黨軍向二七部隊誘降被拒。

同日，許多埔里地方青年，及附近原住民兄弟，前來加入隊伍。

二七部隊因兩面受敵，決定先發制人。下午10時，開始突擊日月潭方面的國民黨軍，11時攻警察局魚池派出所。偵察敵情後，於16日凌晨2點，迫近對方陣營投手榴彈，擊傷30多人，國民黨軍潰走水裡坑。突擊隊以離開本隊較遠，又值深夜，不加追擊，僅俘擄3名士官回隊。

16日，二十一師增派重兵，自草屯大舉進攻埔里。二七部隊勇敢應戰，自上午11點激戰到黃昏，國民黨軍死傷200多人，不敵敗退。二七部隊也犧牲了8名戰士，另有數人受傷。

晚間，全隊會議的結果，以武器彈藥無從補給，加上兩面受敵，決定暫化整為零，有的繼續往嘉義小梅山參加陳篡地的游擊隊，有的各自返家。深夜11點，隊員各自埋藏武器後，即宣告解散。

17日中午，二十一師獲悉二七部隊已退，即入侵埔里，又是一番捕殺。

嘉義市

10、11兩日，陳儀兩度急電困守機場的軍隊，指示：「援兵即到，死守機場」。於是自9日起進行的和談，軍方

態度漸趨強硬。

　　人民方面，基於減少犧牲的考慮，又因耳聞二十一師抵台，認為不如接受機場敵軍的投降，也能減少傷亡，彼此互惠。

　　11日下午，人民方面，除依約將武器集中於警察局，並委派陳復志等12名代表，護送滿載食米、果菜、紙菸的兩部大卡車，抵達機場。

　　屠殺就自這時候開始，敵軍一手接過這些食品，一手即當場捕殺12名代表，其中只有3人逃脫。

　　據逃回者之一的1名婦女會代表說，當代表們交出糧食時，1名士兵突然大喊，隨即跳出數十名士兵，用槍向代表們亂射，哀號之聲頓起。後面的5人見勢立即逃跑，士兵舉槍射擊，其中2人不幸中彈死亡。

　　待人民知道中計，趕回警察局拿出武器應戰時，已經為時晚矣。

　　12日下午，大批國民黨軍空運到嘉義，進行整整兩晝夜的捕殺。

　　13日，劊子手帶著陳復志「遊街」示眾後，在火車站前廣場加以殺害。22日，復將盧鈵欽、柯麟等11名市參議員及人民代表拖到同址，以鐵索捆成一串，全部殺害。

台南縣

・斗六

　　14日，國民黨軍在嘉義市的屠殺告一段落後，即分出一部分軍隊，向附近鄉鎮「反攻」。到達斗六時，陳篡地的人

民部隊在鎮上與之交鋒。因寡不敵眾，陳篡地乃將部隊全部帶到嘉義附近的小梅山，和國民黨軍進行多年的游擊戰。

台南市

由高雄開來的國民黨軍，11日抵達台南，立即下令戒嚴，展開瘋狂的屠殺。

12日，湯德章被捕，中午在刑場被殺害。湯德章臨死仍拒不屈膝下跪，並大罵劊子手「混蛋」。死後，國民黨軍還不准他的家人收屍，以之示眾，聞者莫不痛罵統治者的凶殘。

花蓮縣、台東縣、澎湖縣

連日來，人民耳聞二十一師在西部各地捕殺的暴行，無不變色。因此，一直到17日軍隊開抵花蓮前，市內的不安已持續1個多星期。

17日起，此地的捕殺與各地亦無二致。許錫謙被捕不久即遭殺害。國大代表張七郎，連同他兩個兒子張宗仁及張果仁，一家三口以「暴徒首要」罪名同遭殺害。

台東方面，也同時遭到大捕殺，特別是測候所，因為它傳遞台北起義的消息，台灣人職員全遭殺害。地方士紳、學生、教師被殺者亦眾。

有一群為數約40名的青年，在捕殺聲中，帶著武器逃往山中圖謀再起。

澎湖縣在起義中雖無大事故，軍警特務仍藉機消滅異己，逮捕不少青年。

尾聲無聲

在三月大屠殺的2個月後，台灣省行政長官公署改組為省政府，15名省府委員中，有7名是「台灣人」。

但在這2個月間，蔣介石政府一方面派國防部長白崇禧到台「宣撫」、派閩台監察使楊亮功到台「視察」，一方面任命罪魁陳儀依舊安坐「行政長官」高位，進行史無前例的血洗台灣。這期間，陳儀和他手下，假藉二二八的「損失」，在報請補償時又大撈一票。

另外，趁亂中向驚恐的台灣人敲詐勒索的，更不知凡幾。

陳儀於3月26日下令實施清鄉行動，在各地濫捕、濫殺，長達一個多月。

在不斷的「戒嚴」、「清鄉」、「連保連坐」、「綏靖」……等重重恐怖鎮壓下，台灣人被捕、被殺、「失蹤」的，不計其數，僥倖存活的，每提「二二八」，無不失色。因此，經過連續好幾個月的整肅後，國民黨政權即絕口不再提「二二八」，人民若敢談論這個事件，即被以「叛亂」、「為匪宣傳」等罪逮捕囚禁。

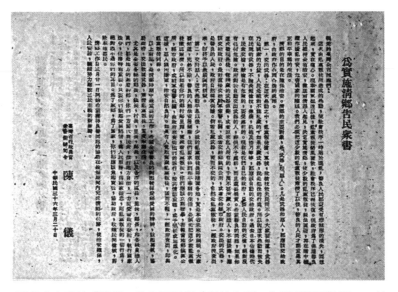

陳儀宣布實施「清鄉」的告民眾書（照片來源：台灣回憶探險團http://www.twmemory.org/?p=9175）。

第三部分　回顧

失敗的原因

　　二二八是一把怒火。起於一點星火，它迅速燒遍有若乾柴的台灣。

　　當這把怒火猛烈燃燒之際，成千上萬的都市民眾與青年學生，勇敢地舉起槍桿。許多進步果敢的領導者，自始至終與群眾並肩作戰。但在同時，也有不少投機政客、士紳地主，公然與國民黨政權妥協，出賣群眾。

　　在激烈的戰鬥中，最容易分辨誰是戰士，誰是叛徒。在慘痛失敗之後，最能夠了解革命應有什麼準備。

　　無疑地，二二八是台灣人有史以來規模最大的一次革命。但它是一次自發性的武裝抗暴行動。飽嘗警察特務的欺凌、備受貪官污吏的榨取、陷入經濟崩潰的困境，台灣人民因而自發地起來抗暴。這種自發性抗暴行動的爆發，是可以預料的。

　　但是，當時台灣並沒有什麼進步性的政治組織，更談不上什麼革命組織。因此，二二八期間自動起義於各地的抗暴力量，不能結合成一個有力的聯合陣線。由於這個原因，二二八的失敗也是可以預料的。

　　二二八缺乏的並不是基層領導者，也不是革命情勢。二二八缺乏的是革命組織──一個有群眾基礎的革命組織。

　　二二八既是一次自發性的武裝抗暴行動，在檢討它的失敗原因時，只能對革命爆發後出現的各種錯誤加以探討。下列是7個比較顯著的錯誤：

- 沒有迅速展開基層群眾組織的工作，因此廣大的農民和工人並未實際參與戰鬥。

- 處委會提出的三十二條要求，未能具體、明確地列舉農工大眾的經濟要求。因此，農工大眾並不能了解二二八革命的意義。

- 未能徹底壓制投機政客及士紳地主，以至讓這些妥協分子為所欲為，公然出賣群眾。

- 對國民黨政權及其官僚的本質缺乏認識，因此處處受騙，不能集結武裝部隊一舉攻下長官公署，反而坐讓國民黨援軍登陸。

- 未能全盤估計國民黨軍的實力。實際上，當時國民黨能調到台灣的軍力極其有限。人民軍如能堅持下去，未嘗沒有獲勝的機會。

- 許多較具影響力的士紳，雖然參與行動，實則缺乏戰鬥到底的決心。因此，在國民黨援軍來臨之前便紛紛逃避。事後證明，決心不夠、事先逃匿者仍逃不開被殺害的命運。

- 領導階層對於當時的國際情勢，尤其是美蘇關係以及其對東亞局勢的影響，缺乏完整的認識。

二二八的影響

　　二二八革命失敗後，國民黨政權「乘勝追擊」，展開瘋狂的大屠殺。

　　在革命中犧牲的，以及其後數年間被統治者以二二八為藉口而殺害的總人數究竟有多少，沒有人能夠做一個完整的統計。比較保守的估計是二萬人左右。

　　但是根據統治者發表的資料，在1953年的台灣人口之中，因「行蹤不明」而從戶籍上剔除者達10餘萬人之多。其中絕大多數相信是在二二八革命中或事後被殺害的犧牲者。

　　統治者的暴虐，不僅表現於殺害人數之多，更暴露於其屠殺手法之殘酷。

- 濫殺：在馬路上遇人便殺，許多小孩子、婦女、老人因上街購物而被殺害。
- 沿戶屠殺：在市區中沿店掠奪、強姦、虐殺。
- 戕害領導者：有系統地逮捕、殺害台灣各地各行業的領導者。
- 消滅進步的記者：絕大多數具有進步意識的新聞記者，在大搜捕中「失蹤」。

　　二二八的失敗以及其後國民黨展開的大屠殺，在台灣社會產生了許多巨大的連鎖性的影響。下列是比較顯著的幾點：

- 台灣人民對於國民黨政權的殖民、封建本質有了進一步的認識。

- 大屠殺的結果，使一代領導階層喪失殆盡。
- 大屠殺在倖存者心理上造成了一個歷史性的束縛。這個束縛使許多父兄輩懦弱地告誡他們的子弟不要「插政治」。
- 由於台灣人心理上的束縛，使國民黨政權為所欲為，得以暫時鞏固了它的統治權。
- 由於國民黨能夠在台灣暫時穩固其統治權，1949年在中國潰敗後，它才能在台灣苟延下去。
- 由於國民黨在台灣繼續其殖民封建統治，以及台灣的經濟發展，台灣社會漸趨於兩極化。一端是深具封建殖民特性的統治階層及附庸於其下的買辦、巨戶、官僚、政客，另一端是工農大眾、都市貧民、攤販、老兵。兩極化的社會是藏污納垢的場所，人類社會中的一切罪惡：貪污、欺騙、搶殺、勒索、吸毒、色情等等均以最露骨的姿態出現於台灣。純樸的人民，在這多方面的壓迫與污染之下，便很自然地形成雙重性格。一方面，人民為了生存不得不與現實妥協，俯仰其間。另一方面，純樸的本性時時提醒人民，促使人民為前途而思考、而奮鬥。這純樸的一面，就是台灣人生機之所繫。

評估

　　二二八革命雖然只是一次自發性的武裝抗暴行動，雖然因其自發性的缺陷而歸於失敗，它仍有其正面的結果。這些以數萬乃至十數萬人的生命換取的結果，必須予以肯定。在台灣人300多年來一次又一次反殖民統治的武裝鬥爭中，二二八革命無疑地有其突出的地位。在探討二二八的歷史意義時，下列3點正面的結果應予以特別肯定：

- 二二八是基於台灣本土意識出發的一次殖民地解放革命。日治時代50年的現代化過程，已經為台灣人的本土意識舖下根基。大戰後，「祖國」帶來的經濟恐慌，加速了本土意識的成長。雖然台灣人在二二八革命中提出的政治要求，尚未一致而明確地揭櫫「獨立建國」，但在強調「台灣的政治由台灣人自理」的原則上面，則是一致而明確的。尤其是在大屠殺後，台灣與中國之間的時斷時續的脆弱連鎖已經徹底切斷。二二八失敗之後，進步的革命參與者已經清清楚楚認識了，只有自求解放、只有獨立自主，台灣人才有生機。

- 台灣的革命者從二二八獲得了一次血淚教訓：反殖民、反封建的武力鬥爭必須築基於踏實的組織與宣傳工作，而只有農工大眾才是可靠的革命力量。在革命的每一階段，必然會出現許多掀風作浪的投機政客及浮游士紳。這些阻礙革命、破壞革命的政客士紳，必

須時時加以清除。

- 在二二八期間及其後的大屠殺，台灣人進一步認識了國民黨反動政權的狡猾與殘忍。二二八革命之前，台灣人對國民黨的本質缺乏認識，這是導致失敗的原因。但經過二二八的血淚教訓之後，進步的革命參與者，已經徹底認清了國民黨政權的殖民封建本質。

第四部分　國際

CONFIDENTIAL　　　　　CONFIDENTIAL　　　　　CONFIDENTIAL

HOLD FOR RELEASE　　　HOLD FOR RELEASE　　　HOLD FOR RELEASE

PLEASE SAFEGUARD AGAINST PREMATURE RELEASE OR PUBLICATION.

The following communique is for automatic release at
7:30 P.M., E.W.T., on Wednesday, December 1, 1943.

Extraordinary precautions must be taken to hold this com-
munication absolutely confidential and secret until the hour set
for automatic release.

No intimation can be given its contents nor shall its
contents be the subject of speculation or discussion on the part
of anybody receiving it, prior to the hour of release.

Radio commentators and news broadcasters are particularly
cautioned not to make the communication the subject of speculation
before the hour of release for publication.

                    STEPHEN EARLY
                    Secretary to the President

- -

    President Roosevelt, Generalissimo Chiang Kai-Shek and
Prime Minister Churchill, together with their respective military
and diplomatic advisers, have completed a conference in North
Africa.

    The following general statement was issued:

    "The several military missions have agreed upon
future military operations against Japan. The Three
Great Allies expressed their resolve to bring unrelenting
pressure against their brutal enemies by sea, land and
air. This pressure is already rising.

    "The Three Great Allies are fighting this war to
restrain and punish the aggression of Japan. They covet
no gain for themselves and have no thought of territorial
expansion. It is their purpose that Japan shall be
stripped of all the islands in the Pacific which she has
seized or occupied since the beginning of the First World
War in 1914, and that all the territories Japan has stolen
from the Chinese, such as Manchuria, Formosa, and The
Pescadores, shall be restored to the Republic of China.
Japan will also be expelled from all other territories
which she has taken by violence and greed. The aforesaid
Three Great Powers, mindful of the enslavement of the
people of Korea, are determined that in due course Korea
shall become free and independent.

    "With these objects in view the Three Allies, in
harmony with those of the United Nations at war with
Japan, will continue to persevere in the serious and
prolonged operations necessary to procure the unconditional
surrender of Japan."

- - - - - - - -

740.0011 EUROPEAN WAR 1939/32623

JAN 19 1944　FILED　PS/LH

引言

二二八事變可以避免嗎？

當初中國國民黨若沒有占領台灣，二二八事變當然就不會發生。但要了解國民黨如何拿下台灣，我們有必要將二次大戰前夕的中國如何看台灣，及國民黨之如何設計拿下台灣做個敘述。這也是〈中國國民黨如何拿下台灣〉一文所要探討的。

在太平洋戰爭結束後，台灣的處置依循「通令第一號」。

「通令第一號」是一份在1945年8月10日夜間趕出來的文件，指示日本帝國如何處置她的領土及占領地。〈通令第一號——日本帝國領土及占領地的處置〉一文探討了為什麼前日本帝國的領土及占領地都獨立了，卻只有台灣沒有獨立。

最後，我們由部分解密的美國外交文件來了解當時的情況及美國的處置。

〈1947年的美國外交文件——台北、南京、上海、與華府〉一文敘述並討論美國國務院的外交文件。

中國國民黨不來占領台灣，當然就不會有二二八事件的發生。但中國國民黨是占領了台灣，而二二八革命也發生了。不但如此，最後中國國民黨也都搬到台灣來了。但故事並沒有就到此結束。目前對岸的中國共產黨先說是要血洗台灣，後來改成和平解放台灣，到今天所謂的和平統一。

　　「國民黨不倒，台灣不會好」固是箴言，同樣的，「共產黨不倒，中國不會好」也是箴言，而更重要的是，「中國黨不來，台灣才會好」。

中國國民黨如何拿下台灣

　　中國人在歷史上一向是個陸地動物。萬里長城的建造標明了中國的外患來源與自己劃定的國界。當清朝打敗了鄭氏王朝後，本也沒要置台灣於版圖之內。即使在將台灣納入版圖後，也都以化外之地來處理。台灣在1895年的甲午戰爭割日後，對清朝的影響倒不是失去台灣，而是巨額的對日賠款。這也是李鴻章到沙俄求取經援而於1896年簽下中俄密約的原因。

　　本來就不被中國人視為領土一部分的台灣，在中日甲午戰爭後更是由中國人的意識中消失了。

　　清朝是繼荷蘭、西班牙、鄭氏王朝後占領台灣的第四個外來政權。清朝因甲午戰爭將台灣割讓給日本，而使日本成為台灣的第五個外來政權。也因為日本之由清朝（中國）手中取得台灣，在30年代的中國反日浪潮中，台灣也開始浮現在中國人的記憶裡。

中國的台灣意識

　　1931年的九一八事變（也稱柳條湖事變，滿州事變）是日本關東軍侵占中國東北以建立滿洲國的藉口。這個事變在中國引起公憤。隔年（1932年），一般咸認是日本挑釁所引起的的上海一‧二八事變，日軍與國民黨軍在上海打了起來。1932年5月5日，雙方簽訂「淞滬停戰協定」。1932年，

上海的「日新輿地學社」印製了「新中華形式大地圖」。地圖的右側寫著「毋忘國恥」，底下附兩個小標題：「二十年九一八日本占我東三省，二十一年一二八日又侵我淞滬」。在台灣的地圖上則標明「光緒二十一年割於日」。這是當時中國民間第一次將台灣割日視為國恥的開始，但也沒有說要「收復失土」。1936年西安事變後，國共聲言要聯合抗日。但台灣這個「失土」仍舊沒有在他們信誓旦旦的抗日聲明中出現。同年，國民黨要展現國民政府所興建的鐵路與公路，而由「全國經濟委員會公路處」印製了地圖。但這個地圖並不包含台灣。一直到1941年蔣介石才將台灣列入中國抗日的議題中加以宣傳，使「台灣割日」這個歷史開始成為「國恥」。從1932年的「割於日」，到1943年的開羅宣言中因蔣宋的運作，而使台灣成為「日本在中國所竊取之領土」，而必須「歸還中華民國」。期間的變化與運作不過十年。

　　雖然由1941年開始，台灣才開始陸續的出現在中國人的記憶裡，而於1943年的開羅宣言中由「割於日」變成「日本竊取」，必須歸還中華民國。但於戰後那一段時日，台灣仍不很存在於中國人的意識裡。在國民黨官方的「中國手冊1937-1945」（China Handbook 1937-1945: A Comprehensive Survey of Major Developments in China in Eight Years of War），及1946年的增訂版本，雖有提到「台灣革命人士」（Formosan Revolutionaries）對日的「愛國抵抗」（patriotic resistance），但台灣並沒有被列在中國各省的列表裡（當時總共列28省）。即使在1947年的官方版本中，台灣還是沒列入中國的版圖。

　　1948年，兵敗如山倒的蔣介石開始考慮退路，此時台灣戰略地位的重要開始變得很實際，而不再只是一個空泛的觀念。1949年12月7日，中華民國的中央政府撤退到台灣後，台灣便成為國共內戰的焦點，而成為一個必須收復的失土。（以上參考高格孚（Stéphane Corcuff）的 "The Liminality of Taiwan: A Case-Study in Geopolitics,《Taiwan in Comparative Perspective》, December 2012）

美國的中國意識

　　美國原本是很排華而於1882年通過了排華法案（Chinese Exclusion Act）。這個排華法案也於1924年擴大到所有亞洲人（the Johnson-Reed Act），而在日本社會引起一大反彈。

　　1931年，賽珍珠（Pearl S. Buck）出版了《大地》（The Good Earth）這部描寫中國一個農村社會的小說。《大地》是美國1931年與1932年最暢銷的小說，使賽珍珠於1932年取得美國的普立茲獎，1938年得到諾貝爾文學獎。《大地》這部小說大大改善了美國人對華人的印象。也因此，美國社會開始出現改善中國人形象與改善中美關係的運動。親華的時代雜誌發行人亨利・魯斯（Henry R. Luce, 4/3/1898-2/28/1967），曾被認為是那個時代最有影響力的一個美國公民。他也幾度將蔣介石與宋美齡登上時代雜誌的封面人物。大大提升了蔣宋兩人在美國的形象。

　　珍珠港事變（1941年12月7日）後，美國向日宣戰，而與中國（國民黨）成為同盟國。1942年10月，羅斯福總統

派1940年與他競選總統大選失利，而想於1944年再爭取共和黨提名的前總統候選人威爾基（Wendell Willkie, 2/18/1892-10/8/1944）到重慶做親善訪問。在重慶訪問時，威爾基與宋美齡有一夜情，而本要帶宋美齡與他一同回美做訪問。但與威爾基同行的《展望》雜誌（Look）發行人高爾士（Gardner Cowles）勸威爾基打消這個主意。宋美齡雖然沒有與威爾基一同訪美，但多少也受到威爾基的鼓勵，宋美齡於是於1943年2月到4月間訪問美國而引起一陣旋風。

　　在美國對中國的形象已有改善而與中國（國民黨）已成盟國的背景下，宋美齡的訪美可說正是時候。她於1943年2月18日在美國參眾兩院各做演講，3月2日在紐約的麥迪遜廣場花園（Madison Square Garden）演講，3月7日到波士頓及她的母校衛斯理學院演講，3月22日到芝加哥體育場（Chicago Stadium）演講，3月27日到舊金山，最後是到洛杉磯的好萊塢露天劇場（Hollywood Bowel）作演講。宋美齡善於用帶有中國味的服飾來引發美國人對神祕東方的遐思。她給當時美國人的印象是漂亮，善於言辭及尊貴。她也扮演了一個弱女子（弱中國）需要救援的角色。而在私下與政要的會面中則大開口要美國的經援與軍援。

　　但美國之有排華法案而卻與中國有盟友關係，卻也成為日本對華宣傳的要點。日本視這種情況為美國的偽善，而宣揚日本的大東亞共榮圈的構想，強調亞洲事務由亞洲人自己來決定。而於同時，賽珍珠的出版商先生詹姆士・華爾士（James Walsh）也與親華的友人於1943年5月25日成立了「廢除排華法案公民委員會」（Citizens Committee to Repeal

Chinese Exclusion）。他們遊說國會議員去廢除這個方案。7個月後的1943年秋天，美國國會加以修改而多少廢除了原來的排華法案。

蔣宋的開羅會議

宋美齡當時在美國媒體界已有一些很強的支持者——如亨利・魯斯與華爾士，而她本人也很擅長於媒體的操作。在她訪美的那段時間，她與她的哥哥宋子文把中國描述成是美國自由民主的盟邦，為自由民主而戰。在呼籲美國支持中國（國民黨）的談話中，宋美齡多少指控了美國援華不夠力，沒有平等的對待中國。而事實上，在羅斯福總統的心目中，歐洲戰場是優先的，太平洋戰爭其次（至少是時序上的考量），中國戰場是最後的。羅斯福總統也了解國民黨的腐敗與無能。但在宋美齡的國民黨及其美國支持者（這也是後來被稱為「中國遊說客，The China Lobby」的特殊利益團體）的運作下，所造成的壓力也是羅斯福總統必須要去面對的。為了這個，羅斯福就教於成長於中國，也在中國住了三十多年的賽珍珠。賽珍珠的建議是要羅斯福總統給蔣介石一個見面的機會，以消除蔣介石的不安全感。而也在這種思惟的背景下，羅斯福於三強（美英蘇）的德黑蘭會議（11/28/1943-12/1/1943）之前，安排在中途的開羅與蔣介石舉行了開羅會議（11/23/1943-11/26/1943）。那一年的感恩節是11月25日，羅斯福總統與蔣介石夫婦有茶敘。晚餐則與邱吉爾共享。火雞是由美國帶來的。德黑蘭會議結束後，羅斯福與邱

吉爾再度於開羅停留（12/4/1943-12/6/1943），這回與土耳其討論土耳其是否要繼續維持中立或參戰。由這個背景看來，三強的德黑蘭會議及1945年的雅爾達會議與波茨坦會議是重頭戲。開羅會議只不過是羅斯福與邱吉爾於二次大戰中11次會議中的一個。不同的是有蔣介石的參與，又不同的是開羅會議已成為國民黨與共產黨都大做文章的一場會議。

　　嚴格說來，開羅會議是蔣宋「爭取」出來的。沒有宋美齡在美國的旋風式施壓，可能也不會有這個會議的產生。而在會中，宋美齡是唯一參與開會討論的女性。雖然美國有安排官方的翻譯人士，她卻堅持做蔣介石的翻譯人，強調她了解她先生。開羅公告中聲稱台灣澎湖列島是日本由中國竊取的領土，必須同東北四省般的歸還中華民國。但我們知道台灣是依馬關條約割讓給日本的，難以說是竊取。把開羅會議說是蔣宋的開羅會議也不為過。邱吉爾的回憶錄中提到開羅會議被中國事物的討論占了太多時間，複雜而也都是芝麻小事（lengthy, complicated, and minor）。羅斯福身邊的主要助手哈利‧霍普金斯（Harry Hopkins, 8/17/1890-1/29/1946）則指出開羅會議對整個戰局的進展一點幫助也沒有。

台灣是中國的一部分？

　　開羅宣言也因而成為中國說台灣是中國的一部分的「法理基礎」。把一份沒有人簽名的新聞公報當成是個條約來處理倒也頗有想像力。國民黨後來的接收台灣成為這一論證的延續。但事實上，接收（或占領）與領土的主權是沒有關係

的。開羅宣言中提及「……東北四省台灣澎湖列島等歸還中華民國」。但東北的接收是由盟軍的蘇聯攻下來而占領的，而原來法屬的越南是派中華民國（北越）與英國（南越）去接收的。這表示了接收占領與主權的不同。

　　但在主張「台灣是中國的一部分」這個事項來看，無疑的是中國國民黨是比中國共產黨較早提出而也較有步驟的。

　　九一八事變後的隔年，國民黨的南京政府就下令在小學課本裡加一篇名為〈台灣糖的滋味〉的教材。內容是：「台灣糖，甜津津，甜在嘴裡苦在心。要問這糖何處造，這糖造自台灣人。甲午年，起糾紛，鴨綠江中浪滾滾！中日一戰清軍敗，從此台灣歸日本！台灣糖，甜津津，甜在嘴裡痛在心。」

　　利用台灣的糖來對愛吃甜食的小朋友做這種「教育」，也可說相當高明。但這可說與孫文及早期的蔣介石的想法大相逕庭。孫文與早期的蔣介石都不認為台灣是中國的一部分。

　　相對之下的中國共產黨，早期也都不主張台灣是中國的一部分。毛澤東不但沒主張台灣是中國的一部分，反而在接受美國記者史諾（Edgar Snow, 7/17/1905-2/15/1972）的訪問時提起他支持台灣及朝鮮人民的獨立（紅天十字星，Red Star Over China）。早期的毛澤東也主張湖南的獨立。而據華安瀾（Alan M. Wachman, 10/13/1958-6/21/2012）的研究指出，不只過去的毛澤東，甚至有可能到後來的鄧小平都不認為台灣是中國的一部分。

　　但今天的中國當然是信誓旦旦的說台灣自古以來就是中國神聖不可分割的領土。就以目前中國初中的一個叫「思想品德」的科目來看，課本裡面就有如下的敘述：「……解決台灣問題，實現祖國完全統一，是全體中華兒女的共同心願……反對『台獨』分裂活動絕不妥協」。看中國當今這種教材與當年國民黨下的〈台灣糖的滋味〉真是相差很大。台灣人認為中國國民黨是個專制獨裁的暴政，但由當今中國的教材可看出中共是比國民黨狂暴多了。態度強硬和大聲叫囂是一回事，但中國若想要繼1945年國民黨般的再拿下台灣，可說已是不可能的事了。最大的差別將不在於中國的態度，而在於台灣已不再有當年的「祖國情懷」了。如英文所說的：「騙我一次你可恥，騙我兩次我可恥」（Fool me once, shame on you. Fool me twice, shame on me.），台灣人如何還會再上第二次當。

　　國民黨在1945年是將台灣騙到手了。過程是國內先宣傳造勢，然後在強權美國造勢施壓，而有了個開羅會議這個平台的機會。蔣宋兩人在開羅會議中大做手腳，而於會後大做文章，再加上當時台灣人普遍被誤導的「祖國情懷」，終將使台灣落入國民黨的手中。

CONFIDENTIAL　　　　CONFIDENTIAL　　　　CONFIDENTIAL

HOLD FOR RELEASE　　HOLD FOR RELEASE　　HOLD FOR RELEASE

PLEASE SAFEGUARD AGAINST PREMATURE RELEASE OR PUBLICATION.

The following communique is for automatic release at
7:30 P.M., E.W.T., on Wednesday, December 1, 1943.

Extraordinary precautions must be taken to hold this com-
munication absolutely confidential and secret until the hour set
for automatic release.

No intimation can be given its contents nor shall its
contents be the subject of speculation or discussion on the part
of anybody receiving it, prior to the hour of release.

Radio commentators and news broadcasters are particularly
cautioned not to make the communication the subject of speculation
before the hour of release for publication.

　　　　　　　　　　STEPHEN EARLY
　　　　　　　　　　Secretary to the President

- -

　　President Roosevelt, Generalissimo Chiang Kai-Shek and
Prime Minister Churchill, together with their respective military
and diplomatic advisers, have completed a conference in North
Africa.

　　The following general statement was issued:

　　"The several military missions have agreed upon
future military operations against Japan.　The Three
Great Allies expressed their resolve to bring unrelenting
pressure against their brutal enemies by sea, land and
air.　This pressure is already rising.

　　"The Three Great Allies are fighting this war to
restrain and punish the aggression of Japan.　They covet
no gain for themselves and have no thought of territorial
expansion.　It is their purpose that Japan shall be
stripped of all the islands in the Pacific which she has
seized or occupied since the beginning of the First World
War in 1914, and that all the territories Japan has stolen
from the Chinese, such as Manchuria, Formosa, and The
Pescadores, shall be restored to the Republic of China.
Japan will also be expelled from all other territories
which she has taken by violence and greed.　The aforesaid
Three Great Powers, mindful of the enslavement of the
people of Korea, are determined that in due course Korea
shall become free and independent.

　　"With these objects in view the Three Allies, in
harmony with those of the United Nations at war with
Japan, will continue to persevere in the serious and
prolonged operations necessary to procure the unconditional
surrender of Japan."

- - - - - - -

740.0011 EUROPEAN WAR 1939/32623

JAN 19 1944　FILMED　PS/LH

開羅公報 (Cairo Communique) 的原文。

通令第一號
——日本帝國占領地及領土的處置

　　太平洋戰爭的結束是來的相當唐突的。

　　1945年5月8日，德國投降，歐戰正式結束。英美俄三巨頭決定繼續他們於1945年2月4日到11日，在雅爾達會議中對戰情及戰後局勢的討論。1945年7月17日到8月2日的波茨坦會議就在這種背景下展開。在波茨坦會議前，美國的原子彈試爆已經成功。與會的杜魯門總統也告知史達林此事。有些史家推測杜魯門總統告知史達林美國有原子彈一事，可能是要增加談判的籌碼。歐戰雖然已經結束，但三巨頭不能確定太平洋戰爭還會持續多久。當時的估計是可能還要持續幾個月的時間。

　　原先參與曼哈頓計劃（Manhattan Project）製造原子彈的歐美科學家，尤其是歐洲來的科學家，他們的動機是要擊敗納粹德國。他們可能沒想到最後是使用於日本的廣島（8月6日）與長崎（8月9日）。兩顆原子彈後，日本帝國於8月15日投降。日本的投降使盟軍的戰局出現一個接收期的真空。蘇聯方才向日宣戰，英國的蒙巴頓將軍尚未登陸馬來亞，而蔣介石的軍隊尚未，也無能進軍中國的東部與北部。大部分的亞洲領土仍掌握在日本帝國的手中。投下原子彈後及日本投降前，美國有關處理戰事的軍政人員（State-War-Navy Coordinating Committee 和 Joint Staff Planners）於8月10日晚上及8月11日，在剛落成不久的五角大廈裡討論戰後的處置及接

收問題。8月11日早上，他們完成了「通令第一號」（General Order No. 1），對日本帝國占領地的接受事項做了個指示。1945年8月17日（美國時間8月16日），通令第一號發送給日本帝國政府，指示日本帝國政府對占領區及領土的處置原則及交接辦法。

通令第一號的大要是：日軍在中國（不包括滿州），台灣，及北緯16度以北的印支半島（中南半島，主要是北越）由國民黨的蔣介石代表接受。滿州國，北韓（38度以北），與南庫頁島由蘇聯接收。日本本土，南韓，菲律賓，及一些太平洋群島由麥克阿瑟與海軍上將尼密茲（Chester W. Nimitz, 2/24/1885-2/20/1966）共同接收。印支半島16度以南及東南亞的全部，包括緬甸、泰國、馬來亞、及印尼，由英國的蒙巴頓將軍接收。底下我們就來看一些國家的交接前狀況及其後續發展。

菲律賓

菲律賓於1896年就開始進行對西班牙殖民政權的反抗。1897年12月，菲律賓的革命軍與西班牙簽了停戰協議。領導者阿基諾多（Emilio Aguinaldo, 3/22/1869-2/6/1964）逃到香港。在1898年的美西戰爭中，阿基那多搭乘美國的軍艦USS McCulloch號，協助美國攻打菲律賓。在1898年5月1日的馬尼拉海戰中，美國擊敗了西班牙。6月12日，阿基那多宣讀菲律賓獨立宣言。但菲律賓的獨立沒有受到美國與西班牙的承認。在1898年的美西巴黎和約中，菲律賓被以二千萬美元的代價「賣」給了美國。菲律賓與美國也因而進行了長達三年

的菲美戰爭（Philippine-American War），直到阿基那多被美國逮捕為止。在美國的殖民過程中，菲律賓人獲得了局部的自治。威爾遜總統於1916年允諾菲律賓最終將會得到獨立。

1941年7月，麥克阿瑟就已準備應付日本的可能攻打菲律賓。珍珠港事變（1941年12月7日，美國時間）後的十小時，日本攻打菲律賓。1945年1月9日，日本攻下了馬尼拉。麥克阿瑟之失去菲律賓被認為是近代戰略史上的一大失敗，這也是麥克阿瑟逃到澳洲後說：「我挺過來了，我將會回去」（I came through and I shall return）的背景。

日本占領菲律賓後馬上重組政府，允諾菲律賓人會給予獨立。大部分的菲律賓精英（包括阿基諾多）都與日本合作。1943年10月，在日本統治下的菲律賓宣布獨立。當美國反攻菲律賓後，美國與在菲律賓的日軍打到9月2日那天——日本在東京灣的密蘇里號上簽下投降協定後，在菲律賓的日軍才投降。

1946年7月4日，美國的獨立紀念日，美國允准菲律賓獨立。直到1961年，菲律賓才改訂6月12日為他們的獨立紀念日。

馬來西亞與新加坡

當今的馬來西亞與新加坡於18世紀時便成為英國的殖民地。為了開發金礦、錫礦、橡膠，認為馬來人不夠勤勞的英國殖民政府，大量引進了華人與印度工人。馬來人的民族主義雖於19世紀末就有聲息，但不成氣候。主要原因之一是幾乎一半的人口不是華人就是印度人，他們不以馬來亞為家。

這種現象直到二次大戰前後才有重大的改變。二次大戰後，英國政府在決定交出政權的過程中，馬來人的民族主義扮演了一個相當有影響力的角色。

　　二次大戰爆發前夕，在馬來亞的英國殖民政府可說沒有什麼準備，也因而在1942年2月就投降了。在日軍占領期間，華人被視為是敵方，而馬來人則受到「栽培」，而也多少配合日本的占領軍。期間馬來人的民族主義也得到滋長。全是華人的馬共則成為抵抗日軍的主力。1944年，英國開始規劃馬來亞聯邦事宜，最終的目標是獨立。1945年9月15日，日軍在檳城簽下投降書。而英國也開始協調及整頓馬來亞的緊張族群關係，與政治意識形態的爭執。為了對抗馬共的馬來亞緊急令（Malayan Emergency）也維持了12年（1948-1960）。1957年8月31日，馬來亞聯邦就已由英國協中取得獨立，由東姑拉曼（Tunku Abdul Rahman，2/8/1903-12/6/1990）當首任總理。但由於華人的公民地位問題，汶萊、北婆羅州及沙勞越的歸屬問題，使得馬來亞的獨立建國一波三折。1955年取得自主權的新加坡的李光耀，於1959年向東姑拉曼提出馬來西亞架構的建議。1961年東姑拉曼同意馬來西亞的構想。而在與英國政府交涉後，最後於1963年9月16日宣布馬來西亞的成立：包括馬來半島，沙勞越，北婆羅州與新加坡。但由於新加坡是華人為主的社會，新加坡的加入馬來西亞「稀釋」了馬來人的比率。以1957年的調查來看，馬來人人口占55%，華人35%，印度人10%。若新加坡加入馬來西亞，則華人人口會提升至40%。也因此東姑拉曼於馬來西亞成立不到兩年的時間便要新加坡退出馬來西亞。新加坡因而於1965年8

月9日宣布獨立。

印尼

在荷蘭統治時期的1927年7月4日，蘇卡諾（Sukarno，6/6/1901-6/21/1970）就與同志組織團體爭取獨立。他也因而遭受到荷蘭殖民政府的監禁與放逐。但他在法庭上發表的一系列名為「印尼指控」（Indonesia Accuses）的演講，卻使他聲名大噪而成為全國英雄。1942年2月，日軍輕而易舉的攻下印尼。攻下印尼後，日本釋放了被荷蘭政府囚禁的印尼民族主義者。早就有蘇卡諾檔案的日軍將領今村均（6/28/1886-10/4/1968）與蘇卡諾會面，對他禮遇有加。今村均要蘇卡諾及其民族主義分子與日本政府合作，支援戰事計劃。蘇卡諾以宣揚印尼民族主義作為交換條件。1945年4月，美軍攻入菲律賓後，日本允許由印尼各族群組成的議會（BPUPKI）的成立。在幾次會議後，蘇卡諾提出結合印尼人的五個原則（pancasila）：民族主義，國際主義，民主，社會公義，信仰上帝。當時的日本首相小磯國昭（3/22/1880-11/31/1950）允諾日本會給印尼獨立，但沒提時間表。1945年8月15日，日本投降。兩天後的8月17日，蘇卡諾宣布印尼的獨立。1945年9月底，英軍開始抵達雅加達，而於10月進占了各主要城市。此時荷軍也在英軍的保護下回到印尼。印荷雙方因而開始對打起來。急於撤退的英國於1946年容許了大量荷蘭軍隊的進入印尼。在荷軍一再進逼的過程中，蘇卡諾的共和軍也面對共產黨的武裝起義。共產黨的武裝起義於1948年被共和軍擊敗，但共和軍也因而受到削弱。但此時國

際壓力不利荷蘭，而美國也對印尼的共和軍不靠外力卻能擊退共產黨一事印象良深。美國因而逼迫荷蘭停止戰事，否則要取消美國對荷蘭的馬歇爾計劃的援助。在這種背景下，1949年12月27日，在海牙的印荷圓桌會議上，荷蘭的茱利安娜女王（Queen Juliana）正式把印尼的主權交給印尼。

越南

1940年6月，納粹德國攻下法國。同時，一小隊日本先遣軍也進入中南半島。9月，日軍大舉進入越南，但容許法國的維奇政權（Vichy Government）繼續做一般的行政工作。法國的維奇政權一直維持到戰爭末期。1945年3月9日，日軍取消維奇政權，並將法國人關入監獄中。

日軍侵入中南半島後也激發了胡志明的越盟對日軍及法國殖民政權的抵抗。越盟也受到美國CIA的前身OSS（Office of Strategic Services）的資助。本來就不喜歡法國人的羅斯福總統，對法國的敗於德國及後來日軍的進入越南，而以越南為基地攻打東南亞其他歐美殖民地的現象頗為不滿。羅斯福認為法國是個頹廢的國家，不應重返中南半島。但繼任的杜魯門總統則改變了這個看法，同意法國重返中南半島。

在戰事失利下，1945年3月，日本邀請越南的末代皇帝保大（阮福晪，10/22/1913-8/1/1997）宣布越南的獨立，而成為大東亞共榮圈的一員，是個傀儡政權。

日本投降後，通令第一號以北緯16度為界。北越由蔣介石的軍隊代表接收，南越則由英國接收。1945年8月，胡志明發動攻勢，占領了大部分的北越。1945年9月2日，胡志明

以美國獨立宣言為底稿宣布越南的獨立。他也去信杜魯門總統，要求美國依循大西洋憲章的精神承認越南的獨立，但都沒有收到回覆。1945年9月12日，法軍也在英軍的掩護下開始登陸南越。

1945年9月，蔣介石派雲南軍閥盧漢去接收北越。盧漢一行20萬人，衣衫破爛也沒什麼裝備的「軍隊」，也有人帶領全家大小，一夥人開始接收北越。要吃最好的，住最好的，到處姦殺掠奪並大搞黑市交易。此時的越南成為法軍、國民黨軍及越盟三大勢力角逐的天下。

越盟早期的基地設於中國與北越的邊境地帶，被國民黨關過的胡志明深諳中國人的習性。9月中旬，他下令越盟游擊隊到鄉間勸募黃金，而製成一個純黃金的鴉片煙管送給盧漢，希望盧漢手下留情。而在同時，不信任中國的法國也積極與國民黨協商，以法國放棄上海租借地來換取國民黨的撤離北越。對越盟，法國提議給越南更大的自主權，但要越南納入法蘭西聯邦（French Union），法國仍將擁有越南的主權。在這種協議下，1946年3月6日，越盟、中國、與法國簽下了「六三協定」。但胡志明等國民黨軍離開越南後隨即與法國打了起來。對這個六三協定的簽訂，胡志明說：上次中國人來一待就是一千年。法國人是外國人，很弱，殖民時代已成過去。白人在亞洲已是歷史。但如果中國人留下來則他們永遠不會離開。我寧願多聞法國屎五年也不要一輩子吃中國屎。

1954年，越盟於奠邊府打敗法國。那一役可說跌破了觀察家的眼鏡。成立於1941年的越盟之能於短期內成功固源

於越南人的民族意識，但在現代軍事的了解與應用上則要歸功於日軍。戰後有不少日本人留在越南。戰爭結束前，估計在北越就有五萬名日軍與平民。1946年，三萬兩千人被遣回日本，三千人逃到海南島，尚有一萬五千人留在北越。許多留下來的有些是因為與當地人結婚或有關聯而不願回去，有些是逃避盟軍的戰犯調查，有些則羞於回去一個戰敗的國家而寧願留於越南成為浪人，也有一些技術人員是被迫留下來的。1946年6月，越盟在廣義省成立軍校，由日軍訓練出四百多位越南人。許多都成為後來與法國及美國作戰的將軍。越軍的主要領導人武元甲（8/25/1911-10/4/2013）據傳就有一千五百名極端仇視白人的日本人在他麾下。據估計，越盟收容有約五千名的前日本軍（Goscha, Christopher E.：

"Belated Asian Allies: The Technical and Military Contributions of Japanese Deserters to the Viet Minh（1945-1950）"）。這也成為越盟能夠極速發展擴大而成功的主要原因之一。

韓國

甲午戰爭前，朝鮮王朝已存在有六百多年了。在日治時期，獨立的呼聲也此起彼落。1919年3月1日，韓國發生了全國反日示威的「三一運動」。隔月的4月13日，「大韓民國臨時政府」於上海成立，李承晚（4/18/1875-7/19/1965）為首任主席。這個臨時政府與國民黨的關係良深，後來也隨國民黨搬到重慶。李承晚於1904～1910及1912～1945年間大都在美國。先是讀書，後來也從事臨時政府的外交工作。他說服羅斯福總統及國務院去承認臨時政府，而也與CIA的前身

OSS（Offices of Strategic Services）有所合作。另一方面，左翼的金日成（4/15/1912-7/8/1994）也在東北參與中共對抗日本的活動。1940年，他與同夥越過黑龍江到蘇聯，並接受俄共的訓練。

1945年8月，太平洋戰爭已近尾聲。日本在韓國的最後一個總督阿部信行召集一些韓國要人討論政權的交接事宜，領導人是一個左傾的呂運亨。8月8日，蘇聯對日宣戰。擔憂蘇聯會進占整個朝鮮半島的美國，於8月10日匆匆忙忙的依美國《國家地理雜誌》的地圖將韓國劃分為兩部分。北緯38度以北由蘇聯占領，38度以南由美國占領。蘇聯不加思索就同意這個協議。那時候的美國不知道北緯38度曾經是日俄戰爭前，日本與俄國祕密協商的勢力劃分範圍。

1945年9月7日，麥克阿瑟將軍命令約翰‧赫局將軍（Lieutenant General John R. Hodge）處理韓國事物。9月8日，赫局將軍由仁川登陸。在美國居住多年，極端反共，也娶美國太太的李承晚便成為當時最顯著的政治人物。上台後的他用軍力對抗左翼的反對人物。在那幾年間，介於三萬到十萬人因而喪生。呂運亨也於1947年7月19日遭到暗殺。

在美軍登入仁川前後，蘇聯軍隊也進入北韓抵達平壤。蘇聯也發現一些爭取獨立的團體的存在，而也在運作中。蘇聯也開始安排韓國共產黨黨員進入政府的要職。由於1943年12月1日發表的開羅宣言中，三盟國的決議是「決定在相當時期使朝鮮自由獨立」（…in due course Korea shall become free and independent），所以當時也沒有馬上辦理主權移交的事實。1945年12月的莫斯科會議中，同盟國決定蘇聯、美國、

英國、與中華民國會托管韓國到韓國獨立為止，以五年為限。1946年2月，金日成開始掌權。3月，他實施土地改革，迫使四十萬北韓人（大都是地主及過去與日本政府合作的人）逃到南韓。聯合國於1947年11月24日通過議案，主張選舉，但蘇聯反對。在這種情況下，只有南韓於1948年5月10日舉行選舉。8月15日，大韓民國正式成立。9月9日，金日成宣布朝鮮人民共和國的成立。1950年6月25日北韓侵入南韓，爆發了韓戰。1953年7月27日，雙方簽訂停戰協議。

就只有台灣沒有獨立

從十六世紀就開始向外發展而建立起來的大英帝國，曾一度是人類歷史上最大的帝國。二次大戰的結束也可說是大英帝國的結束。隨之而起的是美國這個超級強權的產生。而在這個轉接期中，我們多少可以看出英國的老練與新手美國的生疏表現。

在為安撫並鼓勵蔣介石而召開的開羅會議（11/23/1943-11/26/1943）中，親華的羅斯福總統為了鼓勵蔣介石的抗日，提出了美蘇英中四個世界警察的構想，將中華民國視為四強之一（美英蘇中）。知道中國的積弊及沈痾的邱吉爾認為這種看法是一種錯覺（illusory），天真（naive），而也很可笑（whimsical）。但我們也不得不承認這是宋美齡與蔣介石在對美外交上的一大突破。開羅會議雖然只是個新聞公報，而非條約，但它卻給國民黨於戰後有很大的權利。通令第一號給國民黨占領台灣，北越，及在中國的日本占領區

（長城以內，除卻滿州）的占領權。

　　但通令第一號遺漏了當時也在日軍占領下的香港。最後美國決議由英國接收。通令第一號也沒考慮到千島列島（Kuril Islands）。美國本要進占千島列島，但蘇聯馬上抗議。蘇聯提出在雅爾達會議中，美國已同意千島列島由蘇聯占領。這個日本所稱為「北方四島」的版圖之爭也成為日後日俄關係正常化的絆腳石。

　　在此我們也可以看出，占領與主權並沒有關聯。美國占領日本，但美國並不擁有日本的主權。蘇聯占領東北與北韓，但蘇聯也不具有東北與北韓的主權。美國也不擁有占領地南韓及琉球的主權。英國被派占領東南亞的許多國家，但也都沒擁有該地的主權。國民黨占領北越，但也沒擁有北越的主權。開羅宣言中提及「……東北四省台灣澎湖列島歸返中華民國」，而通令第一號也派蔣介石占領台灣。開羅宣言也因而成為國民黨認為他擁有台灣主權的法理基礎。

　　1951年9月8日，在舊金山所簽訂的「對日和約」（Treaty of Peace with Japan）中，參與簽署的國家共有48個，但不包括中華民國與中華人民共和國。美國本有意要將台灣的主權和平的做轉移，但遭到其他同盟國及許多國家的反對，所以台灣的主權仍是未決（Problem of Formosa. CQ RESEARCHER, Feb. 16, 1955）。1952年4月28日，中華民國與日本也在台北簽了中日和平條約。內容大致依循舊金山對日和約的內容，也沒觸及台灣的主權。1955年，參與擬定對日和約的前美國國務卿杜勒斯（John Foster Dulles）也表示日本只放棄台灣的主權，美國不能說台灣的處置是中國的內政問題。

　　再回到占領與主權的關聯。戰後東亞及東南亞國家在盟軍占領下紛紛獨立了，台灣卻是個例外。這個例外也不很奇怪。台灣雖然於日治時期有少數的獨立呼聲，而台共也於1928年在上海提出台灣民族獨立，建設台灣共和國的綱領。但總的來說，日治時期的台灣沒有什麼值得注意的獨立運動可言。相對之下，那時的韓國及東南亞殖民地諸國都已有或大或小，或強或弱的民族主義及獨立運動。其後來的達成獨立也是很自然的。

　　當時的台灣雖然沒有普遍的台灣民族意識及獨立運動，有的卻是瀰漫的祖國情懷，也因而會去歡迎國民黨的占領台灣。而這個也不是很奇怪的。當年英國帝國的殖民地、屬地、或領土，也都有很強的宗主國情懷。當第一次世界大戰爆發後，英國政府要她的五個自治領地（dominions）提供兵力幫忙作戰。這五個自治領地：澳洲、紐西蘭、加拿大、南非、與紐芬蘭（Newfoundland, 1948與加拿大合併後成為加拿大的一省）等都欣然接受。他們各各都提供兵力很樂意的幫宗主國打戰。但在與英國本土軍隊相處作戰的過程中，他們發現他們與英國人很不一樣，而且英國人也對這些自治領地來的人很不關心。也因此，一次大戰後，這些自治領地人民的民族意識開始高昇，開始強烈的認為自己是加拿大人、紐西蘭人、澳洲人、或南非人，而非英國人。也因為有這種「因了解而分開」的相處經驗，1931年英國通過了「西敏寺規章」（Statute of Westminster），建立英國協（British Commonwealth of Nations），不再干預各國內政，尊重各個國家的元首。二次大戰後，削弱的大英帝國更將英國協改名

為國協（Commonwealth of Nations）。國協的成員（目前有53國）沒有彼此法律上的約束力，只因語言、文化、歷史、民主、人權、與法治制度的類似而結合。

　　中國人到底沒有英國人的文明與法治素養，這也使懷有祖國幻想的台灣人在1947年的二二八革命中吃了個大虧，而也導致往後七十年姜身未明的情況，成為東亞及東南亞中唯一尚未獨立的國家。而最近，港獨呼聲甚囂塵上的香港也要加入了獨立建國的行列，使台灣成為唯二而不再是唯一了。而當中國境內的各民族也要爭取獨立建國時，台灣將不再是唯一或唯二，台灣民族的獨立建國運動將會成為這些民族追求獨立建國的典範。

　　走過日治時期，開羅宣言，通令第一號，二二八事件，及其後而來的白色恐怖，台灣人早已拋棄祖國情懷而孕育出旺盛的台灣民族主義了。接下來的台灣民族獨立建國是一個水到渠成的自然發展，剩下的只是一個導因而已。

　　（原載美國《太平洋時報》，2016年6月9日，原以楊起東之名發表）

通令第一號英文原文

General Order No. 1

Joint Chiefs of Staff
Instruments for the Surrender of Japan
J.C.S. 1467/2
17 August 1945

Note by the Secretaries

General order No.1 (Enclosure), as approved by the President for issue by the Japanese Imperial General Headquarters by direction of the Emperor, is circulated for information.

The President approved it with the understanding that it is subject to change both by further instructions issued through the Joint Chiefs of Staff and by changes in matters of detail made by the Supreme Commander for the Allied Powers in the light of the operational situation as known by him.

Enclosure (General Order No. 1) SWNCC21/8

Military and Naval

The Imperial General Headquarters by direction of the Emperor, and pursuant to the surrender to the Supreme Commander for the Allied Powers of all Japanese armed forces by the Emperor, hereby orders all of its commanders in Japan and abroad to cause the Japanese armed forces and Japanese-controlled forces under their command to cease hostilities at once, to lay down their arms, to remain in their present locations and to surrender unconditionally to commanders acting on behalf of the United States, the Republic of China, the United Kingdom and the British Empire, and the Union of Soviet Socialist Republics, as indicated hereafter or as may be further directed by the Supreme Commander for the Allied Powers. Immediate contact will be made with the indicated commanders, or their designated representatives, subject to any changes in detail prescribed by the Supreme Commander for the Allied Powers, and their instructions will be completely and immediately carried out.

The senior Japanese commanders and all ground, sea, air and auxiliary forces within China (excluding Manchuria), Formosa and French Indo-China north of 16 north latitude shall surrender to Generalissimo Chiang Kai-shek.

The senior Japanese commanders and all ground, sea, air

and auxiliary forces within Manchuria, Korea north of 38 north latitude and Karafuto shall surrender to the Commander in Chief of Soviet Forces in the Far East.

The senior Japanese commanders and all ground, sea, air and auxiliary forces within the Andamans, Nicobars, Burma, Thailand, French Indo-China south of 16 degrees north latitude, Malaya, Borneo, Netherlands Indies, New Guinea, Bismarcks and the Solomons, shall surrender to (the Supreme Allied Commander South East Asia Command or the Commanding General, Australian Forces--the exact breakdown between Mountbatten and the Australians to be arranged between them and the details of this paragraph then prepared by the Supreme Commander for the Allied Powers).

The senior Japanese commanders and all ground, sea, air and auxiliary forces in the Japanese Mandated Islands, Ryukyus, Bonins, and other Pacific Islands shall surrender to the Commander in Chief U. S. Pacific Fleet.

The Imperial General Headquarters, its senior commanders, and all ground, sea, air and auxiliary forces in the main islands of Japan, minor islands adjacent thereto, Korea south of 38 north latitude, and the Philippines shall surrender to the Commander in Chief, U. S. Army Forces in the Pacific.

The above indicated commanders are the only

representatives of the Allied Powers empowered to accept surrenders and all surrenders of Japanese Forces shall be made only to them or to their representatives.

The Japanese Imperial General Headquarters further orders its commanders in Japan and abroad to disarm completely all forces of Japan or under Japanese control, wherever they may be situated and to deliver intact and in safe and good condition all weapons and equipment at such time and at such places as may be prescribed by the Allied Commanders indicated above. (Pending further instructions, the Japanese police force in the main islands of Japan will be exempt from this disarmament provision. The police force will remain at their posts and shall be held responsible for the preservation of law and order. The strength and arms of such a police force will be prescribed.)

2. The Japanese Imperial General Headquarters shall furnish to the Supreme Commander for the Allied Powers, within (time limit) of receipt of this order, complete information with respect to Japan and all areas under Japanese control as follows:

Lists of all land, air and anti-aircraft units showing locations and strengths in officers and men.

Lists of all aircraft, military, naval and civil giving complete information as to the number, type, location and condition of such aircraft.

Lists of all Japanese and Japanese-controlled naval vessels, surface and submarine and auxiliary naval craft in or out of commission and under construction giving their position, condition and movement.

Lists of all Japanese and Japanese-controlled merchant ships of over 100 gross tons, in or out of commission and under construction, including merchant ships formerly belonging to any of the United Nations which are now in Japanese hands, giving their position con dition and movement.

Complete and detailed information, accompanied by maps, showing location and layouts of all mines, minefields and other obstacles to movement by land, sea or air and the safety lanes in connection therewith.

Locations and descriptions of all military installations and establishments, including airfields, seaplane bases, anti-aircraft defenses, ports and naval bases, storage depots, permanent and temporary land and coast fortifications, fortresses and other fortified areas.

Locations of all camps and other places of detention of United Nations prisoners of war and civilian internees.

3. Japanese armed forces and civil aviation authorities will insure that all Japanese military, naval and civil aircraft remain on the ground on the water or abroad ship until further notification of the disposition to be made of them.

4. Japanese or Japanese-controlled naval or merchant vessels of all types will be maintained without damage and will undertake no movement pending instructions from the Supreme Commander for the Allied Powers. Vessels at sea will immediately render harmless and throw overbroad explosives of all types. Vessels not at sea will immediately remove explosives of all types to safe storage ashore.

5. Responsible Japanese or Japanese-controlled military and civil authorities will insure that:

All Japanese mines, minefields and other obstacles to movement by land, sea and air, wherever located, be removed according to instructions of the Supreme Commander for the Allied Powers.

All aids to navigation be reestablished at once.

All safety lanes be kept open and clearly marked pending accomplishment of a. above.

6. Responsible Japanese and Japanese-controlled military and civil authorities will hold intact and in good condition pending further instructions from the Supreme Commander for the Allied Powers the following:

All arms, ammunition, explosives, military equipment, stores and supplies and other implements of war of all kinds and all other war material (except as specifically prescribed in Section 4 of this order).

All land, water and air transportation and communication facilities and equipment.

All military installations and establishments, including airfields, seaplane bases, anti-aircraft defenses, ports and naval bases, storage depots, permanent and temporary land and coast fortifications, fortresses and other fortified areas, together with plans and drawings of all such fortifications, installations and establishments.

All factories, plants, shops, research institutions, laboratories, testing stations, technical data, patents, plans, drawings and inventions designed or intended to produce or facilitate the production or use of all implements of war and other material and property used by or intended for use by any military or paramilitary organizations in connection with their operations.

7. The Japanese Imperial General Headquarters shall furnish to the Supreme Commander for the Allied Powers, within (time limit) of receipt of this order, complete lists of all the items specified in paragraph a, b and d of Section 6 above, indicating the numbers, types and locations of each.

8. The manufacture and distribution of all arms, ammunition and implements of war will cease forthwith.

9. With respect to United Nations prisoners of war and civilian internees in the hands of Japanese or Japanese-controlled authorities:

The safety and well-being of all United Nations prisoners of war and civilian internees will be scrupulously preserved to include the administrative and supply services essential to provide adequate food shelter, clothing and medical care until such responsibility is undertaken by the Supreme Commander for the Allied Powers;

Each camp or other place of detention of United Nations prisoners of war and civilian internees together with nits equipment, stores, records, arms and ammunition will be delivered immediately to the command of the senior officer or designated representative of the prisoner of war and civilian internees;

As directed by the Supreme Commander for the Allied Powers, prisoners of war and civilian internees will be transported to places of safety where they can be accepted by allied authorities;

The Japanese Imperial General Headquarters will furnish to the Supreme Commander for the Allied Powers ,within (time limit)of the receipt of this order, complete lists of all United Nations prisoners of war and civilian internees, indicating their location.

10. All Japanese and Japanese-controlled military and civil authorities shall aid and assist the occupation of Japan and Japanese-controlled areas by forces of the Allied Powers.

11. The Japanese Imperial General Headquarters and appropriate Japanese officials shall be prepared on instructions from Allied occupation commanders to collect and deliver all arms in the possession of the Japanese civilian population.

12. This and all subsequent instructions issued by the Supreme Commander for the Allied Powers or other allied

military authorities will be scrupulously and promptly obeyed by Japanese and Japanese-controlled military and civil officials and private persons. Any delay or failure to comply with the provisions of this or subsequent orders and any action which the Supreme Commander for the Allied Powers determines to be detrimental to the Allied Powers, will incur drastic and summary punishment at the hands of allied military authorities and the Japanese Government.

Source: Congressional Record, 6 September 1945.

TOP SECRET

DEPARTMENT OF STATE
WASHINGTON

August 13, 1945

MEMORANDUM FOR THE PRESIDENT

Subject: National Composition of Forces to Occupy
Japan Proper in the Post-Defeat Period.

The State-War-Navy Coordinating Committee and the Joint
Chiefs of Staff have agreed that the following is the policy
of the United States with regard to the responsibility of the
major Allies and possibly other United Nations at war with
Japan, and the apportionment of such responsibility, for
occupation and for the military government of Japan Proper in
the post-defeat period:

    a. This Government is committed to consulta-
tion with those of its Allies at war with Japan.

    b. This Government is also committed to the
principle of united action for the prosecution of
the war and acting together in all matters relating
to the surrender and disarmament of Japan.

    c. The United Kingdom, China and the Soviet
Union have a responsibility to participate with
the United States in the occupation and military
control of Japan and the obligation to assume a
share in the burden thereof.

    d. While the establishment of policies for
the control of Japan is a matter to be entered
into by the major Allies in harmony with the
United Nations, the United States should insist
on the control of the implementation of those
policies. The United States should exercise the
controlling voice in the occupation authority in
Japan Proper, should make available its share of
occupational forces, should designate the commander
of all occupational forces and principal subordin-
ate commanders, and should keep strategically
placed

740.00119 CONTROL (JAPAN) /8-1845 ¹⁹ Control of Japan/8-1845

TOP SECRET 00562

FILED OCT 2 - 1945

占領日本密件

1947年的美國外交電文
——台北，南京，上海與華府

　　1947年是台灣相當關鍵的一年。1945年國民黨占領台灣後，百業蕭條，社會動盪不安。而在同時，國共內戰也開始在中國展開。美國在此間扮演什麼角色，或是說美國的了解與觀察如何，是很值得注意的。透過美國當時外交界的電報往來，我們大可看出當時台灣社會的狀況。底下我們就來看一些當時的美國駐台北領事館與南京的美國大使館，及華府的國務院間的電報往來。當時美國駐華大使是司徒雷登（John Leighton Stuart, 6/24/1876-1962），公使銜參贊（minister-counselor）是巴特沃夫（William Walton Butterworth, 9/7/1903-3/31/1975），駐台北領事先是布雷克（Ralph J. Blake），後來是克倫茲（Kenneth C. Kerentz），駐台北副領事是柯喬治（George H. Kerr, 11/7/1911-8/27/1992,現在也翻為葛超智）。代理國務卿是艾奇遜（Dean Acheson, 4/11/1893-10/12/1971），國務卿則是馬歇爾(George Carlett Marshall, Jr. 12/31/1880-10/16/1959）。

1947年的電文節譯

1947年1月10日，台北領事館致南京大使館
　　12月20日在日本的台灣人抗議美國對台灣人的不公平對待。而最近的「渋谷事件」（註1：植於280頁）是台灣人首

次組織起來與外在團體對抗的例子。但據許多最近由日本返回台灣的台灣人表示，滋事者大都是黑道分子。經濟的蕭條使許多人以不當手段要混口飯吃。據一則未經證實的報導，在七、八、九月的日本，就有台灣人犯了三百件案件，比同期犯案的日本人多了一倍。一般台灣人不認為渋谷事件能站得住腳（have a case）。這個反美示威事件與最近在北平及中國四處的反美示威事件（註2：植於280頁）並沒有關聯。

台灣目前的謠言很多。美國在台中整修機場及工廠以做飛機維修一事，引來許多台灣人的求職。許多是當年在菲律賓與美國一起作戰的台灣人。事實上美國空軍已選好台中為基地，而也打算在台中設廠製造B-29。但謠言又傳說美國與蘇聯於不久將會對打起來，而將有30萬的美軍會登陸台灣。一說已有1600名美軍已由淡水登陸。也有一謠言說，因為國民黨的腐敗無能，美國會支持日本回來治理台灣。也有人引述日本高階人員於被遣返前在基隆的揚言，曰日本是被美國打敗而非敗於中國，20年後日本將會再回到台灣來。也有人傳言，由於國民黨因戰爭的負債，有意將台灣賣給美國。

大眾的不安反應了台灣與大陸政經局勢的不穩。而由大陸沿海地區持續移入台灣的中國人也帶來不同的訊息。警察制度很不穩，大型的搶劫案一再發生。

台灣一群相當有教育的人，據聞包括目前的台北市長（按，游彌堅）也在內，他們擔憂中國的內戰將會導致經濟的垮台，而台灣將會被捲入搶奪控制權的紛爭。他們對美國政府有三個期待：一、不要如日本投降後般的運送國民黨的軍隊來台。二、希望美國能派遣技術人員與行政人員來台以

幫助台灣人不被捲入大陸的亂局。三、希望美國能提供金融
上與物質上的援助以促進工業與商務的復原。他們認為實施
自由貿易以取代目前的貿易專賣制度將有助於台灣的經濟復
甦。

註1：戰後的日本經濟蕭條，加以有510萬人於戰後的一年半內回到日本，使社會
　　　難以承受這種鉅變。一般民眾士氣殆失，酗酒用藥大增，而許多生活上的
　　　必需品也普遍缺乏。社會變成當時人所描述的「虛脫狀態」。黑道控制的
　　　黑市交易也隨之而起。據估計，百分之三十的黑道人物為所謂的「第三國
　　　人」：台灣人，韓國人與中國人。在搶奪地盤下，1946年6月，幾百名台灣
　　　黑道在渋谷站前與一千名日本山口組火併了起來。七名台灣人死亡，一名
　　　警察死亡，34人受傷。憤怒的民眾把箭頭指向第三國人，但在占領日本盟
　　　軍中的國民黨分子則以戰勝國的姿態出來挺中國人與台灣人。事後也藉由
　　　盟軍賦予華人較為特殊的地位——配給的增加。這也使沒受惠的韓國人與
　　　台灣人間增加了嫌隙。
註2：由於美軍在中國的酗酒行為及一些強姦事件，當時也引起中國民眾普遍的
　　　不滿。最著名的是1946年12月，北大女生沈崇被兩個美國大兵強姦一事。
　　　共產黨則乘隙煽動反美而於中國各地都有反美的示威。

1947年3月1日，美國大使館致國務院

　　台北領事館報告，昨晚有兩名台灣女孩遭到公賣局警察
因查緝私菸打死。今早有兩千名到三千名台灣人走上街頭。
他們打死1到3名大陸人（有待證實）。憲兵開始進駐政府建
築。下午兩點，行政長官公署向群眾開槍射擊，有數人死
亡。公賣局的東西被拿出來燒掉，有數部車子被弄翻並被放
火燃燒。大使館的訊息認為，國民黨當局不了解上海金融危
機的嚴重性，而對專賣加以更嚴格的管控以致招來地方的動
亂。（註：電文6:00 p.m.發送）

　　台北領事館續報說共有10到15人死亡。怒火指向大陸人，基隆也受波及。往南的火車停駛。火車站前警察開槍打死2到4名台灣人。前後共有20幾名大陸人到領事館尋求庇護。領事布雷克已數度打電話給行政長官陳儀要他將大陸人帶到其他政府機關避難。（註：電文11:00p.m. 發送）

1947年3月2日，大使館致國務院
　　政府已將進入領事館尋求庇護的大陸人移走，沒有意外。

1947年3月3日，大使館致國務院
　　從昨夜到今天都有槍聲。情勢仍然緊張。行政長官在廣播中答應會無條件釋放被捕的人，傷者都會受到醫療照顧。台北基隆的政府機關都停止運作。全島都有動亂。

1947年3月4日，大使館致國務院
　　台北市緊張，較少槍聲，但已知有4名台灣人被打死。人民代表與政府將於3月10日全面討論。外僑沒有什麼問題，在街上還受到歡呼。

1947年3月5日，大使館致國務院
　　報紙特刊報告二二八事件處理委員會的成立。執委會要領事館向全世界發佈二二八事件的事實。但領事館表明只能向美國政府傳達意見，領事館不是新聞機構，不能代為發布

新聞。事後領事館收到一封向馬歇爾將軍的陳情書。信上有141個簽名，代表807人。陳情書的結論是：最快的解決方案是聯合國聯合治理台灣，切斷與中國的政經關係直到台灣成為獨立的國家（按，馬歇爾是當時的國務卿）。（註：電文1:00p.m. 發送）

1947年3月5日，大使館致國務院

台北的一名醫生與另一名台灣人向領事館提供國民黨軍車胡亂射擊達姆彈的證據。但領事館已表明中立原則，不能接受達姆彈使用的證據。（註：電文2:00p.m. 發送）

1947年3月5日，大使館致國務院

台北領事報告，行政長官公署違反和平解決事變的決議，派兵進入城市。台灣人大多希望和平解決，但目前看起來，台灣人憂慮當年陳儀當福建省省長時，曾屠殺當地人民一事可能會發生在台灣。台灣人一般沒擁有武器，但桃園中壢一帶民眾用土法卻也阻止了軍人的進城。一般人民相信陳儀在等大陸調兵過來。（註：電文9:00p.m.發送）

正確死傷人數不詳，中央通訊社的報導是台灣人的死傷人數是一百，外省人的受傷人數是四百。（電文華府7:36a.m.收到）

1947年3月6日，大使館致國務院

台北領事報告戒嚴令已於3月3日取消，但仍可看到軍人的巡迴。台北市長與市警察局與大學生幫忙維持秩序。食

品短缺較沒那麼嚴重，但米仍很缺乏。南向的火車仍尚未通車。（註：電文6:00p.m.發送）

1947年3月6日，大使館致國務院

台北領事館報告，事情在急速轉變中。台灣人表示，他們會抵抗由大陸派來而沒有人民代表權的政府。台灣人強調因為開羅宣言，所以美國有責任求取聯合國的干預。在慎重考慮後，領事館的決議是由美國代表聯合國來做干預以防止軍隊在台灣的屠殺。以3月3日的情況看來，情況相當緊急，目前法理上台灣仍是日本的領土。中國由於是聯合國的一員，所以中國應可以被保證在聯合國管理下，情況穩定後台灣會重返中國，但台灣人將有較大的代表權。但台灣人一般都認為聯合國的管理是以美國為主，他們要的是民主政治的訓練以達到將來台灣人管理台灣人的目標。

領事館目前的危險不是由台灣人來。美國人在台灣人中有很高的聲譽，目前領事館的危險是嫉妒美國的聲譽而又亂紀的中國兵。馬尼拉報告誤指台灣人攻入領事館而大陸人護衛領事館。目前已傳言政府要由福建調兵過來，而高級官員已將家屬調去安全所在。領事館已求取大使館的幫忙做可能的撤離及通知中國中央得保護領事館的安全。（註：電文7:00p.m. 發送）

1947年3月7日，大使館致國務院

領事館收到一封由二二八事件處理會員煩請司徒雷登大使轉交蔣介石的信，指出台灣人只是反對官員的貪污並要

求政治改革，別無他意。希望不要派兵來台灣以避免衝突的
升高，也希望中央派遣一名高階政府官員來台商量事變的處
理。領事館也將處理委員會的要求翻譯成英文。台中、嘉
義、頭份及東部在台灣人的掌控中，新竹、台南及高雄的街
頭巷戰仍在持續中。

1947年3月8日，大使館致國務院

今天開始撤離領事館的非必需人員。中央政府是否會派
兵到台灣，大使館希望能查證。

1947年3月9日，大使館致國務院

據報，中央政府決定廢除行政長官公署的職位。

領事館續報，台北由昨夜開始就有持續槍聲。約有兩千
名（政府說是憲兵）的兩師兵力於昨晚抵達基隆，還將會有
五艘船會由華南地區開過來。昨天下午基隆也有激烈槍戰。
大使館派副武官道中校（Colonel F.J. Dau）為信使陪同蔣介
石的特使到台灣了解情況。

1947年3月11日，大使館致國務院

道中校下午由台北報告，台北的異議分子都遭逮捕。官
方廣播指出引起事變的官員已接受審判，死傷者都受到醫療
照顧，將會爭取台灣成為一省，將會重用台灣人，市長選舉
將於7月1日展開。

1947年3月12日,大使館致國務院

據報紙報告,蔣委員長對處理台灣事變有信心,已派一名高級官員去幫助陳儀。政府也派兵去台灣擔任警備任務。他指責共黨引起動亂,並指出民眾的要求已超出省級政府的權責而也違憲。

巧合的是,陳儀也解散了處理委員會,指責他們助長了動亂。

1947年3月13日,大使館致國務院

昨天下午據台北領事館表示,引用可靠台灣人的訊息指出,政府已大規模逮捕並處決人員。大使館要求間接管道向蔣委員長求證。

道中校指出兩個憲兵隊於3月7日登陸,再來是21師。陳儀指動亂是由暴徒及共黨引起。但領事館只看到開槍的都是軍隊。美國人無人受傷,但有一聯合國人員(UNRRA)的房子遭到槍擊。

南京定期的政府新聞部記者會說台灣的動亂很快就會平息。政府將會盡速做政治與經濟的改革,也會寬大處理。但台灣人要求撤銷警總,只僱用台灣人當軍人是很不負責任的想法。

新聞部也說白崇禧很快就會去台灣。

1947年3月18日,大使館致國務院

國防部長白崇禧已於17日抵達台北。同行的14名軍政人員包括蔣經國,冷欣,葛敬恩等,他們計劃到基隆、高雄及

其他地方做調查。

1947年3月20日，大使館致國務院

昨天南京政府的例行記者會表示，台灣動亂的死傷人數不詳。目前全島已平靜下來，從海南島返台有共產黨員參與暴亂。

1947年4月1日，大使館致國務院

台北領事館報告，由於有遭逮捕的威脅，一般民眾的反應難以評估。但據少數內情人士指出，白崇禧的來台並沒改善，也沒改變基本情況。逮捕仍在進行，而證據顯示槍殺仍持續中。基隆港的浮屍仍在打撈中。有兩件軍人公開槍殺民眾得到證實。

行政長官告知美國記者，處理委員會與政府的聯絡人王添灯因拒絕接受逮捕而遭槍殺而死。

1947年4月10日，大使館致國務院

台北領事報告，在城市區的大規模的逮捕與處決已結束。一名美國聯合國（UNRRA）的醫師剛由西部回來，指出政府說有一千名大陸人傷亡，數目是太誇張了。他在與台灣人的來往中了解到，台灣人對中國人的長久占領表示無奈，但不放棄聯合國的介入，也指出美國將台灣交給中國是一個錯誤。

1947年4月15日，大使館致國務院

　　有關台灣的動亂及白崇禧到台調查一事，為了了解白崇禧訪台的目的與效應，大使館請台北副領事葛超智來大使館做個報告。他為白崇禧訪台一事陳述了他於4月10日就已寫好的備忘錄（摘譯如下）：

　　白崇禧原本十天的訪台行程延長成三個禮拜。事後也以五種語言做廣播以「更正」外人對政府的不了解。白崇禧認為日本的教育是一大傷害。因為日本教育醜化中國人，必須停止並做教改。他也說要釋放公家土地（全島的百分之七十）做私人農作使用。但大部分的土地都是山坡地。白崇禧也要求山地原住民揪出逃到山上的暴民。在公開場合白崇禧都是在稱讚陳儀。而事實上在他訪台期間，大量逮捕及處決都仍在進行中。這些現象反應了他同意陳儀的措施。

　　在政府官員中，原先只有一位任教育局副委員的台灣人，其他政府職位皆為中國人。這位台灣人對政府歧視台灣人的作風深感痛恨，一再反應但皆沒受到處理。此人於2月中已辭職，但遭逮捕，相信已遭處決。

　　對《中國評論週刊》（China Weekly Review）指出有五千人遭處決一事，白崇禧反駁，指出只有中國人死傷，也強調軍隊的受損。白崇禧原先於3月25日指出有一千人逃到山上去，但在4月7日又改口說是大約四十人逃到山上去。而白崇禧只取消專賣局之名而改名成公賣局一事，並沒有改變專賣的本質。

　　青年黨的《新中華日報》於4月15的社論指出，白崇禧的訪台只是為了維護蔣介石與陳儀的形象與既定路線，並要

將政治傷害減少至最低。原先大家指責的陳儀仍然維持職位。在蔣介石的指示下，所有報紙都已停止報告台灣動亂的消息。一位駐北平的外籍記者也於3月26日的《China Daily Tribune》指出他們都收到這個指令。

葛超智的結論是，白崇禧的訪台只是加深了台灣人對中央政府的疑慮。白崇禧的表面上的改革措施，及他訪台期間逮捕及處決的持續進行，都反應了他與蔣委員長站在同一線上。

1947年4月21日，大使館致國務院

由於蔣總統向司徒雷登大使表達要知道二二八事變的背景，大使館要求台北副領事葛超智準備了一份備忘錄。中英文的版本都於4月18日交給了蔣委員長，副本國務院存檔。｛註：電文只刊出備忘錄的最後章節「事後與處置」（Aftermath and Settlement），全文「台灣事況備忘錄」（Memorandum on the Situation in Taiwan, April 18）則於後來被收入在美國國務院1949年8月的對華白皮書。在這一千多頁的白皮書中，國務院探討1944-1949年的中美關係｝。「台灣事況備忘錄」的大要如下：

台灣人是熱烈歡迎國民黨的接收台灣。但1946年群眾開始不滿。大量失業，而原先已根絕的疾病也都重現。1946年的稻米雖然有豐收但卻缺糧。台灣人雖然歡迎新憲法的公布，但行政長官卻說台灣無法比照中國各省預定於1947年年底實施，而最早只能於1949年年底實施。在日本人空出的房產處置中，也優待中國人及官員但不利於台灣人。專賣制度

的處理也優惠了中國少數官員而將台灣人置於不利的地位。

　　在2月27日的查緝事件後，2月28日約有兩千人和平的走向專賣局，下午走向行政長官公署。在毫無預警下，屋頂的機關槍掃向群眾，至少有4人死亡，暴亂因而擴大。美國領事人員見證毫無武裝的人民與政府的衝突，也見證了政府機關及台北火車站上軍隊開槍射擊人民。

　　3月2日，陳儀同意人民的要求將會於3月10日會面討論，保證政府不會派兵入城。但民間據傳陳儀已在派兵入城。聞訊的新竹地方人士拆除鐵路線，使軍隊不能北上。在人民代表與政府的會談後，政府表示3月8日6點前所有軍隊都會撤離，而通訊會恢復，軍糧會釋放以避免危機。參謀長柯遠芬也保證軍隊不會入城，他以自殺來保證。3月8日，憲兵第四團團長張慕陶也指出人民的要求很合理，中央政府不會派兵來台。但3月8日，有外籍人士觀察到基隆街道先由機關槍掃射淨空後，晚上便有2000名警察與8000名軍人登陸。而同時間也有3000名軍隊由高雄登陸。從3月9日開始中國軍人就胡亂開槍打人。領事人員就看到軍人用刺刀無緣無故刺殺一名苦力，軍人也向行人行搶。一名加拿大護士冒險救了許多人。許多被送到醫院的病人都有機關槍射殺及刺刀刺傷的傷口，而許多也肢體破離。3月10日，萬華地區的商家普遍遭受到軍人的搶劫。3月11日開始，中學生都被有系統的逮捕。一個可靠的估計是台北於13日有700名學生遭逮捕，基隆有200名學生遭逮捕。松山地區有50名學生被處死，台北近郊的北投有30名學生遭殺害。所有處委會的人員也都一一遭到逮捕。病中的陳炘，及林茂生，王添灯，也都遭到逮捕。3

月10日，一名外籍人士目擊有15名衣裝良好的台灣人跪著，頸部穿鐵絲，等待被處決。3月14日與15日，基隆港開始出現浮屍。估計基隆有300人被抓並處決。三天後，軍隊也向郊區邁進，外籍人士於淡水街道上看到不少屍體。

從2月28日到3月9日，當台灣人已控制全島時，他們強調要和平處理二二八事變，要將台灣打造成中國的模範省。台灣人對中央政府及蔣委員長的忠誠是毫無疑問的。過去18個月來，台灣人指責行政長官公署，認為只要蔣委員長了解台灣的情況，則改革便可以正式推動。台灣是有比中國都良好的工業基礎及技術人才。中國的內戰不應影響到台灣。一個好好治理的台灣應可為台灣及中國都爭取到急需的外匯。

目前3月底及4月初，基隆港及其他地區都仍持續有死屍的報導，可見鎮壓及處決仍在繼續當中。

1947年4月23日，大使館致國務院

據政府的記者會，魏道明就任台灣省主席的時間未定，估計是在近日。

有關魏道明上任一事，台北領事館的副領事葛超智在預定於4月28日由南京返美前，整理了一篇有關魏道明的備忘錄。

葛超智指出，魏道明的成功與否取決於：A.他對軍方是否能掌控。B.他如何去掌控陳儀所發展出來的複雜官僚體系。C.他對中央政府導致目前台灣政治經濟危機的政策如何去改變。

葛超智指出，中國軍方對有多少兵力在台灣一事是三緘

其口，但據大使館道中校的估計，有五萬到六萬的兵力於3月7日後運到台灣去平定動亂。這已造成軍方占領的問題。陳儀派柯遠芬去處理糧政，但柯卻也將台灣的米糧剝削成嚴重短缺。最近台中與新竹縣長的指派，表面上看來是平民身分，但實際上都是軍人背景。魏道明的成功與否也要看他是否不再繼續陳儀保護貪官的路線。原來專賣局與貿易局的局長，本都於1946年被大陸派來的調查委員判為貪腐，但卻仍都被陳儀重用。

1947年4月25日，大使館致國務院

魏道明的出任台灣省主席，目標可能是針對美國（按，魏道明曾任駐美大使及駐法大使）。魏道明已下令在各級省政府設立副委員長的職位，以使台灣人熟悉中國的政治運作。但陳儀已消滅了許多有能力的台灣人，在未來用人上將是一大困難。

1947年4月28日，美國「投資與經濟發展部門」（Division of Investment and Economic Development）的華克先生（Melville H. Walker）的備忘錄：

美國大使司徒雷登希望能藉由美國技術人員來發展台灣的經濟。華克先生的分析是：1.將台灣分開處置可能不太恰當，這會牽涉到中國將會發展成為不同經濟區，也會使目前美國反對蘇聯在滿州的作為一事造成矛盾。2.大使覺得台灣有很大的經濟潛能，好好開發可以償還美國對華貸款。不

清楚大使是要還債為主或是要開發台灣為主。台灣在日治時期的對外貿易總額是兩億兩千五百萬美元。以1937年的資料來看，其中85%是與日本及韓國的進出口。台灣出口以米與糖為主。台灣的水力發電充足，高雄的鋁廠及石油廠有待復原。除非美國與國民黨有良好而明確的共識，否則到最後若有問題，國民黨只會指責美國而已。

1947年5月12日，大使致國務院

陳儀的告別演說強調台灣是中國的領土，也警告野心分子之想將台灣分離出去。也暗指美國鼓勵台灣的異議分子。

1947年5月13日，大使館致國務院

據中央社報導，即將上任的魏道明指出施政的目標是民主，經濟穩定，及提高生活水準。

1947年5月17日，大使館致國務院

公使銜參贊與即將上任的台灣省主席魏道明有一個長談。魏博士承認他對台灣了解很少。我們提醒魏博士必須終止在台灣的搜括的行為，台灣應與中國分離以避免因內戰而引起的經濟混亂牽連到台灣。我們也告訴他全世界都在關注中央政府與台灣的關係，而國共內戰也將使台灣處於危險的處境。若沒有給台灣人更大的參政權，則共黨的影響力會因而產生。

由於布雷克領事9月就要離開台灣。我們在台灣需要一個相當有見識及處事能力的官員，方得以對傾向於剝削台灣

的中國政府施壓。

1947年5月26日，葛超智就共黨可能滲透台灣的備忘錄摘譯：

最近的屠殺及軍事鎮壓（目前估計有五萬兵力在台灣），加以不注重民意的表面上的改革已使台灣人疏遠大陸。陳儀暗示美國支持他的政策，特別是他所用以鎮壓的都是美國的軍事裝備。直到3月中旬，台灣人企求聯合國的托管或美國的暫管。台灣人也討論主權尚未移交給中國這個事實。可以考慮用美援來改善台灣的經濟結構，在（國民黨由台灣）撤軍後用台灣法律地位的問題求取國際共管，使台灣成為未來中國重建的基石。

1947年7月8日，大使館致國務院

許多被抓走的人仍然處於失蹤不明的情況，一些新的失蹤人口也時有所聞。祕密警察活動增加中。中部逮捕人口可能都與敲詐有關，在賄賂後許多都得到釋放。目前的看法是，文人政府並沒法掌控軍方及特務。民間也謠傳台灣將讓給美國以交換給中國的貸款。

1947年11月5日，大使館致國務院

行政院長張群訪台回南京後發表談話。張群指出台灣人有深厚的中國文化基礎。在日本統治台灣的51年間，只有20名台灣女孩嫁給日本人。但在台灣光復後的兩年內，台灣人與中國人已有兩千對聯姻。省政府對治理都有周詳的考量，

議會與地方政府也都合作無間。

1947年11月17日，大使館致國務院

台灣來的新聞仍可看出治理無方及民間的不滿，與一些爭取自主的革命活動。蔣委員長了解情況並誠懇的同意某些形式的中美共管一段時間，重點在經濟方面。

1947年12月5日，代理國務卿致上海領事

美聯社12月3日的報導引用《新民晚報》的報導，指出美國要使台灣脫離中國的統治。報告指出美國新聞處處長表示，美國會引用大西洋憲章於台灣，支持自決。國務院要駐上海領事館調查此事。

1947年12月7日，上海領事館致國務院

領事館翻譯了《新民晚報》有關美國要奪取台灣的新聞。指出美國經營的馬尼拉公報（Manila Bulletin）公開要求置台灣於托管，指出美國空軍已進駐台灣的空軍基地，而魏德邁將軍最近的訪台也詳細考察台灣的港口、基地與煉油廠。而美國新聞處也表示：1.雖然開羅宣言，波茨坦宣言，與雅爾達會議說明了台灣的歸屬，但在中日和約簽訂之前，台灣的歸屬仍未能建立。2.美國決意要用大西洋憲章，使台灣人能自決。3.目前台灣在麥克阿瑟管理下，台灣人若要自決可向麥克阿瑟陳情。4.台灣若要脫離中國則美國會援助。5.台灣人若由美國做托管，則期限可由台灣人自己決定。6.美國會儘力協助台灣的經濟重建以解決失業的問題。7.若台灣

置於美國托管之下，則因事變入獄的政治犯都會得到釋放。

據美聯社報導，在美國野心分子指導下的台灣分離分子將於最近要求參與對日和約與公民投票，他們相信99%的人都會要求與中國分開。

1947年12月16日，台北領事致國務院

《新民晚報》的報導源於10月5日香港的《新台灣》（New Taiwan）雜誌。當地視《新台灣》雜誌為共黨背景，但實際上有國民黨的支持。《新民晚報》的重複報導有製造風潮的作用。是不是由南京發動難以得知。在中央社的要求下，台北領事與30名報界人士會面做澄清。但所有報紙都沒有刊登台北領事的發言。

1947年12月17日，台北領事館致國務院

魏道明的演說指出，台灣自光復後謠言特別多。要追查謠言的來源是很簡單的。他們一般不是由共黨來就是由外國媒體來。他們的目的就是要使台灣脫離祖國。將來的對日和約可能有一些問題要處置，但台灣的問題早就決定好了。台灣的光復是用幾百萬戰死軍人的血爭取來的，而六百萬台灣人也決定台灣是中國的一省。若台灣問題成為對日和約的一個問題，則四億五千萬中國人與六百萬台灣人都會準備不惜用流血爭取。在台灣，我們沒有軍隊，205師駐此只為訓練而已。

討論

　　美國國務院的歷史署（Office of Historian）負責處理美國的外交檔案。許多已解密的歷史文件也都在經過篩選後公布。本文所選用的電文都是歷史署所公布的。

　　在二二八革命前後那段期間，台北的領事先是布雷克，後來是克倫茲。但顯然的，副領事葛超智是個比較重要的人物。在南京的美國大使是司徒雷登。與蔣介石能做直接溝通的是司徒雷登，他也多少掌控了什麼事可以與蔣介石討論及什麼事要通報國務院。

　　司徒雷登是世代的傳教士家庭，包括他本人也是個傳教士。他生於杭州，而除了幾年的返美求學及晚年外，他都住在中國。50年在中國的時間使他覺得他是中國人而不是那麼美國人。他是燕京大學（現已成為北京大學）的第一任校長，但由於他支持國民黨，使他成為共產黨的敵人。目前北京大學的校史都不提他的名字。司徒雷登的太太於1926年逝世，埋葬於燕京大學的校園。司徒雷登的遺願是要與他太太同葬在燕京大學。2008年，司徒雷登死後的46年，他的骨灰被運葬在杭州，與他的父母及一個哥哥同葬在一起。

　　葛超智於1935～1937年間在日本求學，1937～1940年間在台灣教英文。二次大戰期間他服役於海軍而成為台灣通。葛超智的更大興趣其實在於琉球及太平洋的島嶼民族。1947年後他任教於華盛頓大學，加州大學柏克萊校區。後來在史丹福大學及胡佛研究院。也由於他親台灣及支持台灣獨立的立場，及《被出賣的台灣》一書的出版，使他成為國共的共

同敵人。在蔣介石的施壓下，他失去了史丹福大學的教職。

　　在一個親國民黨的大使及一個親台灣的副領事的來往中，我們不能確定是否有很多訊息沒被傳出去。但司徒雷登似乎是將重要的部分都與蔣介石有所討論。

　　官方的來往管道也許有所限制，但許多國家到底是有第四權的存在。1947年3月29日的紐約時報就有一篇記者Tillman Durdin所報導的〈Formosa killings are put at 10,000。Foreigners say the Chinese slaughtered demonstrators without provocation〉。1947年5月24日的《The Nation》雜誌也登了一篇記者Peggy Durdin的〈Terror in Taiwan〉。1947年6月4日的《The Nation》雜誌再登了一篇同一作者的〈Taiwan: China's Unhappy Colony〉。Tillman Durdin 與Peggy Durdin是夫妻檔。澳洲的報紙《The Daily News of Perth》也登了一篇〈Terror in Formosa〉。葛超智的《被出賣的台灣》固然最經典，228時在台灣的一名紐西蘭籍的聯合國（UNRRA）雇員Alan James Shackleton（3/21/1897-1984）在回紐西蘭後的1948年也寫了一本《Formosa Calling》，但都一直找不到出版社願意出版。Shackleton先生指出在當時反共思惟及中國遊說團（China Lobby）勢力龐大的年代，沒有出版社敢出版那本書。

　　整個228革命前後我們還可以看到一個更廣泛的現象。那就是中國依賴美國，但又極端排擠並故意要抹滅美國的存在。沒有美國，中國沒有能力對付日本，更遑論所謂的「抗戰勝利」了。沒有羅斯福總統，中國也不可能被認為是四強（後來的五強）之一。這種既要依賴美國，又極端嫉妒美國

美國的現象，我們在電文中也可看出一些端倪，而也表現在美國協助下的台灣交接過程中，及一些中文的日本投降書的故意忽略美國的「誤翻」了。美國給錢，裝備，並提供技術人員及軍力，但狐假虎威的狐狸雖要靠老虎，卻也不想讓人明眼看到老虎的存在。但即使在這種扶助之下，這隻狐狸不但成不了老虎，反而被當時的台灣人視之為「狗去豬來」的豬了。

　　在5月17日的電文中，美國公使銜參贊指出，在台灣，美國急需一名相當有能力及熟諳東亞事務的外交官，方得以控制只會向台灣掠奪的國民黨。由這一電文來看，我們可看出當時的美國不但不了解台灣，也很忽略台灣，也多少造成了這個慘劇的發生。

　　但總的來說，美國國務院的外交文件多少讓我們看到事變前後的台灣情況，及美國國務院的處置（或說缺乏處置）。也多少讓我們看出事變前後美國扮演了什麼樣的一個角色。但一個沒有回答的問題是，誰將中國軍隊運送到台灣。我們知道接收時是由美軍幫忙運送中國兵到台灣的，但二二八革命後是誰運送國民黨的軍隊到台灣而展開屠殺的。美國國務院的電文沒有提到此事，也許是有意忽略掉或避而不談，或沒有解密。

　　（原載美國《太平洋時報》2016年8月24日與8月31日，原以楊起東之名發表）

第五部分　人物

　　二二八關連人物，僅陣亡及被殺害者一項，為數即在數萬至十數萬之間。至於被逮捕者及「自首」者，更是無法計數。列入本書的人物，僅根據書籍、報紙、雜誌及曾經歷二二八的數位長輩提供的資料整理而成。因此，收集在這裡的不過是所有關連人物的一小部分。而即使僅此一小部分，也因為資料不足，許多人物的出生年代係自書籍、報章、雜誌上所載當年之年齡推算而得，因之恐有一年或兩年之誤差。此次利用改版的機會，我們決定將一些資料不全的人物予以刪除。自1990年代以來，已有不少有關二二八關連人物的書籍問世。譬如，陳婉真撰寫的《1940—1950消失的四〇年代》系列；張炎憲等採訪紀錄的二二八口述歷史系列。讀者可從這些書籍獲得較詳盡的人物資料。

慶

祝

蔣渭川　民政廳長　陳朝乾　林紫貴
彭德　　　　　　　許丙　　陳欣
　　　建設廳長　黃朝生　徐白光
李翼中　　　　　林茂生　陳屋
　　　　省府廳長　李仁貴　林連宗
林日高　　　　　呂伯雄　林瑞拱
榮　　省府委員　王添丁　施江南
　　　　　　　　宋斐如　李瑞漢
任　　省府委員　吳鴻祺　王育霖
　　　　　　　　白成枝　陳能通
　　　　　　　　徐春卿

全　　賀

死人祝賀活人高昇?!登於1950年1月9日「中央日報」上的廣告。

林茂生

王添灯

謝雪紅

湯德章

陳篡地

林錦文

陣亡或被殺害者

　　下面所舉的人物，包括被國民黨政權殺害的以及在與國民黨軍戰鬥中陣亡的。這只是根據公開資料整理出來的名單。無疑地，這裡列舉的只是陣亡及被殺害者之中的一小小部分。

王平水

　　1913年生，高雄市人。戰後擔任高雄市鹽埕區區民代表，並開設印刷廠及文具行。「二二八」期間，在市政府被國民黨殺害。

王石定

　　1912年生，高雄市人。東京早稻田大學商業部畢業。戰後，於1946年當選第一屆高雄市參議員。「二二八」爆發後，擔任「處委會」高雄分會委員。後在市政府被國民黨殺害。

王育霖

　　1919年生，台南市人。畢業於日本東京帝大法學部。日本高等考試司法科及格。1944年，任日本京都地方裁判所檢事。1946年回台出任新竹地檢處檢察官。於任職內接辦新竹市長郭紹宗貪污案。因郭某為陳儀部下，而遭陳某嫉恨。後因檢舉市長未果，毅然辭去檢察官一職。旋即北上，在台北

市建國中學執教。同時擔任「民報」法律顧問，並從事有關
人權的寫作。著有「提審法解說」一書。「二二八」後，被
國民黨以莫須有罪名，帶往西本願寺（座落於今台北市中華
路，當時為保安司令部第二處本部），後被處死。

王添灯

　　1901年生，新店人。台北成淵學校（今成淵國民中學）
特別科畢業。日治時代，曾任「台灣地方自治聯盟」的台北
地區理事。早期經營茶葉生意，開設一間頗具規模的「文山
茶行」。二次大戰後，出任台灣茶葉公會會長。1946年春，
出資促成「自由報」的創設，任社長。1946年3月15日，當
選第一屆台北市參議員。同年4月15日當選第一屆台灣省參
議員。在不能同時兼任二職的情形下，辭去市參議員，只擔
任省參議員一職。當時的通訊地址設於台北市建昌街1段15
號。任職省參議員期間，對國民黨政權的「資源委員會」、
「貿易局」與「專賣局」官員的貪污，作嚴厲質詢，同時極
力揭發國民黨搜刮台灣豐富資源的內幕。1946年夏，接替宋
斐如為「人民導報」社長。任社長期間，詳盡報導國民黨政
權欺凌農民的情形。「二二八」爆發後，出任「緝菸血案調
查委員會」代表及「台灣省二二八處理委員會」（簡稱「處
委會」）常務委員並兼宣傳組長，針對陳儀在處理血案上之
毫無誠意大加抨擊。1947年3月7日下午6時20分許，向全島
人民發表廣播，宣讀四十二條「處理大綱」。最後向全島人
民呼籲：「『處委會』的使命已經完了。從今以後，這些事
件已不能單由『處委會』處理。只有全體省民的力量才能解

決，同時才能達成全體省民的合理要求。希望全體同胞繼續
奮鬥！」當時可能沒有任何人預感到這將是他的最後一次廣
播。因為廣播後不久，王氏就「失蹤」了。據聞，這位在台
灣革命史上自始至終堅持不妥協的鬥士，於3月14日，在國民
黨憲兵第四團（當時駐紮於台北市玉門街）團長張慕陶的命
令下，被用汽油澆身後點火活活燒死。

宋斐如

原名宋文瑞，台南縣仁德鄉人，1903年生。中國北京
大學畢業。第二次世界大戰期間旅居重慶，在國際問題研究
所工作，任該所外國機構「戰時日本」（香港）編輯委員會
所發行的日本問題研究雜誌「戰時日本」總編輯，對日本問
題發表了許多論文。同時，常為大公報及其他的報章雜誌撰
稿。戰後，隨國民黨接收員回台，出任長官公署教育處副處
長。1946年1月，「人民導報」成立，受聘為社長。因在他
主持下的「人民導報」對中國「東北問題」的立場異於國民
黨的觀點，被列為「共黨分子」。1946年夏，被迫辭去社長
職，但數月後，重回報社擔任社長。1947年1月25日受推選為
「報業同業公會」的召集人。同年2月11日被長官公署免去教
育處副處長一職。「二二八」爆發前1、2個月間，「人民導
報」為當時民生疾苦大聲吶喊，更遭統治者嫉恨。於3月8日
以後的「記者大逮捕」中「失蹤」。

李上根

出生年代及地點不詳。戰後，任和平日報社長，

「二二八」後，被陳儀以「事變期間，言論反動，煽動事變」的罪名逮捕殺害。

李仁貴

1901年生，台北縣人。戰後，開設「台北電器廣福產業股份有限公司」。1946年3月，當選第一屆台北市參議員。「二二八」爆發後，曾於3月3日與其他「處委會」委員到國民黨「軍法處」調查6名肇事的專賣局查緝員是否確實在押。於3月9日國民黨軍開入台北市後在市參議會館前的大捕殺中「失蹤」。

李瑞漢

1906年生，竹南人。日本中央大學畢業。執業律師。戰後，擔任台北市律師公會會長。「二二八」革命後遭殺害。

阮朝日

1900年生，屏東林邊鄉人。日本福島高商（今福島大學）畢業。日治時代，曾任「台灣新民報」監察人兼販賣部及廣告部部長。戰後，擔任「新生報」總經理。種種跡象顯示在陳儀於「二二八」後捕殺記者的策略下犧牲了。

林茂生

1887年生於台南。1916年畢業於日本東京帝國大學哲學系，是台灣人在日本獲文學士的第一人。1915年當選東京「高砂青年會」首屆會長，以謀求實現台灣民族自決原則為

目標。1916年返台南，在長榮中學擔任教務主任。2年後，在台南師範兼職。後轉到台南商業專門學校兼職。1921年被選為「台灣文化協會」（簡稱「文協」）評議員。在「文協」內，擔任「哲學」及「西洋文明史」講師。1927年接受台灣總督府遴選，成為「在外研究員」，以公費赴美哥倫比亞大學。1928年4月獲哥大文學碩士，翌年11月獲哲學博士。1930年1月返台，擔任台南高等工業學校（今成功大學）教授，並任英語德語科主任。二次大戰後北遷。1945年12月出任台大先修班主任，後接任台大文學院院長。1946年「民報」創辦後，擔任社長，對啟發民眾，批評統治者之貪污及揭發國民黨來台後產生的社會不公平現象，不遺餘力，因此遭到統治者的嫉恨。1946年9月當選第四屆國民參政會參政員；同時擔任「台灣省電影戲劇商業同業公會」理事長，積極推展台灣戲劇活動。「二二八」爆發後，擔任「處委會」委員。3月10日國民黨第二十一師抵台北後，在某一晚上林氏於睡夢中不及更換睡衣的情形下被士兵拖走，從此「失蹤」。

林連宗

1905年生，彰化市人。1928年畢業於日本中央大學法科。曾參加當時的日本高等考試，獲行政科及司法科考試及格。返台後，在台中市執業律師，並被選為台中州律師公會會長。戰後，曾擔任台中私立建國工業學校（此校於「二二八」後被關閉）的董事。1946年當選第一屆台灣省參議員。任省參議員期間，對國民黨政權在台灣所製造的嚴重社會治安問題、警察使用槍枝恐嚇人民問題、疏鬆的教育督

導問題、長官公署干涉司法權問題、日產補助問題，作最嚴屬的質詢和抨擊，同時提議撤銷具有壟斷性的貿易局。1946年10月底，當選「制憲國大代表」。「二二八」爆發後，北上擔任「處委會」常務委員。3月10日夜「失蹤」。一般相信，他於數日後即遭國民黨殺害。

吳金鍊

1913年生，台北市人。東京青山學院畢業。日治時代，曾任「台灣新民報」記者。戰後，接任新生報日文版總編輯。「二二八」革命後，與其他大批記者同時「失蹤」。顯然是在陳儀「圍獵」記者的政策下犧牲。

吳鴻麒

1899年生，中壢人。畢業於日本大學法科。戰後，擔任台北高等法院推事。在審判貪污動亂案件時，耿介有加而圓滑不足，因此得罪不少人。「二二八」後，在法院上班時被帶走。後遭殺害，拋入河中。

涂光明

澎湖人，1912年生。戰後，曾任高雄市日產清查室主任。「二二八」爆發後，在高雄第一中學（今高雄中學）設立總指揮部，擔任總指揮，組織學生隊。3月5日圍攻憲兵隊、陸軍醫院及軍械倉庫。3月6日，與其他4名民眾代表同登壽山，以維持秩序為理由要求「要塞指揮官」彭孟緝解除武裝被拒，於翌日被殺害。

施江南

1902年生，鹿港人。日本京都大學畢業。為一開業醫師。曾任台北醫專教授及私立四方醫院院長。戰後，擔任「台灣省科學振興會」主席。「二二八」爆發後，擔任台北市「處委會」委員。後被殺害。

柯麟

1895年生，嘉義市人。台北師範國語部畢業。1946年3月當選第一屆嘉義市參議員。「二二八」爆發後，參與「處委會」事務。後被殺害於嘉義火車站前。

徐春卿

1895年生，台北市人。經營煤礦業。戰後，擔任「司法保護會」總幹事。1946年3月，當選台北市參議員。同年6月，加入「台灣文化協進會」，擔任常務理事。「二二八」爆發後，擔任省「處委會」委員。後被殺於市參議會館前。

許秋粽

1899年生，澎湖人。東京日本國民中學畢業。戰後，於1946年3月當選第一屆高雄市參議員。「二二八」爆發後，擔任「處委會」高雄分會委員。後被捕殺。

許錫謙

1915年生，花蓮人。日治時代，於1931年，負責組織「台灣經濟外交會」花蓮港支部。戰後，加入「三民主義青

年團」，任花蓮縣第四股股長。「二二八」爆發後，負責組織「青年大同盟」，擔任總指揮，並兼任「處委會」花蓮分會委員，率領群眾接收花蓮市區的糧食局，將糧食分發給貧民。3月17日國民黨軍到達花蓮後，遭逮捕殺害。

郭章垣

1914年生，嘉義溪口人。日本慶應大學外科畢業。戰後，任省立宜蘭醫院院長。「二二八」爆發後，擔任「處委會」宜蘭分會主任委員，設立「救護所」救護受傷群眾。後國民黨以暴動主首為理由而加以殺害。

陳文溪

台北市人，1920年生。1947年2月27日晚當菸販林江邁被「專賣局」查緝員擊傷時，從自宅（位於永樂町2段94號）下樓觀看。在永樂座戲院附近被傅學通開槍擊斃。

陳本來

1932年生，台北市人。「二二八」爆發時，就讀於開南高職二年級。因加入學生隊，於「二二八」後被殺害。

陳炘

1893年生，台中大甲人。日本慶應大學畢業。在日本求學期間，擔任「新民會」慶應大學負責人，從事學生組織

工作。後參加「東京台灣青年會」，擔任會長，展開反對日本派駐台灣總督壓迫言論的運動。慶應大學畢業後，負笈美國哥倫比亞大學，專攻金融經濟。1924年畢業返台，即加入「文協」。在「文協」期間，擔任「經濟」講師。1926年12月與「文協」的數名會員合組「大東信託株式會社」，任總經理。「大東信託」成立的目的在於推進台灣人經濟自衛運動。大戰末期，「大東信託」被迫與「台灣銀行」合併，改稱「台灣信託株式會社」，陳氏擔任總經理。戰後，擔任「大公企業公司」董事長。1945年曾以台灣人身分出席在南京舉行的日本受降典禮。1947年初，擔任「台灣信託股份有限公司」籌備處主任。「二二八」爆發後，擔任民眾代表，數度向陳儀力陳改革遭忌。二十一師進入台北後被殺。

陳屋

　　1896年生，台北市人。業商，為榮芳泰行的老板。日治時代，1927年6月，出任「台北店員會」代表。1928年3月，出任「台北製餅工友會」代表。同年5月，又擔任「台北鉛鐵銅工友會」代表。1929年，任「台灣經濟外交會」代表。戰後，1946年3月，當選第一屆台北市參議員。「二二八」革命爆發後，擔任「處委會」台北本會治安組委員，維護秩序。3月3日，曾與多位委員前往國民黨「軍法處」調查6名肇事的專賣局查緝員是否確實在押。國民黨軍二十一師於3月9日開入台北後，在市參議會館前被捕，即告「失蹤」。

陳容貌

1899年生，嘉義朴子人。戰後，曾任嘉義縣警察局督察。在「二二八」爆發後，於3月3日晚上，與大批警員投向民眾，共同對抗國民黨。3月23日晚被殺害於嘉義市火車站前。

陳能通

1899年生，台北市人。日本京都大學文理科畢業。戰後擔任淡江中學校長。「二二八」爆發後，國民黨以陳氏私藏武器為由加以逮捕後殺害。

陳澄波

1895年生，嘉義市人。台灣總督府國語學校（台北師範前身）畢業。為一西洋畫畫家。戰後，參與籌設「台灣美術委員會」，並經常參加美術活動。1946年當選第一屆嘉義市參議員。同年9月23日，出任「台灣文化協進會」美術委員會委員。「二二八」爆發後，任「處委會」嘉義分會委員。於3月12日國民黨軍抵達嘉義後，遭槍斃示眾。

陳復志

嘉義市人，1911年生。戰後，擔任「三民主義青年團」嘉義分團主任。「二二八」爆發後，嘉義市民於3月2日結隊進攻警察局。翌日上午，「三民主義青年團」嘉義分團與市

參議會聯合舉行市民大會,成立「嘉義三、二處理委員會」及「防衛司令部」,推選陳氏為主任委員兼防衛司令,陳氏迅即將民眾組織起來。3月13日,國民黨以陳氏策動設立「防衛司令部」等理由而加以逮捕。嗣後陳氏被綁在卡車上遊行市區,最後被殺害於嘉義火車站前。

陳顯福

出生地及年代不詳。戰後,擔任嘉義中學教員。「二二八」爆發後,擔任嘉義中學學生隊長。3月4日,指揮學生隊參加嘉義機場攻擊戰,壯烈陣亡。

陳顯宗

陳顯福的胞弟,出生地及年代不詳。「二二八」革命期間,參加嘉義機場攻擊戰,任卡車隊指揮,壯烈陣亡。

陳顯能

陳顯福的胞弟,1932年生。「二二八」革命爆發後,以一嘉義中學二年級生參加嘉義機場攻擊戰,壯烈陣亡。

湯德章

1907年生。父親為日本警察,服務於台南南化。畢業於日本中央大學法科。參加當時的日本高等考試,獲司法科及行政科考試及格。旋即回台,執業律師。戰後,加入「三民主義青年團」並為團長,同時兼任台南市人民自由保障委員會主任委員。1946年當選代表台南市的第一屆台灣省參議員

候補。「二二八」爆發後，擔任「處委會」台南分會的宣傳組長，從事政治改革宣傳工作。當國民黨軍二十一師抵達台南之際，湯氏將所有參加「二二八」的「三民主義青年團」團員名冊燒毀。3月11日中午，在市參議會館前被捕時，從容向在場眾人說：「絕不為難大家，我一定負起一切的責任。」國民黨因此將台南市的革命策劃責任全部推於湯氏一人身上。12日，湯氏被綁在卡車上「遊行示眾」，最後在台南市「大正公園」（今湯德章紀念公園）內被殺害。

張七郎

1889年生，楊梅人。1915年畢業於台北醫學專門學校（台大醫學院前身）。1922年遷居花蓮鳳林，開設仁壽醫院。戰後，當選花蓮縣參議員，並被選為議長。「二二八」後，國民黨以「暴徒首要」為由，逮捕張氏並殺害。

呂見利

高雄市人，出生年代不詳。戰後，擔任高雄地方法院看守所所長。「二二八」爆發後，釋放受刑人。後被國民黨以此理由殺害。

呂見發

高雄市人，出生年代不詳。戰後，擔任高雄監獄典獄長。「二二八」爆發後，於3月5日釋放200多名受刑人。後被國民黨以釋放人犯為由，於4月13日殺害於高雄火車站前。

張宗仁

1916年出生於基隆。為張七郎的長男。戰後，擔任鳳林中學校長。「二二八」後，國民黨以「暴徒首要」為由，逮捕殺害。

張果仁

1922年出生於花蓮。為張七郎的三男。戰後，任教於鳳林中學。「二二八」後，國民黨亦以「暴徒首要」之名加以殺害。

張昭田

1926年生，竹山人。「二二八」爆發後，加入竹山青年部隊。3月5日馳援正在攻擊虎尾機場的群眾。翌日在機場壯烈陣亡。3月8日，竹山鎮為追悼張氏的英勇犧牲，舉行儀式隆重的鎮葬。

黃朝生

1905年生，台南人。為一開業醫師。戰後，於1946年當選第一屆台北市參議員。「二二八」爆發後，擔任「處委會」台北本會治安組委員，屢提維持台北市秩序的意見。國民黨軍二十一師抵達台北後失蹤。

黃媽典

1893年生，嘉義東石人。台灣總督府醫學專門學校畢業。日治時代，曾任朴子街長及總督府評議員。戰後，創

辦「嘉義客運」，並任台灣省商會連合會常務理事。1946年3月，當選代表台南縣的第一屆省參議員候補。「二二八」後，國民黨以「隱藏槍械，煽動青年」罪名，殺害於台南新營。

黃賜

1891年生，台南市人。台北工業學校（今台北工專）畢業。1927年4月負責組織「高雄機械工友會」。1927年7月，加入「台灣民眾黨」，為「勞農委員會」委員，從事勞工農民運動。戰後，於1946年當選第一屆高雄市參議員。「二二八」爆發後，擔任「處委會」委員。後被殺害於高雄市政府前。

葉秋木

1906年生。屏東市人。曾就讀於日本中央大學。戰後，加入「三民主義青年團」屏東分團。1946年3月，當選第一屆屏東市參議員，並被選為副參議長。「二二八」爆發後，任「處委會」屏東分會主任委員，並於「三民主義青年團」內成立「治安本部」，負責維持屏東市內秩序。因深知國民黨政權無解決問題之誠意，乃於5日成立屏東司令部，旋即進攻國民黨憲兵隊。對方不支，撤往飛機場。葉氏率領群眾前往機場要求該處國民黨駐軍交出槍械不果，乃展開機場攻擊戰。雙方相持至3月8日，國民黨軍得援反撲，葉氏所率群眾敗退。後被捕而遭殺害。

曾鳳鳴

出生年代及地點不詳。「二二八」爆發後，於3月6日與彭清靠、凃光明、林介、黃仲圖等5人赴高雄要塞司令部，要求彭孟緝解除武裝被拒，當場遭殺害。

楊元丁

1898年生，桃園八塊厝人。1927年7月加入「台灣民眾黨」。戰後，於1946年當選第一屆基隆市參議員，並被選為副參議長。「二二八」爆發後，任「處委會」基隆分會主席。於3月8日憲兵第四團2營抵達基隆後，即遭殺害。

廖進平

台中市人，1895年生。1927年7月，加入「台灣民眾黨」，任「勞農委員會」委員。1927年11月，負責組織「豐原店員會」。1928年3月，加入「豐原總工友會」。1932年，加入「台灣新民報」的陣容。戰後，加入「政治建設協會」，擔任理事一職。「二二八」後，遭國民黨殺害。

潘木枝

1902年生，嘉義市人。東京醫學專科學校畢業。執業醫師。戰後，曾任嘉義市東門區內的里長。1946年3月，當選第一屆嘉義市參議員。「二二八」爆發後，任「處委會」嘉義分會委員。在3月12日後的嘉義市大逮捕中被殺害。

盧鈵欽

1912年生，嘉義市人。東京齒科專門學校畢業。1928年2月，因「台灣革命青年團」反日文稿刊登事件被捕，判刑1年。戰後，曾任嘉義市東門區區民代表。1946年3月，當選第一屆嘉義市參議員。「二二八」爆發後，擔任「處委會」嘉義分會委員，在3月12日後的嘉義大逮捕中，遭逮捕並殺害。

盧鎰

台北市人，生年不詳。「二二八」爆發後，在陳復志所組織的司令部下，擔任參謀長一職。3月24日被殺害於嘉義火車站前。

蘇耀邦

宜蘭人，1893年生。1946年，當選縣參議員。「二二八」爆發時擔任宜蘭農校校長。因出任處委會總務組委員，「二二八」後被殺害。

蘇憲章

1903年生，出生地不詳。曾任新生報嘉義分社主任。「二二八」爆發後，擔任陳復志所組織的司令部下的宣傳部部長。3月24日被殺害於嘉義火車站前。

顧尚太郎

1919年生，台中人。為聞名的台中五金商顧杭的長子。執業醫師。3月5日參加虎尾機場攻擊戰。後被捕。3月24日被殺害於虎尾機場。

被逮捕者

下列名單，只是根據舊書及報章雜誌的資料編寫的。至於被國民黨祕密逮捕、審判、下獄者不知凡幾。

方錫淇

1904年生，台南市人。台南商業專門學校本科畢業。戰後，當選高雄市參議員。

王白淵

1901年生，彰化二水鎮人。1918年二水公學校畢業，考入台北師範。1925年就讀東京美術學校。1928年任教於日本東北岩手縣盛岡女子師範學校。1931年，日文詩集「荊棘之道」出版。1933年，加入「台灣藝術研究會」。1935年，執教於中國上海美專。1945年，任新生報編輯主任。「二二八」後被捕，不久出獄。在國民黨統治下前後入獄三次。1965年10月逝於台北市。

王清佐

1903年生，屏東萬丹人。日本東京中央大學法科畢業。戰後，當選高雄市參議員。

宋枝發

1910年生，新竹竹東人。日本醫專畢業。1946年，當選新竹市參議員。「二二八」後，被以「內亂罪」起訴，後獲釋。1950年，當選新竹縣議員。

林日高

1904年生，台北縣人。台灣商工學校畢業。1927年，加入「台灣共產黨」（簡稱「台共」），任中央常務委員。1930年，脫離「台共」組織。戰後，曾任「三民主義青年團」（簡稱「三青團」）台灣區台北分團籌備處第二股長。1946年4月7日當選台北縣參議員。同年4月15日當選省參議員。「二二八」後，8月11日被捕。釋放後曾任省府委員。後因案再入獄，據聞1955年8月17日死於獄中。

林西陸

1902年生，台中人。國語學校畢業。日治時代，曾為庄協議員。戰後，擔任台中縣參議員、農會理事及台中「建國工業學校」教務主任。

林克繩

1916年生，台中市人。戰後，擔任台中市消防隊副隊長。

林宗賢

1915年生，板橋林本源後代。台北帝國大學法科畢業。戰後，曾任板橋鎮（今板橋市）鎮長及農會理事長，並兼任「中外日報」董事長。1946年4月當選第一屆台北縣參議員。同年9月，當選第四屆國民參政會參政員。「二二八」爆發後，擔任「處委會」板橋分會主任委員。組織板橋保安隊，維持板橋鎮秩序。3月間被捕，不久獲釋。

林連城

1909年生，台中市人。日本大學法科畢業。日治時代，曾任壯丁團團長。戰後，當選台中市參議員，曾任台中消防隊隊長。

林糊

1894年生，彰化人。台灣醫學校畢業。執業醫師。日治時代，於1921年加入「文化協會」，並任台中州員林支部負責人。1923年，任「文化協會」的「衛生」講師。曾任區長。1946年，當選台中縣參議員。「二二八」後被捕，不久釋放。

林錦文

1922年生，彰化人。戰後，曾任彰化市新聞記者公會監事。「二二八」爆發後，擔任「處委會」彰化分會委員。後加入「二七部隊」，與國民黨軍對抗。於1951年7月組職「台灣獨立黨」。1952年6月，在台中市被捕。

洪約白

1899年生，屏東潮州人。台灣醫學專科學校畢業。日治時代，曾任潮州區醫師公會會長。1946年3月15日當選高雄縣參議員，同年4月15日當選省參議員。「二二八」後被捕，不久獲釋。

胡錦章

1924年生，新竹人。台北文山區警所辦事員。

馬有岳

1902年生，花蓮縣人。新竹縣通書公學校畢業。日治時代，曾任花蓮「瑞穗產業組合」理事及瑞穗庄協議員。戰後，曾任花蓮農會副會長及「三青團」花蓮分團幹事。1946年3月24日當選花蓮縣參議員。同年4月15日當選省參議員。「二二八」爆發後，擔任「處委會」花蓮分會主任委員。國民黨援軍抵達花蓮後，馬氏即被逮捕，不久後獲釋。1950年，擔任省府委員、台灣省農會理事長及中國國民黨台灣省改造委員會委員。1951年，當選台灣省議員。

郭萬枝

1917年生，高雄市人。高雄商業補習學校畢業。戰後當選高雄市參議員。「二二八」後被捕，不久獲釋。

陳旺成

1888年生，台北市人。台灣總督府國語學校師範部畢業。日治時代，加入「台灣民眾黨」，任中央常務委員。1932年，曾任「台灣新民報」通訊部長。戰後，任「民報」主筆。1946年，當選代表台北市的省參議員候補。在「二二八」後幾個月才被通緝，後被捕，不久獲釋。

陳華宗

1903年生，台南縣人。日本立正大學軍部史學科畢業。日治時代曾任學甲鄉庄長。戰後，於1946年當選台南縣參議員，並被選為正議長。「二二八」後被捕，不久獲釋。1951年，當選台南縣議員，並被選為正議長。

陳崑崙

1905年生，屏東縣崁頂鄉人。台北工業學校（今台北工專）畢業。1927年10月出任「文化協會」高雄潮州分會負責人。1928年2月12日，日警逮捕全島各地的「農民組合」會員59人，陳氏亦被捕，並被判5年緩刑。戰後，當選高雄縣參議員。「二二八」後被捕，不久獲釋。後出任華南銀行潮州分行經理。1950年，當選屏東縣議員。

陳萬福

1904年生，彰化溪湖人。台中一中畢業。戰後，當選台中縣參議員。「二二八」後被捕，不久獲釋，後加入國民黨。

莊孟候

1898年生，台南人。台灣醫學校畢業。執業醫師。1921年，加入「文化協會」為宣傳部幹部。戰後，擔任「三民主義青年團」台南分團主任。1946年，當選台南市參議員候補。

莊垂勝

1897年生，彰化鹿港人。日本明治大學畢業。1920年加入「新民會」。翌年，加入「文化協會」。1925年，開設「中央書局」。1930年，加入「台灣地方自治聯盟」。戰後，曾任台中市圖書館館長。「二二八」爆發後，擔任「台中地區處理委員會」委員。後被捕，不久獲釋。

張文環

1909年生，嘉義縣梅山鄉人。1927年負笈日本，就讀岡山中學。1932年日本東洋大學畢業。同年，在日本東京加入「台灣藝術研究會」，負責發行「福爾摩沙」雜誌。但該雜誌後被查禁。1941年，獲台灣總督府第一屆「台灣文學賞」。1946年，當選台中縣參議員。「二二八」後被捕，不久獲釋。自1944年發表「雲之中」後，至1975年才再度提筆發表「在地上爬的人」，入選當年「全日本優良圖書一百種」。1978年逝於台中。

黃火定

1900年生，台北市人。戰後，擔任台灣省生命保險會社

助理員。1946年，當選台北市參議員。「二二八」後被捕。

黃師樵

1899年生，出生地不詳。日治時代，曾任「民報」記者，加入「台灣民眾黨」，數度入獄。戰後，加入國民黨，任新竹縣圖書館長。「二二八」後被捕，不久獲釋。後曾任職於台灣省政府民政廳10多年。1979年2月2日逝於台北永和。

葉作樂

1908年生，台中東勢人。日本明治大學畢業。參加當時的日本高等考試，獲司法科考試及格。在日執業律師。大戰結束前返台。戰後，曾任台中地方法院推事，兼營明山木行。「二二八」後被捕，不久獲釋。重執律師業。1977年逝世。

楊逵

本名楊貴，1905年生，台南縣新化人。1924年赴日求學。1927年回台。1934年，創辦「新文學雜誌」。戰後，加入「台灣評論社」，擔任「和平日報」副刊編輯，並開辦「平民出版社」。後主編「力行報」。「二二八」後，於1949年受託起草「和平宣言」，要求國民黨政權立即釋放因「二二八」被捕的民眾，因此入獄12年，罪名為「用文字作有利叛徒之宣傳」。1961年出獄，仍活躍於台灣文壇。1985年逝世。

潘渠源

1903年出生，台北市人。戰後，開設南恭化學公司。1946年，當選台北市參議員。「二二八」爆發後，擔任省「處委會」委員兼總務組長。1947年6月20日被捕。

鄭松筠

1891年生，台中縣豐原人。明治大學法科畢業。執業律師。1921年，加入「文化協會」。在「文協」內，曾任「有關契約的注意」及「法的精神」講師。1925年受聘為「蔗農組合」律師。1930年，加入「自治聯盟」。戰後，擔任花蓮地方法院檢察官。

蔣金聰

1910年生。高雄市人。高雄市工商專修學校畢業。1946年當選高雄市參議員。「二二八」後被捕，不久獲釋。

蔡丁贊

1904年生，台南市人。日本昭和醫科大學畢業。執業醫師。日治時代，曾任台南醫院醫官，及永審信用組合長。戰後，當選台南市參議員。「二二八」後被捕，不久獲釋。1950年，當選台南市議員。

駱水源

1911年生，台北市人。台灣商工學校商科畢業。戰後，擔任民報記者。1946年當選台北市參議員。「二二八」爆發後，任「處委會」台北市分會委員兼調查組委員。6月12日被捕，後獲釋。1950年，當選台北市議員。後曾任台北市第十信用合作社監事及台北市合作社聯合社理事等職。

賴遠輝

1925年生，台中人。日治時代，曾赴日求學。隨「東京台灣青年會」文化演講團回台，做文化講演。後加入「台灣民眾黨」。戰後，任台中監獄典獄長。

鍾逸人

1921年生，彰化北斗人。大戰期間，當日本志願兵，曾隨日軍前往印尼。戰後，加入「三民主義青年團」（簡稱三青團），曾任自由報嘉義分社主任。「二二八」爆發後，擔任謝雪紅主持下的「二七部隊」隊長。「二二八」後被捕。

「自首」者

　　據1947年7月1日新生報的報導，除台北、台中2縣，台北、新竹、基隆3市，警備總司令部本部、台北、中部、南部及馬公等「綏靖區」尚未統計外，「全省」共有3,032名向國民黨當局「自首」。下列名單，是查到的部分。

王明貴

　　1905年生，台北市人。戰後，開設光華公司，任董事長。1946年，當選台北市參議員候補。「二二八」後自首。

江立德

　　1896年生，新竹縣人。日治時代，曾任新竹庄協議員。1946年，當選新竹縣參議員。「二二八」後「自首」，不久獲釋。

吳新榮

　　1907年生，台南將軍人。日本東京醫專畢業。1933年返台，於佳里執醫師業。戰後，任台南縣參議員。「二二八」爆發後，任「處委會」北門區支會主任委員。1947年4月20日「自首」，6月21日獲釋。後曾任台南縣醫師公會常務理事及台灣省醫師公會理事。1967年逝於台北。

郭國基

1900年生，屏東縣東港鎮人。日本明治大學法科畢業。日治時代，曾任「台灣青年會」幹事。1926年，祕密加入中國國民黨。1929年返台，先後加入「文化協會」及「台灣民眾黨」。戰後，於1946年當選高雄市參議員。同年，任國民黨高雄市黨部指導員。「二二八」後，自己「投案」，被監禁210日。出獄後，脫離國民黨，以無黨無派馳騁於台灣政壇。直言不諱，贏得「郭大砲」之譽。1970年5月28日逝世。

陳海永

1903年生，雲林縣人。台北醫學專門學校畢業。執業醫師。1946年，當選台南縣參議員。「二二八」後自首，不久獲釋。後曾任全民日報雲林縣分社主任。1951年當選臨時省議員。

陳篡地

1907年生，彰化二水人。畢業於日本大阪高等醫學專門學校。1922年加入日本共產黨。曾任日本海軍軍醫1年。第二次大戰期間，曾赴越南開設眼科醫院，並加入「越盟」，戰後歸台。回台後在斗六經營眼科醫院。「二二八」爆發後，參加虎尾機場攻擊戰，並在斗六鎮內與國民黨軍進行市街戰。後在小梅山區內打游擊。1952年向國民黨「自首」。

張晴川

1901年生，台北市人。戰後，曾擔任台灣第一劇場經理及台灣汽車公司董事長。1946年當選台北市參議員。「二二八」事件爆發後，擔任台北市處委會委員。後被國民黨「通緝」，自己「投案」。

廖文毅

1910年生，雲林縣西螺人。1932年負笈美國，先後獲密西根大學碩士及俄亥俄州立大學化工博士。戰後返台，受任命為台北市車管處處長。「二二八」後，3月潛往香港組「台灣民眾聯盟」。後內部分裂，轉往日本。1955年9月，召開「台灣共和國臨時會議」。翌年2月28日成立「臨時政府」，任「總統」。1965年5月14日飛回台北，向國民黨「自首」。

蔣渭川

1896年生，宜蘭人。日治時代，加入「台灣民眾黨」，亦是「皇民救國會」的成員。戰後，組織台灣省「政治建設協會」。又開設「三民書局」，任董事長。1946年3月當選台北市參議員候補及台灣省參議員候補。「二二八」爆發後，擔任「處委會」委員。後被國民黨「通緝」，自己「投案」，不久獲釋。旋即出任台灣省「民政廳」廳長，但不到1個月即被調「內政部」次長。「二二八」期間，蔣氏有一女兒蔣巧雲被國民黨軍射殺。當時她就讀於台北一女中。

韓石泉

1897年生，台南市人。台北醫學專門學校畢業。日本熊本醫科大學醫學博士。執業醫師。日治時代，加入「文化協會」，後加入「台灣民眾黨」。戰後擔任台南光華女子中學校長及「三民主義青年團」幹事。1946年，先後當選台南市參議員候補及代表台南市的省參議員。「二二八」後未被通緝，自行向國民黨「自新」，不久獲釋。1963年逝世。

顏欽賢

1902年生，基隆市人。日本立命館大學法經學部經濟科畢業。日治時代，曾任基隆市協議會會員及台北州參議會參議員。戰後，組織「台灣政治建設協會」。1946年3月當選基隆市參議員候補。4月，當選省參議員。「二二八」後，於6月12日「自首」，但仍被捕下獄。後以800萬台幣保釋。嗣後曾任台陽礦業公司董事長及三陽企業董事長等職。

簡檉堉

1902年生，台北市人。日治時代，曾任台灣信託會社經理部長。1946年，當選台北市參議員。「二二八」爆發後，曾任省「處委會」委員。後「自首」，不久獲釋。

潛往中國者

　　潛往中國者多屬「台灣共產黨」黨員。因資料不足，許多人物的出生年代及地點不詳。

王萬得
　　1928年加入「台灣共產黨」，後為台北地區負責人。1931年被日本當局逮捕。戰後，加入「三民主義青年團」，為新竹地區的負責人。「二二八」後，潛往中國。

石煥長
　　1891年生，宜蘭人。東京醫學專門學校畢業。執業醫師。1920年，加入東京「新民會」。後返台，加入「文化協會」。「二二八」後，潛往中國。

林樑材
　　1909年生。1928年加入「台灣共產黨」。1931年遭日警逮捕。「二二八」後被通緝，潛往中國。

郭水煙
　　台南佳里人。1945年，加入「三民主義青年團」北門分團。「二二八」後潛往中國。

陳文彬

1904年生，高雄人。曾負笈日本，專攻漢文字。戰後，擔任建國中學校長。「二二八」後，於1949年進入中國。1982年去世。

楊克煌

1908年生，彰化人。戰後，擔任和平日報記者及私立台中建國職業學校教員。「二二八」後，潛往香港。1947年進入中國。

潘欽信

台北市人，1928年在上海加入「台灣共產黨」。後回台工作。1931年，在台共遭受大逮捕中被捕。戰後，1945年在自由報工作，並加入「三青團」，為台北地區的負責人。「二二八」後，受國民黨通緝。潛往中國。

蔣時欽

1928年，在上海加入「台灣共產黨」。同年4月，返台展開工作。戰後，曾任民報記者。「二二八」後潛往香港，加入「台灣民主自治同盟」。1948年，加入「台灣民眾聯盟」。後進入中國。

謝雪紅

1901年生，彰化人。1917年赴日研讀語言。1920年返台，加入「文化協會」。1925年赴蘇聯莫斯科遠東大學受

訓。1928年，在中國上海與數位同志組織「台灣共產黨」，任候補中央委員。嗣後返台，於1936年遭日警逮捕。1939年，在台中開設大華酒家，作為台共祕密活動的根據地。1945年戰後，參與組織「人民協會」及「農民協會」。「二二八」爆發後，在台中組成「二七部隊」與國民黨軍對抗。同年秋，潛往香港，10月到中國。其後際遇淒涼，「文革」期間，被清算鬥爭。據稱，1970年逝於中國。

蘇新

1907年生，台南佳里人。1924年，赴日讀書，任「文化協會」駐東京代表。1928年，加入日本共產黨。翌年回台。1931年被選為「台灣共產黨」中央宣傳部長。同年9月在台共大逮捕中被捕，受監禁達12年之久。1946年，出任「人民導報」編輯，同年秋被迫辭職。後參加「台灣文化協進會」。「二二八」爆發後，曾暗中參與革命。後受國民黨通緝，潛往香港，主編「新台灣叢刊」。1948年，加入中國共產黨。翌年3月，進入中國。1981年11月13日逝於中國。

人民之敵

　　在二二八期間，公然與台灣人民為敵者，為數極多。下面列舉具有代表性的5名。

林頂立

　　1908年生，雲林縣人。畢業於日本明治大學政治經濟系。大戰期間，在廈門當日本情報員。戰後回台。「二二八」爆發後，設「行動隊」，捕殺群眾。後擔任全民日報（該報後與「民族報」及「經濟時報」合併成「聯合版」，嗣改名「聯合報」）社長。1951年，當選省議員，並任副議長。1956年，因農林公司麵粉橫流案被捕，判刑6年。1959年10月，保釋出獄。

陳儀

　　1883年生，中國浙江紹興人。日本士官學校第5期畢業。在北京政府時代，曾任浙江省都督府總參謀長，軍政司長。在孫傳芳軍閥時代，曾任孫之海陸軍總司令、浙江省長等職。在國民政府時代，1934年任福建省主席。1935年，曾代表中華民國到台北參加慶祝日本占領台灣40週年的紀念大會。1942年調任行政院祕書長。1945年出任「台灣省行政長官」，並兼任台灣省警備總司令，開始血腥統治。「二二八」後，大肆捕殺台灣人。後被召回南京，任「國民政府」資深顧問。不久出任中國浙江省主席。1950年6月18日

被國民黨以「叛亂」罪之名槍決於台北市郊新店。

彭孟緝

1908年生，中國湖北武昌人。早期曾在日本砲兵學校受訓。後入黃埔軍校。大戰期間，接任砲兵指揮官。戰後，任高雄要塞司令。「二二八」爆發後，大肆屠殺台灣人，受其上級賞識。同年5月被擢升為「台灣省警備司令」。1954年升任「副參謀總長」。翌年任「參謀總長」。1957年任「陸軍總司令」。1961年又任「參謀總長」。1963年改調「參軍長」。1966年出使泰國。1969年調任「駐日大使」。

劉啟光

1905年生，嘉義縣六腳鄉人。嘉義縣立華南商業職業學校畢業。1926年，加入「農民組合」，後被捕判5年緩刑。嗣後前往中國，任職於國民黨政權之軍事委員會政治部。1942年，擔任國民黨台灣省黨部籌備處委員兼祕書。1945年，返台擔任行政長官公署參事。旋出任新竹縣長。「二二八」爆發後，利用職權迫害政敵。「二二八」後任華南銀行董事長。1951年，當選省議員。

謝娥

1918年出生，台北市人。執業醫師。1946年，當選台北市參議員及國大代表。「二二八」爆發後，在電台廣播，企圖掩飾國民黨的罪行，其住宅及醫院內器具、衣物被憤怒的群眾搬出燒毀。後移居美國。

其他

　　與二二八有關，而事後未被通緝或殺害者，為數甚多。下面列舉具有代表性的2名。

李萬居

　　1901年生，雲林縣口湖鄉人。早年負笈中國，後赴法國巴黎大學攻讀社會學。大戰期間，旅居中國。1945年回台接收《新生報》，擔任社長。1947年，辭去《新生報》社長，並創辦《公論報》。1951年，當選省議員，並被選為副議長。1959年，與雷震等人籌組「中國民主黨」，因受國民黨阻撓而失敗。1961年，《公論報》被國民黨強迫停辦。1966年病逝於台北。

林獻堂

　　1881年生，台中縣霧峰鄉人。日治時代，曾任霧峰區長及台灣製麻株式會社董事。1914年，參加「台灣同化會」。1921年，組織「文化協會」。1927年，與蔣渭水等人組織「台灣民眾黨」，並任《台灣新民報》社長。1946年，當選省參議員及國民參政員。「二二八」後避居日本，1956年9月8日客死東京。

附錄　二二八大事記

　　本表按日列舉，發生於1947年2月27日至3月17日期間，與二二八革命有關的大事。

日期	地點	大事記
2月27日	台北市	△下午，「專賣局」緝私組人員6人及警察4人赴淡水港查緝香菸，空手而歸。回程在台北市太平町沒收菸販林江邁的香菸，並毆打林婦致傷，引起眾怒。緝私組員傅學通開槍，打死市民陳文溪。緝私組人員及警察乃利用混亂情勢，全部逃逸。8點半，憲警趕到現場，以「肇事禍首」為名逮捕民眾，群眾擁向警察局，要求逮捕凶犯，警察局一味敷衍。群眾不滿，即搜索警局，但找不到凶犯，乃再擁入憲兵隊要求搜查凶犯，憲兵隊亦不理。於是包圍憲兵隊及警察局，至天亮仍不肯離開。 △市民到新生報社，要求登載事件始末。代總編輯不敢應允，通知社長李萬居，李氏趕到後答應登載，但隔日只登出300多字報導。
2月28日	台北市	△群眾結隊前往專賣局要求懲凶。路經警察派出所門口，警察鳴槍示威，群眾憤而毆打該警員並搗毀該派出所器具。群眾擁至專賣分局，搬出並燒毀該分局內的器物。接著再奔至專賣總局。專賣總局則已佈滿憲警，並向群眾鳴槍。

日期	地點	大事記
		△下午1時許，4,000多名市民前往長官公署請願，隊伍將到達之時，長官公署樓上機槍突然向外掃射，當場3人死亡、3人受傷，另有6名請願市民被憲警逮捕。 △市民在新公園內開群眾大會（下午2時許），同時占領公園內的台灣廣播電台，向全台灣廣播事件經過。 △台北市參議員召開緊急會議，並邀請省參議會議長共赴公署陳情（下午2時許）。 △陳儀宣布台北市實施戒嚴（下午3時）後，武裝憲警在全市巡邏，看到台灣人裝束者即開槍。 △「參謀長」柯遠芬、省議會議長黃朝琴、台北市參議會議長周延壽及國大代表謝娥向人民做哄騙式的廣播。
	基隆	△北基之間的班車停駛。 △群眾在高砂戲院前打「阿山」。
	板橋	△群眾在車站前打「阿山」。
	新竹縣	△桃園（當時在新竹縣內）群眾聚會演講（下午8時）。
3月1日	台北市	△國大代表謝娥的醫院及住家的器具被憤怒的群眾搗毀。 △市參議會邀請國大代表、省參議員及參政員等，共同組成「緝菸血案調查委員會」，並在中山堂召開成立大會。

日期	地點	大事記
		△鐵道管理委員會所屬的警察署在樓上向群眾掃射，當場死18人、傷40多人（下午2時）。人民反攻，於1小時後（下午3時）占領該署。 △陳儀向台灣人民廣播（下午5時） △陳儀派周一鶚、胡福相、趙連芳、包可永、任顯群5人，代表「政府」參加血案調查委員會。 △「警備總司令部」於下午8時宣布，台北區在午夜12時後開始解除戒嚴，但集會遊行仍暫停止。
	基隆	△要塞司令部宣布戒嚴。 △市參議會召開臨時大會。
	板橋	△供應局板橋倉庫內的物資，被人民燒毀。
	新竹縣	△人民奪取桃園火車站內的槍械（上午8時）。 △人民接管縣政府（下午4時）。 △鳳山的國民黨軍北上增援，開到新竹被人民阻擋。
	台中	△台中市參議會邀請台中縣參議會及彰化市參議會，召開聯席會議（上午9時）。
3月2日	台北	△台灣大學、延平大學、法商學院、師範學院及各中等學校高年級學生1,000多人，在中山堂召開學生大會（上午10時）。

日期	地點	大事記
		△「二二八事件處理委員會」在中山堂舉行第1次會議。 △陳儀第2度向台灣人民廣播（下午3時）。 △處理委員會推派代表及記者前往警總軍法處，查看10名凶嫌，但凶嫌已移至第一監獄。代表及記者乃前往第一監獄查看，發現只有6名被押。
	基隆市	△警備總部在下午4時發表公告，解除戒嚴。
	板橋	△林日高及林宗賢組織「服務隊」。
	新竹市	△來自鳳山的國民黨部隊進入市區，向群眾掃射，8人死亡、18人受傷。 △處委會新竹分會成立。
	台中	△召開市民大會（上午8時）。 △人民接管專賣局分局。 △「台中地區時局處理委員會」成立。 △謝雪紅組織武裝部隊。 △市參議會決議支持台北市處理委員會。
	員林	△人民釋放被拘押在警察局的民眾，並接管縣政府。
	嘉義	△民眾占領民雄廣播電台。
	屏東市	△市參議會決議響應台北及各地的起義。

日期	地點	大事記
3月3日	台北	△許德輝組織「忠義服務隊」。 △處委會20多位代表前往公署見陳儀。 △處委會治安組在台北市警局召開「台北市臨時治安委員會」。 △柯遠芬令林頂立組「行動隊」。 △處委會委員王添灯廣播，指責「政府」沒有誠意（下午5時）。 △蔣渭川主持「市民各界代表大會」（下午3時30分），並以「政治建設協會」名義向「全省」廣播。
	新竹市	△來自台北的學生在旅社被國民黨軍逮捕，活活打死。
	台中市	△謝雪紅成立「台中地區治安委員會作戰本部」。 △國民黨軍進入市區掃射市民（上午8時20分許）。 △人民軍攻擊國民黨軍的第三飛機廠倉庫（下午4時）。 △教化會館的國民黨軍投降（晚上10時20分）。
	彰化市	△青年學生組織治安隊，維持秩序。 △「彰化市善後處理委員會」成立。
	霧社	△原住民青年100多人下山加入台中地區「作戰本部」，參與戰鬥。

日期	地點	大事記
	嘉義	△「嘉義三二處理委員會」及「防衛司令部」成立，由陳復志擔任主任委員。 △「防衛司令部」進攻十九軍械庫，1小時後全部攻克。 △人民占領市政府（下午9時）。
	斗六	△舉行鎮民大會，決議由退伍軍人、學生青年共組「斗六治安維持會」。
	虎尾	△武裝青年向國民黨軍的警備隊進攻，國民黨軍不敵，敗退至虎尾機場。
	台南市	△市參議會邀集各界代表舉行民眾大會。 △工學院學生在中山堂召開學生大會，編成一隊北上台中，參加第三飛機廠之攻擊。
	高雄市	△市民占領2個警察分局及鹽埕派出所。
3月4日	台北市	△處委會代表陳炘、蔣渭川、林梧村及學生代表前往公署見陳儀。 △各中等以上學校學生在中山堂召開學生大會（上午9時），決定組織學生大隊。 △處委會決議在各地組織處委分會（上午10時）。
	中國上海	△旅滬台灣同鄉會向蔣介石提出請願書，要求徹查台北二二八真相。
	基隆市	△八堵、瑞芳一帶人民襲擊國民黨軍用倉庫。

日期	地點	大事記
	宜蘭	△舉行青年大會。 △民眾接收空軍倉庫及警察局的槍械，並集中全部官僚。 △宜蘭醫院院長郭章垣成立救護所。
	新竹	△市長蘇紹文下令戒嚴。 △處委分會成立。同時，另組服務隊維持秩序。
	台中市	△人民軍向第三飛機廠的國民黨軍勸降。 △「台中地區時局處理委員會」成立（下午4時）。
	虎尾	△機場攻擊戰仍持續中。
	嘉義市	△人民武裝部隊展開攻擊，迫使國民黨軍退至嘉義中學，後憲兵隊再退至飛機場，而羅營的國民黨軍則退往紅毛埤（今蘭潭）。
	台南市	△群眾部隊攻擊各派出所、第三監獄及警察保安大隊，收繳彈藥武器。傍晚，市民接收全部機關。
	高雄市	△群眾攻擊警察局、憲兵隊及供應局倉庫。 △「三青團」與台灣人警員，參加起義。
	高雄縣	△鳳山民眾舉行鎮民大會（上午9時）。

日期	地點	大事記
	屏東市	△退伍軍人及青年組「海外」、「陸軍」及「海軍」等隊伍，要求市長交出印信。 △市民攻占市政府、警察局。 △處委分會成立，葉秋木擔任主席，並成立「治安本部」。
	花蓮	△許錫謙主持民眾大會。 △「金獅隊」、「白虎隊」及「青年大同盟」成立，負責維持秩序。
	台東	△縣府福州佬全部逃逸。
3月5日	台北市	△處委會審議並通過組織大綱。 △「台灣省自治青年同盟」成立。 △處委會推派委員杜聰明、林忠、張晴川前往警備總部，詢問各地軍民摩擦情形。 △處委會進行小組會議、檢討工作進度。
	中國昆山	△國民黨二十一師接到參謀長陳誠「速調台灣增援」的命令，夜開赴上海。
	中國上海	△旅滬台灣同鄉會組織「二二八事件上海聯合會」，招待記者，報告真相，並決定派代表赴南京請願。
	基隆市	△處委分會設總務、治安、宣慰、調查、善後及糧食6組。
	宜蘭	△市長因畏懼市民力量，自動辭職。
	新竹市	△處委分會成立（下午4時）。

日期	地點	大事記
	台中市	△處委會拒絕派兵增援各地起義。 △「特別志願隊」趕赴虎尾機場增援。
	彰化市	△處委分會成立。
	嘉義	△機場國民黨求和。但下午得援後，反撲人民軍。
	斗六	△陳篡地馳援虎尾機場人民軍。 △陳篡地組「斗六警備隊」。
	台南市	△處委分會成立。
	高雄市	△人民在高雄第一中學成立「總指揮部」，由凃光明任總指揮。 △釋放高雄監獄人犯200多名。 △「總指揮部」攻擊國民黨的憲兵隊、陸軍醫院及軍械倉庫。 △「總指揮部」派代表3人赴要塞，要求彭孟緝部隊解除武裝，但到壽山山下，被憲兵阻撓，不得上山而回。
	屏東市	△市民在中央旅社及省立女中成立「參謀本部」。 △人民接收第六工程處汽車及屏東中學、農業學校的槍械。 △人民得原住民青年協助，攻擊憲兵隊。對方不敵退至機場。 △處委分會推葉秋木為屏東市長。
	花蓮	△處委分會成立（上午9時）。

日期	地點	大事記
	台東	△陷入無政府狀態。
3月6日	台北市	△省處委會補開正式成立大會，王添灯發表告全國同胞書（下午2時）。 △陳儀向全台第3次廣播（下午8時30分）。 △台灣省煤炭公會決議拋售煤炭1萬噸解決煤荒。 △柯遠芬召集特務會議。
	中國上海	△國民黨軍二十一師由上海出發，開往台灣。
	中國福州	△國民黨憲兵第四團的2個營由福州出發，開往台灣。
	板橋	△「二二八事件處理委員會」板橋分會成立，由鎮長林宗賢主持（上午9時）。
	宜蘭	△處委會宜蘭分會推選郭章垣為主任委員。
	新竹	△「三民主義青年團」新竹分團，組織服務隊。
	台中市	△「台中學生維持治安服務隊」成立。 △「二七部隊」成立。
	嘉義	△嘉義機場國民黨軍得援後企圖突圍，被人民軍擊潰退回機場。
	斗六	△陳篡地派斗六警備隊第二中隊前往虎尾機場支援。

日期	地點	大事記
	林內	△陳篡地派第一中隊追擊逃往林內的國民黨軍。
	高雄市	△處委會高雄分會派5名代表前往要塞司令部勸降，彭孟緝不但拒絕接受，反而槍殺3名代表，並派兵下山屠殺。在處委會高雄分會內開會的代表，被殺30多人、受傷100多人。
	台東	△處委會台東分會成立。
3月7日	台北市	△陳儀致函處委會，要求處委會綜合各方意見後提出。省處委會通過四十二條要求。 △處委會代表向長官公署提出四十二條要求，為陳儀所拒。 △下午6時20分許，省處委會委員兼宣傳組長王添灯向全世界廣播，並宣讀四十二條要求條文。 △陳儀派民政處副處長謝東閔到高雄察看屠殺情形。
	台北縣	△台北縣處委會分會成立。
	基隆市	△學生及熱心青年在大世界戲院舉行學生大會。
	新竹市	△「自治青年同盟」新竹分會成立（上午10時）。
	台中市	△「二七部隊」正式編成武裝隊伍。

日期	地點	大事記
	竹山	△青年部隊在濁水溪下游追擊國民黨軍。
	高雄市	△與彭孟緝部隊對抗的群眾,由第一中學退至大港埔方面。
3月8日	台北市	△各區公所開始廉價配售處委會從各地買來的米糧。 △黃朝琴、李萬居、連震東、黃國書等處委會委員,發表了1篇和四十二條要求迥異的「重大聲明」,指稱四十二條不能代表台灣人的利益。 △「警務處」處長王民寧向民眾廣播,暗指「要求在台國軍解除武裝者」是「國家的叛徒」。 △國民黨軍自晚上10點半起展開大屠殺。 △群眾及青年學生於日新國小召開「陸海空軍人大會」,決議編組決死隊。
	基隆市	△由中國福州出發的「海平輪」載著「閩台監察使」楊亮功及2營憲兵到達基隆(下午3點多),登岸後即在基隆進行市街戰,嗣後展開屠殺。
	台中市	△「台灣自治青年同盟」台中支部成立。 △南北鐵路因山線地區戰事激烈,只能行駛海線。
	屏東市	△來自高雄的彭孟緝部隊開始屠殺市民。

日期	地點	大事記
3月9日	台北市	△柯遠芬引導楊亮功察看屠殺現場。 △國民黨軍隊續昨日開始的大屠殺。 △國民黨軍二十一師由上海乘「太康艦」抵達基隆，隨即進入台北進行屠殺。 △陳儀宣布台北、基隆戒嚴。
	基隆市	△國民黨軍繼續屠殺。
	板橋	△國民黨軍二十一師到達板橋，展開屠殺。
	台南市	△代表400多人推舉過渡時期市長候選人黃百祿、侯全成、湯德章3人，呈報長官公署圈定。
3月10日	台北市	△陳儀廣播說戒嚴是「對付絕少數的亂黨叛徒」。並宣布「處委會」為「非法團體」，下令予以解散。
	中國南京	△蔣介石發表「中央」處理二二八的方針，要「台省同胞勿為奸黨利用」。
3月11日	台中市	△處委分會舉行最後一次會議（下午8時）。
	嘉義	△人民代表送糧食給困在機場的國民黨軍，反被打死9人。
	台南	△國民黨軍下令戒嚴，進行屠殺。

日期	地點	大事記
3月12日	台中市	△二七部隊決定撤退至埔里，以減少市民的犧牲。 △林獻堂、黃朝清等積極勸募，製作彩坊，歡迎國民黨軍。
	嘉義	△國民黨軍增援嘉義，進入市區進行屠殺。
	台南市	湯德章遇害。
3月13日	宜蘭	△國民黨軍開始屠殺，郭章垣被害。
	台中市	△國民黨軍二十一師到達台中。
	埔里	△「二七部隊」向埔里人民宣傳該隊任務。
	嘉義市	△陳復志等11名市參議員，集體被殺害。
3月14日	霧社	△「二七部隊」到霧社宣導。下午3時將國民黨軍擊退到草屯。 △國民黨軍占領日月潭及門牌潭。
	斗六	△陳篡地部隊與國民黨軍在鎮上對抗。陳氏部隊不敵，退至小梅山打游擊。
3月15日	草屯	△「二七部隊」拒絕國民黨軍之招降。
	埔里	△埔里人民與原住民多人加入「二七部隊」。「二七部隊」攻擊魚池警所（下午11時）。
	台北市	△台灣旅京滬代表飛到台北，逗留3個小時即被強制送回中國。

日期	地點	大事記
3月16日	埔里	△國民黨軍二十一師進攻埔里。「二七部隊」與之對抗犧牲8名，而國民黨軍死傷200多人。晚上，「二七部隊」宣布解散。
3月17日	埔里	△國民黨軍開始大屠殺。
	花蓮	△國民黨軍開始大屠殺。

參考資料

書籍

· 山邊健太郎，《台灣》（一）、（二）。東京：みすず書房，1971年。

· 王思翔，《台灣二月革命記》。上海：泥土社，1951年。

· 王育德，《台灣——苦悶的歷史》（漢文版）。頁153～169。東京：台灣青年社，1979年。

· 《台灣——苦悶するその歷史》（日文版）。頁137～147。東京：弘文堂，1970年。

· 台灣省行政長官公署新聞室編，《台灣暴動事件紀實》。台北：編者印行，1947年。

· 台灣新文化服務社編，《台灣省首屆民選縣市長暨市議員特輯》。台北：編者印行，1963年。

· 台灣省行政長官公署祕書處編輯室編，《台灣省行政長官公署公報》。自第1期至第59期。台北：編者印行，1947年。

· 台灣省行政長官公署編，《台灣省行政長官公署提出省參議會第一屆第二次大會施政報告》。台北：編者印行，1946年。

· 史明，《台灣人四百年史》（漢文版）。頁695～801。加州聖荷西市：蓬島文化公司，1980年。

· 《台灣人四百年史》（日文版）。頁465～573。東京：新泉社，1974年。

· 江慕雲，《為台灣說話》。頁109～128。上海：三五記者

聯誼會，1948年。

- 李稚甫，《台灣人民革命鬥爭簡史》。廣州：華南人民出版社，1955年。

- 志樹等著，《二二八事件親歷記》。台灣：正義出版社，1947年。

- 邱平田，《台灣人民的出路》。香港：新民主出版社，1948年。

- 林木順，《台灣二月革命》。香港：新台灣雜誌社，1948年。

- 林立，《台灣史話》。頁190～213。香港：七十年代雜誌社，1976年。

- 周格非、胡定一編，《自由民主的台灣》。台北：新中國文化出版社，1951年。

- 勁雨，《台灣事變真相與內幕》。上海：建設書局，1947年。

- 柯喬治（George H. Kerr）著，陳榮成譯，《被出賣的台灣》。東京：玉山學舍，1973年。

- 唐賢龍，《台灣事變內幕記》（又名：「台灣事變面面觀」）。南京：中國新聞社，1947年。

- 韋名，《台灣的二、二八事件》。再版。香港：七十年代雜誌社，1975年。

- 莊嘉農，《憤怒的台灣》。頁76～144。香港：智源書局，1949年。

- 郭乾輝，《台共叛亂史》。頁45～53。東京：台灣民族解放統一戰線翻印，日期不詳。

・陳永興、李筱峯編，《台灣近代人物集（一）——近代台灣知識分子的志業與理想》。台北：編者印行，1983年。
・閩台通訊社編，《台灣政治現狀報告書》。出版地不詳。編者印行，1946年。
・蔡培火等著，《台灣民族運動史》。台北：自立晚報叢書編輯委員會，1971年。
・George H. Kerr, Formosa Betrayed. Boston: Houghton Mifflin Company, 1965.

雜誌

- 《台灣青年》第6期。二二八特輯號。東京：1961年2月。
- 《台灣青年》第75期。二二八紀念號。東京：1967年2月。
- 《台聲》第5期。二二八起義紀念專號。德州聖安東尼亞：1975年4月。
- 〈二二八起義的見證〉。《台聲》第8期，頁6～11。康乃狄格州洛威頓站：1976年2月。
- 台灣人民二・二八起義28週年紀念會籌備會，《二二八起義紀念專刊》。紐約：1975年2月。
- 密西根州台灣同鄉聯合行動會，《『二二八』32週年紀念特刊》。密西根州安娜堡：1979年2月。
- 王番薯，「兩個婦女在民變中的活動」。《新台灣》第1期，頁28～30。香港：1947年。
- 「台灣『二二八』事變特輯」（上）、（下）。《正氣月刊》第2卷第1、2期。台北：正氣出版社，1947年4月、5月。
- 白克，〈隨白部長宣慰〉。《新聞天地》第23期。上海：1947年5月。
- 包豐羽，〈天氣激的〉。《台聲》第8期，頁29、30。康乃狄格州洛威頓站：1976年2月。
- 台灣文化協進會編，《台灣文化》自第1卷第1期，1946年9月；至第2卷第5期。台北：1947年8月。

- 台灣省政府農林處統計室編，《台灣農情月報》第1卷第1期。1947年。
- 有為，〈台灣學生在民變中的活動〉。《新台灣》第1集，頁50～52。香港：1947年。
- 吳濁流，〈無花果〉。《台灣文藝》第19期，頁64～84，1968年4月；第20期，頁57～85，1968年7月；第21期，頁56～84。台北：1968年10月。
- 伯子，〈台灣島上血和恨〉。《文藝生活》第32期，頁6～11。香港：1947年5月。
- 李石生，〈二二八的血淚教訓〉。《台灣人民》第3期。加拿大哈里法克斯：1973年2月。
- 志中，〈回憶『二二八』民變〉。《新台灣》第1集，頁13～23。香港：1947年。
- 何容，〈呼冤〉。《論語半月刊》第127期。上海：1947年4月。
- 美麗島週報編輯部，〈吳新榮日記〉。《美麗島週報》第24期，頁8。洛杉磯：1981年2月。
- 姚幸蕙，〈二個七歲小孩所看見的『二二八』——永遠難忘的回憶〉。《美麗島週報》第77期，頁6。洛杉磯：1982年2月。
- 施敏輝，〈誰對二二八事件的問題還不悔改〉。《美麗島週報》第120期，頁4。洛杉磯：1982年1月。
- 夏奕，〈它告訴我們什麼〉。《新聞天地》第23期。上海：1947年5月。

- 〈從台灣事變說起」。《世紀評論》第1卷第11期,社論。1947年3月。
- 梁辛仁,〈我們對不起台灣〉。《新聞天地》第22期。上海:1947年4月。
- 溫萬華,〈永遠的望鄉人〉。《美麗島週報》第76期至82期;第84期至88期止,連續刊載。洛杉磯:1982年。
- 張良澤編,《吳新榮全集》。台北:遠景出版社,1981年。全集中的〈吳新榮回憶錄〉有關二二八事件部分,完全遭國民黨審查機構刪除,嗣後由《美麗島週報》,自第73期起,至第78期止連續刊登。洛杉磯:1982年。
- 斐英,〈一個台灣婦女的申訴〉。《新台灣》第2集,頁27～30。香港:1947年。
- 楊逸舟,〈二二八民變前史〉。《美麗島週報》第26期至第34期止,連續刊載。洛杉磯:1981年。
- 路人,〈台灣二二八真相〉。《新聞天地》第23期。上海:1947年5月。
- 蔡福同,〈二二八前後的蘇新〉。《台灣雜誌》第20、21期。紐澤西州愛迪生:1982年。
- 錢安慶,〈台灣人的幽默——記三十三年前的廣告故事〉。《台灣與世界》第4期,頁24、25。紐約:1983年9月。
- 蕭鐵,〈我在台灣二二八事件中〉。《新聞天地》第24期。上海:1947年6月。
- 謝雪紅,〈告同胞書〉。《新台灣》第2集,頁25～30。香港:1947年。

國家圖書館出版品預行編目資料

1947台灣二二八革命／王秋森、陳婉真、李賢
群、李堅合著. --三版.--彰化縣田中鎮：陳婉
真，2017.1
　　面：　公分.
ISBN 978-957-43-4008-8（平裝）
1.二二八事件　2.臺灣史
733.2913　　　　　　　　　　105018643

1947台灣二二八革命

作　　者　王秋森、陳婉真、李賢群、李堅
校　　對　王秋森、陳婉真、李賢群、李堅
發 行 人　陳婉真
出　　版　陳婉真
　　　　　520-46 彰化縣田中鎮斗中路二段706巷299號
　　　　　電話：（04）8741056
　　　　　e-mail：stellatn@ms74.hinet.net
設計編印　白象文化事業有限公司
　　　　　專案主編：徐錦淳　經紀人：徐錦淳
經銷代理　白象文化事業有限公司
　　　　　402台中市南區美村路二段392號
　　　　　出版、購書專線：（04）2265-2939
　　　　　傳真：（04）2265-1171
印　　刷　基盛印刷工場
三版一刷　2017年1月
定　　價　400元

缺頁或破損請寄回更換
版權歸作者所有，內容權責由作者自負

白象文化　印書小舖　出 版 · 經 銷 · 宣 傳 · 設 計
PressStore 出版群館
www.ElephantWhite.com.tw　自費出版的領導者　購書 白象文化生活館